悪とメルヘン

Das Böse im Märchen

私たちを成長させる〈悪〉とは？

Mario Jacoby マリオ・ヤコービ
Verena Kast ヴェレーナ・カースト
Ingrid Riedel イングリット・リーデル

監訳——山中康裕
訳——千野美和子
山　愛美
青木真理

新曜社

Das Böse im Märchen

by

Mario Jacoby

Verena Kast

Ingrid Riedel

はじめに

メルヘンはしばしば残酷で、子どもはそれへの備えがないのだから、読ませないほうがよいのではないかという話をよく耳にする。しかし本当にそうだろうか。

たしかにメルヘンは、大人になるためのものであって、人生の危機への備えとして、語られる。すなわち命にもかかわる危険や打ち続く厳しい試練、死と再生における全人格の変容が問われるような、極限状況への備えとして、語られるものである。

このような重大な変容が最初に訪れるのは、言うまでもなく、子ども時代から大人への移行期、つまり思春期である。多くの経験が語るように、メルヘンを知らずに大きくなった子どもよりもメルヘンを知っている子どものほうが、思春期の試練に出会ったとき、よい決断をすることができる。

子どもが危機に負けないようになるためには、「秘密に通じること」、つまり悪へのイニシエーションを必要とするのではないだろうか。

私自身の悪へのイニシエーションはどうだっただろう。それを思い出すたび、私は暗澹とした気分になる。私がメルヘンを読んだのは八歳から十歳頃までだったが、そのころは第二次世界大戦のさなかで、空襲を受け、防空壕の中に潜んでいたとき、周りでは爆弾が炸裂していた。当時の私の世界を作っていたすべてのもの——両親・兄弟・家——への不安におそわれたとき、私はメルヘンを読んだ。不安に対抗するために残酷なメルヘンも読んだ。

そんな時代にメルヘンは私を助けてくれた。というのは、メルヘンは悪のことを知っていたし、悪を過小評価することもなければ、美化もしなかったからである。また、悪を上回る力で対抗する術を知ってもいた。つまりメルヘンは、呪いを解き救いをもたらす力の扱い方を知っており、それを示してくれたのである。

あの穴蔵のような防空壕にいると、呪いにかかっているような気がした。私は不安という呪いにかかって、そのほうが現実の危険よりも重苦しく耐えがたいほどだった。そんな私にとって、メルヘンは悪とのかかわり方をよく知っていると感じられた。私にとってメルヘンは盾となり、私と同盟を結んで混沌に対抗してくれた。また、不安を克服するのを助け、たとえ外の世界に危険があり、周りの人たちがパニックに陥っていても、それに惑わされないでいられるように助けてもくれた。

メルヘンは私に、混沌をしのぐ、意味ある世界を示してくれたように思う。その世界は出来事と関係によって成り立っている。〈悪〉もその世界の中に場所と時間を占めてはいるが、ものごとを思いどおりにすることはできない。

メルヘンは、悪との出会いという危機的場面について語ってくれる。それは私たちを危機に備えさせるためである。私が子どものとき経験したのは、まさにそれだった。

大人が経験する危機においても、メルヘンやメルヘンのモティーフが、長い間見失っていた鍵が現われたかのように再び浮かび上がり、意識の中に入り込んでくることがあるが、それも決して偶然ではない。だからこそ、強い苦しみに押し出されるようにして心理療法を求めてやって来る人の夢には、このようなメルヘンの元型的モティーフが堆積しているのである。彼らが報告する夢の構造とシンボルは、メルヘンを思い起こさせることがしばしばで、そのような夢はことに意味深いものとされている。夢の素材によく似たメルヘンの中には、しばしば、その夢見手の問題解決につながる驚くべき案が隠されているものである。

この本に収められた論文は、メルヘンと心的過程との関連を探り、魂の問題を解決するための案としてメルヘンを理解しようという、共通するテーマをもっている。そしてこの本に示された観察と考察はすべて、心理療法の治療実践から生まれたものである。その治療実践はC・G・ユングの深層心理学の観点から出発し、被分析者の夢とその拡充、その背後にある元型的構造（メルヘンもその一つである）と関連している。この本の論文は、メルヘンと直接、また実践心理学的にかかわること――メルヘンにおける悪とのかかわりがまさにそのようなものである――へのステップとなるだろう。

本書は、もともとは個別に書かれた論文をまとめたものである。第1部には「メルヘンへの深層心理学的アプローチ」にかかわるさまざまな論文を収めた。マリオ・ヤコービは、メルヘンを創造的ファンタジーと無意識の産物として理解するための解釈の方法を紹介している。ヴェレーナ・カーストの論文「メルヘンの悪とのかかわり」は、テーマという観点からメルヘンにアプローチしており、そこでまず問題とされているのは、メルヘンに描かれる成長過程において悪が果たす機能の力動を理解することである。このような機能はたいてい、「あるときは悪を行ない、あるときは善を行なうあの力」（『ファウスト』）の一部をなしている。またカーストは「メルヘン解釈のための方法論に寄せて」においても、メルヘンは固定的なイメージ・シンボルとしてではなく、経過と成長の流れのなかで理解し、解釈しなければならないことを重ねて指摘している。これらの論文に続く第2部には、〈モデルとなる代表的メルヘンの解釈〉が集められている。ただし「悪現象」のすべてを網羅するのではなく、「メルヘンの中の悪」の典型例を示すことが試みられている。ヴェレーナ・カーストが見いだしたのは、抑圧された「巨大な情動」の問題、現代によく見られる関係のモデルとしてのサド‐マゾの問題、ならびに、現代の女性性元型における目覚めと変革の問題である。この問題への補足として、チェコのメルヘン『沈黙を心得た鍛冶屋の娘』とそのさまざまな類話――このように多くの類話があるということから、ヨーロッパ文化圏全体でまさに女性性の変容が起きつつあるということが推測される――についての私の論文がある。私が問題とするのは、女性性から分離された自然でデモーニッシュな面を、普遍的意識の中に統合することである。

第3部には、「心理療法におけるメルヘン・モティーフ」についてのマリオ・ヤコービの論文が数編まとめられている。ここでは患者自身の問題が前面に出ている。出発点はメルヘンのテキストではなく、患者の夢である。そこには、いばら姫にかけられた眠りの呪いのようなメルヘンの布置が、正確に反映している。分析が成功するか失敗に終わるかは、セラピストが患者の行動モデル、つまりメルヘン・モデル（患者のコンプレックスはこのモデルに従って〈機能〉する）を見分けることができるかどうか、夢やメルヘンの中に示された問題解決の可能性を利用できるかどうかにかかっている。転移・逆転移の進み具合も、メルヘンの中に具体的に描かれたモデルに沿うことが多い。したがってメルヘンの知恵が組み入れられれば、転移・逆転移も治療的に実り多いものとなる。この章では、心の問題をもつ人の治療というクリティカルな場面において、メルヘンがいかに実際に役立つかが示される。メルヘンは、何世代にもわたって伝承されるうちに、心の内なる法則についての基本的な知恵を伝えてきたのであり、その知恵はセラピスト個人の能力を拡大してくれるのである。

以上に挙げたメルヘン研究に関する基本的な考え方は、「メルヘン研究の視点」という統合テーマの下に開かれた、ホーフガイスマルの福音アカデミーにおけるシンポジウムで提示されたものである。第一回のシンポジウムでは、メルヘンの社会学的研究の成果とさまざまなシンボル研究の成果の価値が明確に示された。その後の一九七五年、一九七六年のシンポジウムでは、参加者の関心に従い、問題提起の中心は深層心理学に移ることになった。

ヴェレーナ・カーストとマリオ・ヤコービは、一九七七年のチューリヒのユング研究所における講義で、さらに進んだ考察を発表した。

上記のシンポジウムと大勢の講義の参加者から、深層心理学的メルヘン解釈についての、強調点のさまざまに異なる論文をまとめて出版したらどうかという提案がなされた。私はそれを喜んで取り上げたいと思った。そうすれば、C・G・ユングの幅広い見方を基にした深層心理学的メルヘン解釈という同一の〈対象〉に対して、著者によって方法の異なるさまざまなアプローチ法が見られることになり、たいそう刺激的であろう。

その場合、まずはマリー＝ルイズ・フォン・フランツの基礎研究が豊かな示唆を与えてくれる。なかでも私たちのテーマにとって重要なのは、「メルヘンにおける悪の問題」（注1）「黒い女について」（注2）という二つの論文と『メルヘンにおける影と悪』（注3）（訳注1）という著書である。

ホーフガイスマルにて　一九七八年五月

イングリット・リーデル

注1　C. G. Jung-Institut XIII, Rascher-Verlag Zürich, 1961 に所収。

注2　初出は、Studien zur analytischen Psychologie C. G. Jungs II, Beiträge zur Kulturgeschichte（C・G・ユングの分析心理学についての研究II――文化史への寄与）, S. 1-41, Zürich, 1955. 以下の論集に所収。Wilhelm Laiblin (Herausgeber), Märchenforschung und Tiefenpsychologie, Wege der Forschung（メルヘン研究と深層心理学研究の方法）, Band C II, S. 299-344, Wissenschaftliche Buchgesellschaft Darmstadt, 1975.

注3　Spring Publications, New York, 1974.

訳注1　『メルヘンにおける影と悪』は『おとぎ話における影』『おとぎ話における悪』（共に氏原寛訳、人文書院、一九八一年）として邦訳出版されている。

凡例

一、本文中の訳者の注記は［ ］で括って表記した。
一、原文イタリックの強調個所は、文脈に応じて〈 〉で括って表記した。

目　次

第3部　心理療法におけるメルヘン・モティーフ　——実践例

装幀——難波園子

第１部

メルヘンへの深層心理学的アプローチ

——解釈・テーマ・方法——

第１章

C・G・ユングの観点から見たメルヘン解釈

——深層心理学的解釈についての一般的考察

マリオ・ヤコービ

【はじめに】

メルヘンは深層心理学的立場から見れば、心のプロセスとして理解することができる。ユングがフロイトと意見を異にしたのは、創造的なファンタジーを、衝動の行為に限定せず、一つの独立した現象として評価した点であった。あるメルヘン解釈が正しいかどうかを吟味する方法としては、こう考えられる。すなわち、ある一つの予測された意味が個別のイメージだけでなく経過全体を通して通用し、結果として一連のモティーフから最終的に意味のまとまりが生ずるような場合のみ、メルヘンのプロセスとその意図が把握されたと考えてよい。

現代の深層心理学を開拓した二人の人物、S・フロイトとC・G・ユングは、早い時期からメルヘンを取り入れた研究を進めていた。メルヘンは人間のファンタジーから生まれる。フロイトの考えは「精神分析は、人間のファンタジー生活が出会うすべての問いにおいて、決定的なことばを語ることができる（注1）」というものであった。よく知られているフロイトの理解では、私たちのファンタジーは快楽原則によってコントロールされており、よって願望に一致する。快楽原則によってコントロールされた願望に対立するのが、現実原則である。後者は人に、衝動の大部分を放棄し、文明という事実へ適応するように要請する。文化には制限が付きものであり、いわゆる「現実吟味」を続けていくことが前提とされる。しかしファンタジーは、衝動を制限しない領域を作り出す。これは一種の自然保護区、すなわち――フロイトがとても巧みに描写したように――「原始状態の中に留め置かれ、文化の変化から保護されねばならない（注2）」ものに相当する。この魂の国の飛び地が、ときには現実からの要請を拒否し、ファンタジーの中で空中楼閣《ルフトシュロース》（Luftschloss）を、あるいは別荘《ルストシュロース》（Lustschloss）を建てる可能性を人間に与えてくれる。メルヘンはあらゆる現実吟味を、詩的に、また悠然と無視してしまうから、そこを支配するのは快楽原則であるように見える。有名な決まり文句が思い出されることだろう。「願い事がまだかなえられた昔のこと……」（『カエルの王様』グリムKHM（訳注1））。ほとんどすべてのメルヘンが、すべての人にとって満足のいくように終わる。善人は報いられ、悪人は罰せられる。王子と王女は出会い、「いつまでも幸せに過ごす」のである。

フロイトは、夢と同じように、神話もメルヘンも解釈の可能性があるということを見抜いていた。フロイトの言う解釈はすべて、外に現われた物語と行為の担い手の背後にある衝動の願望を解読するということになる。文化および、それが個々の人間の中に投影されてできた機関すなわち超自我は、ファンタジーという自然保護区においてさえ、衝動願望がむき出しで浮かび上がってくることを許さない。それゆえそれらは圧縮、置き換え、象徴化などの形の中に閉じ込められているように見える。かくしてメルヘンの中の登場人物は、いわゆる「衝動の代理人」とみなされることになる。

一方C・G・ユングは、よく知られているように、ファンタジーの中でリビドーが大きな役割を果たしていることは認めつつ、人間のファンタジーを衝動のみに還元しようとは考えなかった。彼の見方によれば、ファンタジーの表象は、衝動や本能と同様に、一次的かつ根本的なものである。「少なくとも人間は、何ものかへと駆り立てられる存在ではあるが、同時に何かを想像する存在でもある(注3)」。ファンタジーは自発的に生じるものであり、その中にこそ人間の創造性がある。最も純粋な遊びとしてのファンタジーである芸術的創造活動は別にして、ものごとは自然のありのままの状態から変えることができるのだという表象なしには、文化を構築することはできない。いわゆる現実ではなく人間のファンタジー表象においてこそ、ものごとのあり方を変えることができる。空中を飛ぶという表象、月までも飛ぶという表象――もっとも今日では、それは現実になってしまったが――は、たとえば、ダイダロス・イカルス神話の原初的なファンタジーの中に表現されているし、人間の憧れでもある。ここではファンタジーと憧れが機能しており、後者はエネルギー的な要素、つまり人間の衝動を含んでいる。確かにこの衝動がなくては、ファンタジーは決して実現されることはない。

したがってファンタジーとは、創造性という人間の特殊な能力の基本的要素であり、それゆえユングの考えの中では非常に高い地位を占めている。

それでは、ファンタジーの本質の中へさらに深く入ってみよう。よく知られているように、私たちがファンタジーを支配しているわけではなく、ファンタジーのほうが私たちの中に生じ、私たちを襲う。たとえばあなたがファンタジーや何か思いつきを得たいと思ったら、骨の折れることかもしれないが、ファンタジーの可能性へと意識を向け、集中しなければならない。だがそうしてみても、必ず何かが私たちに実際に生じるとは限らない。それは創造的活動にかかわる人なら十分に知っていることである。しかし逆に、ファンタジーを捨てたくても捨てられないこともよくある。場合によってはファンタジーは私たちが意識している意志よりも強くなる。ある種の強迫表象を思い起こせば、よくわかるはずである。そのようにファンタジーは、ある程度までは自律的なものであり、私たちの自我意識で完全にコントロールできるものではない。夢と同様、覚醒時のファンタジーも、一般に私たちの個人的な体験とある程度結びついている。たとえば若い男性はしばしば女性のことを夢想し、女性は男性のことを夢想する。このようなファンタジーを探ってみれば、それが夢想者の個人的な状況や個人的・心的な状態と関係のあることがわかる。彼はおそらくある知り合いの女性のことを夢想しており、彼の経験にはありがちな、快楽もしくは不安に満ちた状況を夢想している。彼が異性の人物についてファンタジーをめぐらし、夢に見るということは、人間にもともと備わったことのように思われる。ファンタジーの内容にいかに個人的な色づけがなされていようとも、それは人間という種に固有の活動である。どんなファンタジーもその始まりに人間に固有な潜在能力が存在しているはずであり、夢想者にとって、それがいかに個人的なことのように思えようとも、そのような力がファンタジーを働かせ、秩序づけるのである。

この無意識の中で秩序づけ、調整しようとする機関を、よく知られているようにユングは元型と名づけた。「元型とは、その定義にふさわしく、心の要素をある（元型的と呼ばれる）イメージへと秩序づける要因であり、動因である。しかもそのやり方は、つねにその結果を見て、初めてそれとわかるようなものである」(注4)。この文脈でさらに理解を深めるためには、マックス・リュティが述べるメルヘンの構造の本質が役に立つ。「たとえば小説は、相矛盾する動きや性向をもつ生き生きとした人物を描くが、メルヘンでは人物を、一義的で孤立的な人物群に分裂させる。見たところいろいろな人物と出来事が孤立しているが、それが実は全体に結合して一つになっている。すなわち、孤立した人物像が見えないところで連結し、調和して溶け込み共演しているのである。メルヘンは偶然の入り込む余地のない詩である。出来事の調整は偶然ではなく、精妙に仕組まれている。メルヘンの中の目に見える出来事は、霧の中に浮かぶ国の頂上として現われる」(注5)。

「霧の国」の見えざるつなぎ手は、心理学用語ではユングによって元型的背景と名づけられたもの、すなわち心的経験をそのイメージや表象で動かし秩序づけるものと同じだと見てよいだろう。このことからも、ユング派がメルヘンに大きな関心を寄せる理由がよくわかる。メルヘンでは人間のファンタジー、というより精神生活そのものに対する無意識的な、ユングによれば「元型的な」コントロールが、はっきりと見られる。メルヘンの登場人物およびその布置は、すべての個人的なまといをはぎ取られており、それゆえそれらについての典型的な描写の中に、無意識の過程を読み取ることができる。無意識の心理学はメルヘンから多くを学ぶことができる。というのはメルヘンは、本質的に人間に属する元型的な現象を描いているからである。ユングはメルヘンを、まさに「魂の解剖学」と特徴づけている。(注6)

だからリュティが、メルヘンで描かれるのは、相矛盾した動きと性向をもつ生きた人物ではなく、目に見えないところでつながって動いている人物群だと主張しているのは正しい。これらの人物は、メルヘンに描かれる全体的な出来事におけるシンボルの担い手として理解することができるだろう。それらは具体的な人間としてではなくシンボルとして理解されるべきであり、目に見えないつながりの過程の中にシンボルとしての位置を定められている。しかしそれらがなければ、見えざるつなぎ手、「元型それ自体」(注7)は決して目にすることができないだろう。それゆえシンボルは、秩序を支配する目に見えないものを、実際に感じられるようにする衣として理解することができるだろう。シンボルは「霧の中に浮かぶ国」の目に見える「頂上」なのである。かつてゲーテは、「特殊なものが普遍的なものを、夢や影としてでなく、神秘的なものが一瞬生きる体験として表わすのが本当の象徴学である」(注8)と言った。したがって、ここでいう普遍的なものというのは、それ自体は神秘的なものであり、それがそのつど異なる個別のイメージの中で、生きた経験として感知されるものということになろう。ヨハン・ヤコブ・バッコーフェンはシンボルの特徴を、平易なことばで描きだしている。「シンボルは人間の精神の〈すべての〉面を同時に鳴り響かせる。しかしことばは、つねに〈一つの〉考えにふけってしまう。シンボルは魂の最も神秘的な深みにまで根を伸ばすが、ことばは、そよ風のように理解の表面を震わせるだけだ。前者は内へ、後者は外へと方向づけられている。きわめて多様なものをまとまりのある全体的な印象へと結びつけることができるのは、シンボルだけである。ことばは個々のものを順に並べることしかできないから、魂の前に〈一目で〉見えるようにすれば圧倒的な感動が得られるはずなのに、それがことばによって伝えられるとすれば、一つ一つが別個に意識されるだけに終わってしまう」(注9)。C・G・ユングは、シンボルを、未知の事物を最もうまく最も特徴的に公式化するものとして定義している。生きたシンボルほど、ことばで言い表わせないことをうまく描写するものはない(注10)。だから、この観点から、シンボルをそのような深い次元の表現として見るならば、メルヘンの本質を構成する意味の、深くて究極的な部分に出会うことになる。文学者ヴィルヘルム・エムリッヒによれば、民話は、考え尽くせぬほど豊かな意味を繰り広げ、それ自体の中から他の生活形態、時間、表象に関する代表的ないしは象徴的な意味を発展させることのできる文芸作品であるという。したがってそれは「汲み尽くせぬ関係性の織物であり、何度でも織り替えられうるものである」(注11)。別のことばで言えば、民話が述べるのは、そもそもおおまかにしか解釈することも考えることもできないような人間存在の秘密である。人間性ということについて考え始めたとたん、私たちは自分自身の殻の中にとらえられてしまう。というのは、私たちの考える方法はすべて、私たちの意識から生み出されるものだからである。その外側に錬金術的な視点をもっていなければ、意識の外側を見渡すことはできず、意識の中にとらえられてしまう。だから、ハインリッヒ・ツィンマーがこう言っているのは正しい。「シンボルについて論じようとする者は、シンボルの深みから汲み出すというよりは、彼がシンボルの意味に触発されて点火されたときの自分自身の限界と偏見を説明的に語っているにすぎない(注12)」。

ツィンマーはここで本質的なことを示している。つまり、意味は自発的に現われてくるのではない。意味が現われてくるためには、個人による意識化が必要であるが、それゆえ必ず、そのたびごとのその人なりの限界と偏見、すなわち「個人的な方程式」が動き出す。何かが無条件に〈私〉にかかわったときにこそ、深い意味がぱっと輝く。しかしたとえそうなったとしても、意味が完全に汲み尽くされるということはなく、〈私〉が理解できる程度に、結局のところ〈私〉がとらわれている時代精神に照らして理解できる程度に、汲み出されるだけのことだ。また、メルヘンを解釈しようとすると、たちまち、実はメルヘンは――ロールシャッハテストと似て――解釈者自身のファンタジーが投影される領域なのではないかという疑問が起こってくる。メルヘンの上には自分自身の思いつきや表象が投影されるから、メルヘン解釈もメルヘンの意味よりも解釈者自身について多くを語っていることになるかもしれない。メルヘン解釈に関して「客観的な正しさ」などというものはありえないと私は思っている。民話のもつ「何度でも織り替えられうる」性質が動き出せば、その解釈を考える人自身の特質や限界が関係してくる。だから、どのような解釈にも主観的な面がある。

しかし、そうはいっても、メルヘンとつきあうにあたって、あまりに主観的すぎる逸脱を見極める規準は必要であろう。そのためには、まず、感情感受性による評価とでも言うべきものがある。それがメルヘンの深部と〈私〉との関係が合っている、合っていないと嗅ぎ出し、判断してくれる。解釈が「ああ、そうなのだ」と得心に至ることもあれば、「こじつけ」として作用することもある。このような規準が基盤とする証拠は感情であり、結局のところ主観にすぎない。そこでもっと詳細で重要な規準を、ヘドヴィッヒ・フォン・バイトが『メルヘンの象徴』という本の中で紹介している。「あるイメージまたはモティーフの解釈が正しいかどうかを吟味する方法がある。それは、メルヘンの全体的な経過を吟味するのである。一つの解釈が全体にわたって通用するときのみ、その解釈はモティーフの本質をとらえていると考えてよい。つまり、一つの意味を個々のイメージにおいてだけではなく全体的な経過を通して追い続けることができ、たくさんのモティーフのひとつづきから一つの意味のまとまりが生じると き、ということである。夢を扱うときも全体的に扱わねばならないのと同じように、また絵画でも個々の人物だけでなくすべての人物が互いの関係の中で見られねばならず、かつ、それらすべては画家が一つの表現手段として意図したものであるのと同じように、メルヘンの像すべてを考慮しながら、メルヘンを全体として研究する必要がある。ドラマとは違い、主人公の動きだけに興味をもつということはあまり意味がない。というのは、一本の糸だけでは織物にならないからである。つまりメルヘンのモティーフはどれも、メルヘンの構造の中に確固とした場所をもっていて、それは置き換えがきかない。極端に言えば、同じモティーフでも、筋の異なる場所に出てくる場合は、異なって解釈されねばならない。同じモティーフをごく表面的に収集することも必要だが、それは前段階の仕事であって、その後で、扱おうとするメルヘンの中でそのイメージが果たす特殊な機能が研究されねばならない。筋がもつ意味のまとまりは、すべての登場人物の相互の関係性の中にのみ見いだしうるのであり、またその中でこそ、いくつかのイメージのつながる円環をながめ渡して解釈することができるのである」(注13)。この指標は客観的な吟味規準であり、決定的に重要である。

バイトは、同一モティーフをごく表面的に収集することを、メルヘン解釈の前段階の仕事と名づけている。彼女によれば、ユングが「拡充法」と名づけた方法もそれに入る。あるモティーフについて適切で意味のあることを何も思いつかない場合、シンボルの歴史の中で同一、または類似したモティーフ、もしくは類似した像を見つけられる箇所を探し出して参照することができる。たとえば、ほとんどのメルヘンに動物が登場する。この動物の意味内容にアプローチしようとするならば、その動物に投影された表象を集めることが有効である。たとえばカラスが登場したと考えてみよう。カラスは鳥であり、その要素は〈空気《ルフト》〉(Luft)である。鳥は人間とは対照的に、生まれつき飛び立つことができ、したがって「思考の飛行」を表わしていると言えよう。空気という要素は確かに精神的なもの、ファンタジー的なもの、非物質的なものを連想させる。だから願いを思い描くことを「空中楼閣《ルフトシュロース》」(Luftschloss)と呼ぶのである。口承によると、特殊な考えやファンタジーに没頭しているときは誰でも、〈鳥をもっている〉と言われる。さらにカラスは〈黒い〉鳥でもある。ギリシア神話によればカラスはもともと白かったのだが、アポロンに恋人の死について間違った報告をしたため、アポロンは怒りと悲しみのためカラスを黒い鳥に変えてしまったという。間違った報告をした使者だから、カラスは「不幸のカラス」ということになり、黒い考えや黒いファンタジーと関係があり、怒りや抑うつ的気分とも関係がある。

拡充法は、この例でわかるように、あるシンボルの意味にアプローチするための方法である。おそらくカラスの場合でも拡充法を用いないで、単にカラスが私たちにどんな気分、感情を起こさせるかに集中するだけでも、同じ結論に達するだろう。メルヘン中の像から直接気持ちを生じさせるというこの方法は、拡充法よりも重要だと私は考えている。拡充法はさしあたって、〈私〉の個人的な反応が普遍的な表象に調和しているかどうかを吟味するのに役立つ。さらに、ある像やモティーフに関して自分自身の反応や思いつきがまったく出てこないなら、そこから先は拡充法が直接的に役に立ってくれるだろう。

あるメルヘンの意味のまとまりを嗅ぎ出すためには、そのメルヘンの典型的な〈構造〉が重要である。たとえば王様が何らかの危機に陥ったことから始まるメルヘンは多い。お后様を亡くしたとか、王様のお抱えの猟師が森に迷い込んだ、王様に子どもがない、王が老いて病気になった、生命の水をもっていない、など。王様自身の心がかたくなになっていることもある。メルヘンはたいてい、どうしたらこの危機から脱け出せるかを描く。王様が新しいやり方でもう一度立て直されるか、あるいは、王子または幸福帽[訳注2]を被ってうまれた若者が王と交代する、などなど。しかしこの改革へとたどりつくまでには、魔法の領域でいろいろな行為と出来事を経る必要がある。ところで、メルヘンにおけるシンボルとしての〈王〉は、どのような意味をもっているのだろうか。拡充法を用いるなら、こういうことになるだろう。王政は多くの古代部族に見られる原始的な制度である。たとえばエジプトでは、ファラオは太陽神アモン・レーもしくはホルスの直系の息子とされる。彼は地上における神性の具現者であり、それゆえ無限の権力をもっている。「太陽王」ルイ十四世からは「朕は国家なり」という有名な文句が生まれた。また「偉大なる太陽の大統領」である現代のシャルル・ド・ゴールは、晩年、神王制という元型が溢れ出し、自我肥大していたと言われ、それについての根拠もある。したがって王は元来、神の力と神の知とを具現したものであり、特に明るさと意識のシンボルである太陽からきている。王は法と命令を出すことによって、神の意識に照らされ光り輝く。同じような思想は、教皇不謬性という教義にも見られる。だから教皇の告知は、聖霊の天啓とみなされる。だが注目に値するのは、多くの古代文化において王は確かに無限の神的権力をもっていたが、それはその部族の中で万事がうまくいっているときに限られていたということである。病や敗戦などが民を襲った場合は、王が「マナ」[超自然的な力の観念]を失ったとみなされる。王は神的な力を失ってしまったのだから、別の人物が王にならねばならない。このように、王というシンボルは個人を越えたものである。

このモティーフはエディプス王神話にも見られる。民衆の中に厄災が突発し、王としての統治が疑問視されるようになる。旧約聖書においても、サウルとダビデについて似たようなことが述べられている。サウル王統治時代の中ごろ、神の王権は預言者サムエルによって若きダビデに授けられた。「主の霊」がサウルを離れたので、彼は悪霊に苦しめられることとなった。彼はふさぎこみ、残酷な専制君主に変貌し、最後には戦死した。近代の政治的指導者たちも、しばしば「カリスマ」を与えられる。しかしどんな小さな失敗でも、たとえばヘンリー・キッシンジャーの場合のように、それは同時に、「王冠から飾りが落ちた」[品位に傷がつくという意]ことを意味する。

内的に見れば、王は、秩序と価値カテゴリーを創造し擁護する人間の意識を象徴していることになるだろう。王は、内的な規範のシンボル、「神が与えた」手本のシンボルであるから、侵されざるものであり、すべてのものを縛る規準である。集合的意識の中心としての王は、その時々の、明文化された、もしくは明文化されていない価値規範を象徴する。さらに王は、「ひと」という原理でもある。「ひと」はこうする、そうしない、といった具合に、私たちが自分を意識するとき、たいていこの「ひと」が私たちを支配している。私たちには、自分自身のためにも、また社会の要請にかかわる上での規準としても、普遍的な規範および世界観の一致が必要である。王というシンボルは、いわば、人間の心的性質の一つであり、さらには、フロイト派のパラサイコロジーで「超自我」と名づけられた心の部分に相当する。多くのメルヘンが王の危機から物語が始まり、王権の交代を描くとき、それは深い真実を表現している。生きた新しい思想や新しい創造は、宗教に関するものであれ、世界観に関するものであれ、あるいは政治的な性格のものであれ、いったん確立され信奉者と組織とをもつようになってしまえば、直接的な力を失ってしまうという法則性をもっている。他方、王は創造的意識原理をも表わす。文化の発展は人間の巨大な創造行為である。しかし、人間が創造的原理を制度化し、利用しやすいように組織化することによって、原理は古び固定化することを免れず、そうなると、原理は目に見えて生命を脅かすようになる。つまり「生命の水」が失われたのである。そうすると、古い価値を補償する新しい中心的価値が現われる。それは人間の魂のもつ多層性と活力に相当する。だから王子や新しい主人公を、このような新しい可能性を担う者として理解することができるだろう。そのように理解すれば、たとえば王の交代が問題になっている多くのメルヘンにおける意味のまとまりが生まれる。心の改革と変容が生まれるには、このような過程の内部に宿る困難と葛藤が必ず伴う。たとえばどうしても必要な「黄金の毛」

と、問題解決のための知恵とを、すすけた穴に住む悪魔のところから危険を冒して取ってこなければならない。あるいは、ずる賢く強大な竜を倒さねばならない、など。

　メルヘンは抽象的であり、ある程度時間を超越しているから、その時々の時代がもつ世界観の内容についてはは述べない。そういった内容は変わりうるが、メルヘンの構造は、たとえ集合的・歴史的な変革を扱っていようとも、個人の変容の過程を扱っていようとも、変わらない。さて、実際に、ある一つのメルヘンの意味にアプローチしようとするならば、そのモティーフの布置が夢に現われたときにどのような意味があるかということを考えてみるのが有効だろう。そうするとメルヘンの登場人物のすべてが、夢見手自身の心の可能性、人格傾向として理解されることになり、その場合、主人公または女主人公は自我に最も近い。夢の場合ならその次に、夢の出来事全体を夢見手の意識状態に関係づけるだろう。夢見手の人格が私たちの規準点である。しかしメルヘンにはこのような規準点がない。メルヘンは一般的な人間の状態に関連があり、心理学的視点で言えば、集合的な心の過程を表わしている。しかしある解釈が生き生きとしたものとなるためには、元型的メルヘン布置が、今ここで、どのように生じうるかを、実例に沿って探し求めることが重要と思われる。そうすることによって私たちは、超時間的・普遍的なもの、人間に典型的なものと、現実の個人的体験の出来事との結合を確立しようとするのである。元型的なものは、その意味が個人的体験の中に現実化されるとき、生命を得る。たとえばあるメルヘンが、泉が干上がった原因やリンゴの木に実がつかなくなった原因についての知識を悪魔のところからもち帰らねばならないと語るとき、それは深層心理学の治療体験にも一致する。(注15) 自らの中の「悪魔の烙印を押されたもの」、すなわち抑圧されたもの、永劫の罰を下されたものと対決することが、人間の意識化、成熟を促進する。また経験からいってそれが、阻害されたエネルギーの解放を可能にする。これらはメルヘンが心的な関係についての知識を象徴的に表現するやり方の、ほんの小さな例である。

要約すれば、メルヘンは心理学的見地からは、心の過程の表現として理解されうるということが確認された。だからこそメルヘンは、無意識の心理学にとってきわめて関心の高いものである。C・G・ユングはこう書いている。「夢と同様、神話とメルヘンにおいては、魂がそれ自身について語り、元型は自然に動き合いながら現われ、『形を造っては、形を変え、永遠の意味の永遠の物語』となる(注16)」。

注1　S. Freud : Ges. Werke（フロイト全集), Bd. 13, S. 425, Fisher, Frankfurt a. M., 1969.
注2　S. Freud : Ges. Werke（フロイト全集), Bd. 8, S. 234, Fisher, Frankfurt a. M., 1969.
注3　C. G. Jung : Ges. Werke（ユング全集), Bd. 8, S. 237, Rasher, Zürich, 1967.
注4　C. G. Jung : Ges. Werke（ユング全集), Bd. 11, S. 162/163, Rasher, Zürich, 1961.
注5　Max Lüthi : Das Europäische Volksmärchen, Franke, Bern, 1960.（M・リュティ『ヨーロッパの昔話』小澤俊夫訳、岩崎美術社、一九八五年）
注6　M.-L. v. Franz : Interpretation of Fairy Tails, S. 11, Spring Publications, New York, 1970.（M‐L・フォン・フランツ『おとぎ話の心理学』氏原寛訳、創元社、一九七九年）

注7 以下を参照のこと。C. G. Jung: Ges. Werke（ユング全集）, Bd. 8, S. 245 ff., Rasher, Zürich, 1967.

注8 J. W. v. Goethe: Maximen und Reflexionen（箴言と省察）. 以下の文献に所収。Schriften der Goethe-Gesellschaft（ゲーテ協会文書）, Bd. 21, S. 314, 1907.

注9 J. J. Bachofen: Mutterrecht und Urreligion（母権制と原始宗教）, S. 60 ff., Leipzig, 1927.

注10 以下を参照のこと。C. G. Jung: Ges. Werke（ユング全集）, Bd. 6, S. 515 ff., Walter, Olten, 1971.

注11 W. Emrich: Wertung und Rangordung literarischer Werke（文学作品の評価と順位）. 以下の文献に所収。Sprache im technischen Zeitalter（技術時代のことば）, Bde. 11-12, S. 990 ff., 1964.

注12 以下より引用。H. v. Beit: Symbolik des Märchens（メルヘンの象徴）, S. 15, Francke, Bern, 1960.

注13 H. v. Beit: Symbolik des Märchens（メルヘンの象徴）, S. 15/16, Francke, Bern, 1960.

注14 一つのモティーフに関連する一般的表象を見つけ出すための宝庫は以下。das Handwörterbuch des deutschen Aberglaubens（ドイツ民間信仰事典）. von H. Bäcktold-Stäubli（編）. W. de Gruyter, Berlin und Leipzig, 1927.

注15 Der Teufel mit den drei goldenen Haaren, KHM, Nr. 83.（「三本の黄金の毛を持つ悪魔」グリム童話集）

注16 C. G. Jung: Ges. Werke（ユング全集）, Bd. 9/1, S. 233, Walter, Olten, 1976.

訳注1 KHM：グリム兄弟のKINDER-UND HAUSMÄRCHEN（子どもと家庭のためのメルヘン）の略。

訳注2 幸福帽は、大網膜のことで、新生児の頭に羊膜が残って、帽子を被っているようにみえるもの。民間信仰では、「幸福児のしるしとされる。」（Duden "Das große Wörter buch der deutschen sprache" より）

第２章

メルヘンの悪とのかかわり

――力動的プロセスとしてのメルヘンへの，テーマからのアプローチ

ヴェレーナ・カースト

【はじめに】

メルヘンには、非常に多くの問いを立てることができる。そしていつも、そこから心的存在の別の側面や、別の経過が見えてくるのは魅惑的である。そこで、メルヘンを善と悪の対決というテーマから見てみよう。これはよく用いられる考察方法である。メルヘンにはいつも善が勝ち、悪は敗れるというお決まりの結末があるが、それについてもう一度よく考えてみなければならないだろう。一般的なメルヘンの構造では、メルヘンが物語る心の変容過程において、悪は特別な機能をもつ。ところが、悪を変えることはできないという、もう一つの特殊なメルヘンの構造がある。メルヘンは、〈どの〉悪となら、〈どのように〉、〈いつ〉かかわってもよいのかを、さまざまなプロセスの中で示してくれる。

悪について考える際にまず目を引くのは、メルヘンは、「悪」というものが、ただ人を困らせるだけのものではない、ということをつねに示している点である。たいていの登場人物は悪であると同時に善にもなりうる。たとえば狼は子山羊を食べ、おばあさんを食べる。ところが、狼が助けてくれることもある。たとえばあるメルヘンでは、狼を撃ち殺さないでやると狼は一本の毛をくれる。そして主人公がこの毛をぐるぐる回すと、狼は助けにやって来てくれる。あるいは『二人の兄弟』というメルヘンの二人の猟師は、空腹だったが、動物たちに命を乞われたので撃たない。そして猟師たちは、二匹の子どもをもらい、後にその子どもたちは竜退治を手伝ってくれる。「親切な猟師さん、私を殺さないでくれたら、あなた方に二匹の子どもをさしあげましょう」という台詞は、誰もが知っている。

また、ものも善くも悪くもなりうる。たとえば森は、しばしば出口の見つからない「むさぼり食う森」として出てくるが、守ったり食べ物を与えたりするという機能をもつこともある。

王女たちは愛らしく、美しく、天使のようであるばかりではなく、まさに悪にもなりうる。たとえば王女たちは、直接あるいは間接に、すべての求婚者たちを殺したりもする。謎を解くことのできない求婚者たち全員を殺す謎かけ姫は、直接手を下す。罪のない眠りによって、多くの王子たちを折り悪くそこにやって来るようにそのかすいばら姫は、間接的に殺している。王子たちはいばらに引っかかって、逃げ出すことができない。

善良で美しい白雪姫も、繰り返し言いつけに背く。スイス版ではそのため、小人たちは白雪姫をフライパンで焼くべきか否か投票するのである。王子たちは花嫁を町外れに忘れて来るし、忠告されたことをしない。それどころか、ときには子どもたちを殺そうとさえする。王もまた悪になりうる。一例として『三本の黄金の毛の悪魔』というメルヘンを考えてみよう。そこでは王は、自分の娘と結婚しようとする果報者をあらゆる手を尽くして殺そうとする。しかし反対に、基本的には悪と思われている魔女が非常に役に立つこともある。たとえば、ロシアのババヤガは、主人公が王女のところに行くのを終始助けてくれる。ババヤガに話しかけるときにどのようなしゃべり方をするかによって、むさぼり食われるか助けてもらえるかが決まることもしばしばである。ロシアのメルヘン『乙女皇帝』での、イワンとババヤガのやりとりがそれである。イワンはいったん死の道を行くことを決心すると、ババヤガの小屋の前にやって来て、いつものように十字を切り、しきたりどおりにお辞儀をする。するとそこにババヤガがやって来て彼に尋ねる。「若者よ、どうだ。おまえは自分の意志で行くのか、それとも意に反して行くのか」。そこで勇敢な若者は老婆に飛びかかり叫ぶ。「おまえの横っつらをひっぱたいてやる。そしたらおまえの尻はストーブの煙突の中さ。手でかさぶたをつぶしてやる。そしたらおまえの尻から砂が飛び出す。ババアよ、英雄に根掘り葉掘り聞いたりせずに、飲み物と食べ物を出せ」。ところが魔女は、イワンの役に立つ。彼に食べ物と馬を与えて逃がしてやり、乙女皇帝、すなわち美しいマリアの居場所を教えてもくれる。

ここでおもしろいのは、この母親‐魔女像としてのババヤガとのやりとりである。最初ババヤガが「若者よ」とイワンにしゃべりかけたときには、本当にただただイワンを弱め、むさぼり食おうと思っている。イワンは力強く抵抗するが、そのときの、呪文のような韻を踏むことば（訳注1）はとても重要に思える。そこで彼は、もう一度自分の力を確かめる。それが奪われることはない。

とはいえ、善として現われることがほとんどない魔術的な力というものがあることを忘れてはならない。私は、たとえば善人の「青髭」というのは聞いたことがない。巨人も、男であれ女であれ、善人であるということはほとんどない。魔法使い、悪魔的な魔術師――彼らはまるで悪人であることを楽しんでいるかのように見える人物たちである。

だがそもそも、「悪」とは何なのであろうか。

とりあえず、メルヘンの主人公の邪魔をしたり、主人公の意志や意図を妨げ対立するもの、あるいは今ある状態を妨げるものを「悪」と呼ぼう。その際、もちろん主人公自身も、たとえば禁を犯すことによって「悪」となりうる。主人公はいつも禁を犯すが、それは必要なことである。なぜなら、そうでなければどんな変化も起こりえないからである。だから、そもそもこの「悪」というものを、いつも固定的なものだとみなさないことが重要である。何かしら妨害するものを悪とみなすならば、いろいろな水準のさまざまな特質をもつ悪がありうる。メルヘンの中に悪が存在するということは、非常にはっきりとしている。悪の機能について明らかにするには、そもそも最も一般的なメルヘンの構造とはどのようなものなのかということを、一度よく考えてみるとよいだろう。この最も一般的な構造を、私は第一メルヘン構造と名づけ、特殊な構造である第二メルヘン構造と区別したい。ほとんどのメルヘンは、何かが欠けている状態から始まる。だから特別な木からは実が盗まれるし、国には王女がいないし、王妃には子どもが生まれない。この欠けている状態は、何か悪がかかわっているというイメージである。この悪が何であるのかは、そのつどメルヘンの流れの中に現われてくる。メルヘンを結末まで読むと、たいてい、もともと何が欠けていたのかがたいへんはっきりする。物語の最後で、始めの状態がただ復元されるだけということは、あるとしてもごくまれで、いなかった人がいるようになって以前よりも豊かになる。つまり新しいレベルに到達し、成長が成し遂げられるのである。ただ王子が新たに妻を得るだけで、それ以外は以前のままということではなく、王子は妻を探す中で変化するのである。王子はつねに成長の途上にあり、止まってはいない。この成長は、王子が最終的に王になるということによって外的に表現される。このようなハッピーエンドには、メルヘンの始まりよりも大きな可能性や大きな自由がある。始まりは、いろいろな可能性がもはや存在しなくなってしまった神経症状態にたとえられるが、クライエントがさまざまな強迫的な苦しみから離れて、再び自分の可能性を試すことができるようになれば、その結果はもはや神経症状態ではない。集団もまた神経症になりうる。全体主義的な組織と、集団神経症の間に大差はない。メルヘンは集合的な状況を補償しうる。メルヘンの始まりの状況、つまり何かが欠けている状況から、この欠けているものを補うまでの道のりで悪との対決を経なければ、次の成長段階には至らない。成長がいったん停滞するや、悪は目に見えるものとなり、発展し、対決し、あらゆる力を現実化していくための刺激となる。つまり困難に打ち勝って目標を達成する。そうでなければ、メルヘンの意味での「英雄」とはならない。

また〈第二〉メルヘン構造があり、これはもちろん、上述の第一メルヘン構造よりはるかにまれである。始まりで何かが欠けているという状態は、第一構造と変わらない。また妨げる力との対決も変わらない。ところが第二構造では、この対決が成熟や成長へと通じず、とにかく厄介な状態から脱するのに全力を尽くさねばならない。自分の命を救うことができれば良しとせねばならないのだ。ここで青髭のメルヘンの変形版である、たとえば『森の熊』(訳注2)が思い出される。青髭は莫大な財産をもつ男である。彼はある娘と結婚しようとする。青髭が青い髭を生やしていて気味が悪いので、彼女は始めは抵抗する。しかしその財産を知ると、彼女は青髭の申し出を受ける。彼女は城で青髭といっしょに住む。彼は旅に出たいと言い、彼女に鍵を渡し、ある部屋に入ることを禁じる。ところがそれにもかかわらず、彼女はその部屋に入ってしまう。そこにはたくさんの女性の死体がぶら下がっていて、そこかしこに血がなみなみと入った桶がある。彼女は驚いて鍵を落とし、鍵に血がついてしまう。必死で鍵をこするが、血は取れない。このとき青髭が戻ってきて、彼女も殺してしまう。そして青髭は妻が退屈しているからという口実を作って、妻の妹を連れて来る。妻のときと同じことが起こり、妹も殺してしまう。そして青髭は二人目の妹、すなわち末娘も連れて来た。彼女は上の姉たちほど臆病ではなく、また愚かでもない。末娘は入るのを禁じられたあの部屋をのぞくが、扉の鍵は差し込んだままにしておく。さて青髭は、この末の妹と結婚したいと思う。というのは、青髭は彼女がこの試験に合格したと思ったからである。末の妹は結婚に同意し、まず彼女の両親のところに洗濯物を運んでいくこと、そして途中でかごを決して下ろさないよう青髭に要求する。青髭はよしわかったと言う。末の妹はその間に姉たちを生き返らせ、かごの中に入れ、自分も中に入り、そうして青髭に家まで運ばれていく。青髭が休みたがると、末の妹は、かごの中から「おまえを見ているよ。もっと歩かないといけないよ」と叫ぶ。こうして三人娘は結局家に戻り、青髭はまた城で一人ぼっちになる（『イタリアのメルヘン』の中の『銀の鼻』MdW）。

青髭が妻の兄弟たちに殺されるという変化が生じる別の版もある。上述の版では主人公の命は助かるが、新しいことは何も達成されないし、成長は生じていない。この第二構造形式は、経過の順調な第一のものとははっきりと異なる悪を問題にしている。第二構造形式の別の例は、主人公が死ぬメルヘンである。たとえば『トルーデさん』（KHM）では畏怖の念をもたずにトルーデさんに近づいた女の子が、トルーデさんに薪に姿を変えられ、火の中に放り込まれる。私はこの種のメルヘンを第二構造形式の中に入れている。その中では、主人公は課題を成就しない。こういうメルヘンは、古い時代に集められた民話集に多い。例として『火のヒキガエル』を引用しよう（ハルツ地方のメルヘン集、アウグスト＝アイ・シュターデ編、一八六二年）。

昔、一人の仕立屋がアンドレアスベルクへと向かったが、もうちょっとのところでたどりつけないということがあった。そう、ホレおばさんのところまでやって来て、そこでぐずぐずしていたのだ。その夜はとてもすばらしく、真っ暗でもなく、また明るくもなかった。ちょうどハルツ地方のすてきな夏の夜みたいだった。彼は思った。「ここで眠って宿代を節約しよう、ここには野生の動物はいないだろう」と。やがて苔を集めてベッドを作ると、すぐにもう周りのことはわからなくなり、ぐっすりと眠りについた。すると、急に誰かに目をむりやり見開かされたかのようだった。山は太陽が沈むときの空のように真っ赤だが、山を赤くするような炎は見えなかった。変に思って見上げると、赤いものが山のふもとからやって来て、どんどん高く上るのが見えた。そう、恐ろしい大きなヒキガエルが山を上っていて、山が赤いのはその色のせいだということに気がついた。仕立屋は立ち上がろうとしたが、その場に縛り付けられたようになって、立ち上がれない。化け物はどんどん近づいて来た。言うまでもなく、仕立屋の怖がりようといったらちょっとやそっとのものではなかった。どっちみち、仕立屋というのは勇気がないものだ［仕立屋は臆病者とされていた］。どうやってもその場を離れられなかった。身体中に冷や汗が出た。なぜなら、その化け物はカッカと燃え上がっていたからだ。喉を大きく開いて、熱い息が目に見えさえした。そして目は仕立屋をじろじろと見つめていた。仕立屋は「さあ、こいつは攻めかかってくるぞ。殺されてしまう」と思った。カエルは、仕立屋からまだ二十歩ほど離れていた。そのとき、グロッケンベルグの塔の時計が十二時を打った。そしてそれが最後の一打を打ったとき、すべては突然消えてしまい、山は、真っ暗になった。星が雲の合間からあちこちにのぞいて、東から月が上った。仕立屋はまた立ち上がって、すぐにアンドレアスベルクのほうへと向かった。そこで仕立屋は見張り番に出会い、その見張り番は、十二回ラッパを吹き鳴らした。仕立屋は見張り番に一晩泊めてくれと頼んだ。見張り番は仕立屋を夜警小屋に連れていって、仕立屋は朝までそこにいた。だが、そこでは自分に起こったことは一言も言わなかった。次の朝十時頃、仕立屋は牧師のところへ行って、ホレおばさんのところでの出来事についてしゃべった。しかし牧師はこう言った。「今晩おまえといっしょに行って何が起こるか見てみよう。仕立屋よ、怖がる必要はないんだよ。カエルは確かに呪われていて、おまえがそれを救ってやらなくちゃならぬ。しかし、それには勇気が必要だ。しかもしゃべっちゃならぬ。そうでないとすべてがだめになるんだよ」。仕立屋は、「はい、ありったけの勇気を振り絞って頑張ります。でもそのカエルは醜い化け物です」と言った。「たとえそうでも、それにキスをしなくちゃいけない」と牧師は言った。その夜十時半、牧師と仕立屋はいっしょにその場所へ行き、互いに隣り合わせに地面の上に座った。そして牧師はもう一度仕立屋に言った。「私がこの本を読んでいるときは、おまえはじっと静かにして、近づいて来るものはそのままにしておきなさい。そしてカエルがたとえおまえを半殺しにしても、それはおまえと私の幸福であり、またカエルの幸福でもあって、みんなが豊かになるんだということを見せてやろう。確かにその裏には何かがあるんだ」。仕立屋はもちろんその助言に従うことを約束した。そうして時計が十一時を打つまで待った。十一時を打つと山はどんどん明るくなり、今度は前のときよりもずっと明るくなった。カエルはすでにゆっくりと山を上っている。今度は前よりもっと燃え上がり、もっと汚らわしく、もっと速く近づいてきた。牧師は聖書を必死に読んで、仕立屋を力づけようとした。元気づけるように仕立屋を見つめて、ずっと勇気をもちつづけよと合図した。ついにカエルは、その燃えるような熱い足で仕立屋の足を踏みつけんばかりに近くに来た。仕立屋は火を吐きそうな喉から、熱く、毒のある息を吹きかけられたのを感じた。カエルは仕立屋の身体をどんどんと上っていった。心臓がどきどきと打っている。牧師は聖書を読みながら、「がんばれ、払いのけるな」と訴えるかのようにするとく仕立屋を見る。とうとうカエルは、ほとんど仕立屋の口のところまでやって来た。その息は硫黄の臭いがして、仕立屋はすぐに息を止めた。そこでカエルはキスをしようとする。仕立屋はもう耐えられなかった。いやでいやでたまらなくなって顔を背けると、（時計が）十二時を打った。一打目が鳴るやいなや、全部消えてしまった。牧師はひどく不機嫌に腹を立てて、「愚か者！　臆病者め。もう何も起こらんじゃないか。もうほんのちょっと我慢していたら、すべてのことが起こっていたはずなのに」と言った。しかし仕立屋は、「もし顔を背けなかったら、窒息死してたはずだ」と言った。ことは徒労に終わった。彼らはいっしょに家に帰って、次の夜同じ時間にもう一度そこへ行った。すべて同じことが起こった。山はこうこうと輝き、昼間のようだった。そしてカエルは全身カッカと燃えていた。仕立屋は、今度はうまくやろうと決心した。カエルがほとんど喉に触れようとするまで我慢するが、仕立屋はそこで勇気を失い、また顔を背けてしまった。するとすぐにまた時計が十二時を告げて、全部消えてしまった。遠くで女の子がひどく泣いているような叫び声が聞こえた。牧師は言った。「すべては終わった。あれだけ怖い目をしたのも、苦労したのも無駄になった。そして奴は呪われたままだ」と。それ以後はもう二度と化け物を見ることはなかったし、ちょうど太陽が赤くなって沈んでいく夕方に、もう一度だけ山が少し赤く見えることがあるのを除けば、山も二度と赤くはならなかった。仕立屋はさらに旅を続けたが、何日か過ごした宿の主人にアンドレアスベルクでの出来事を話した。そして宿の主人はその話を語り伝えた。

第一構造形式では「悪」が本当に悪なのかは疑問である。あるいは逆に、自分たちを変えたり成長させたりするもの、対決を挑発するものをしばしば悪と思い込んでいるのではないだろうかと問うてみることもできる。それは単に堕落した平穏という一つの理想を意味しているのかもしれないし、あるいはまた、変わることの難しさを示しているのかもしれない。どのような変化も、死と再生の一部であり、メルヘンではしばしば、殺され再生させられる主人公の中に具象的に示されている。

第二構造形式では、むしろ本当の「悪」について語ることができる。そこでの「悪」とはもはや人間がかかわることができず、ただ離れているしかない破壊的な力が働いているという意味である。主人公が、見たところ何も変わらずに戻って来ることになっても、ここでは逃げるしかない。青髭のメルヘンの主人公の娘がそれである。彼女は今では少なくとも、もう青髭の城に戻ってはならないということを知っている。このことは、次のように理解できる。彼女が自分の破壊的な側面や、破壊的なことに喜びを見い出すことは、どんなにわずかでも、もはや許されないということである。というのは、そうでなければ彼女は再び青髭の手中に陥ってしまい、コントロールも干渉もできない破壊性に捕らえられてしまうからである。

だから問題はどのように、いつ、どの「悪」とかかわるかということである。これは、メルヘンの中では、非常にきめ細やかに示されている。

これは人間の典型的な行動プロセスに一致する。その行動の一つの形は、闇の力に敬意を払うことである。この形は、他のすべての形の基礎になっており、悪とかかわるときの前提条件を示している。敬意を払うことの中には、悪に対して当然生じてくる不安も含まれている。人は不安をもつのだが、それにもかかわらず、この闇とかかわりをもち、それを受け入れ、共に生きていくのである。『二人の兄弟』というメルヘンの動物は、その例とみなすことができる。メルヘンで二人の猟師がしたように、野生の動物は殺さずに、いっしょに連れていくべきである。野生の動物というのは、私たちの中の、野生的で未分化な、飼い慣らされていない、さまざまな衝動のシンボルでありうる。これはまさしく、さまざまなニュアンスの攻撃的な行為であり、これをしばしば私たちは「悪」という。しかし動物は、いっしょに連れていけば、メルヘンのイメージの中では、とても役に立つ。動物の命を狙う、つまり自分の中に生じる攻撃性を抑圧して初めて、動物は悪になりうるのである。

何かを受け入れるのに、優しく受け入れるのが一つの形であり、怒りながら受け入れるのがもう一つの形である。どちらも情動的なものである。私は『カエルの王様』を思い出す。そこでは、カエルは必ずしも優しく受け入れられてはいない。

それでも王女はカエルを壁に投げつける前に、手にとっている。そしてそのとき、カエルは王子になる。『木の上の王女』というメルヘンでは、主人公は狼のえさとして十二匹の子羊を連れていかねばならない。そうしなければ狼は主人公の馬をズタズタにしてしまう。それもまた、受け入れの一つの形である。それは自分の中の狼にえさを与え、養わねばならないということを承知しているという受け入れである。つまり、狼の側も何かを必要とするということを知っていなければならないのである。

『鳴きながらぴょんぴょんはねるひばり』(注1)というメルヘンでは、父親は末娘をライオンに引き渡す。

というのは、父親は娘の希望をかなえるために、不法にライオンの領域に入り込んでしまったからである。父親は悲嘆にくれるが、末娘は言う。「約束したことは守らなくてはいけないわ。私がきっとライオンをなだめてみましょう」。ところが彼女は、ライオンをなだめる必要などまったくない。というのは、彼は夜には立派な王子であり、昼間だけライオンなのだから。

そんなに悪いことでもないと信じて、このライオンのようなものを受け入れようとする態度が、すでにここに見てとれる。それはライオンの救いの第一歩なのである。『夏と冬の庭』(注2)という類似版では、ライオンではなく、竜のような化け物が出てくる。娘が一度家に帰ったとき、化け物はすぐに戻って来るようにと頼んだ。ところが娘は長いこと戻らなかった。娘が戻って来ると、化け物はもうそこにはいなかった。長い間探した末、ついに庭の葉っぱの下で死んだようになっているのが見つかった。そこで娘がひざまずき、この化け物にキスをすると、目の前にはすばらしく立派な王子が立っていた。優しく受け入れると、この悪――「うわべだけの」悪とあやうく言いそうになるのだが――が魔法から救われる。そして同時に、いつも娘のほうも救われる。

このとてもすばらしい受け入れの形が、ハンガリーの民話の中にある（MdW、ハンガリー民話、一九六六年、三六頁）。主人公は、鉄の歯をした魔女に「お母さん」と呼びかける。魔女はそれに対して「私にお母さんと呼びかけるとは、おまえは運がよかったよ。そうしなかったらすぐにおまえの骨は粉々になって、けし粒よりもちっぽけになっていただろうよ」と言う。そのとき主人公は、何が起こるのか、つまり自分が押しつぶされるということをすでに見抜いている。これを見抜くには、知恵と意識を必要とする。だが彼は、魔女はかつて「母親」だったかもしれないことを思い出し、魔女に自分のよいところを思い出させると、魔女はそれに応じてくれる。それは私たちがしばしば用いる策略である。私たちは人間の破壊的な側面にではなく、よい面に呼びかける。そしてこれは、自分自身についてもできることである。たとえば自分の中に、すべてを食い尽くしたいという、いわゆるむさぼり食らう側面を発見したら、ただ食べようとするだけではなく、何かを差し出してみるのもよいだろう。そしてもし運がよければ、変化が生じる。

破壊的であることを知っていても、その人のよいところに呼びかけるということは、メルヘンの中の否認と似ている。ここで私の言っているのは、たとえば、当たり前のように鍵を渡されている百番目の部屋を、禁止されていることを知りながら開けてしまうあのメルヘンである。その人は後でその中に入ったということを否認する。ここで私は特に『マリアの子ども』タイプのメルヘンを思いつくが、「キリスト教以前の」版の『黒い女』(注3)というメルヘンに従うことにする。キリスト教的に手が加えられた版では、当然キリスト教の女性イメージがその中に盛り込まれているため、出来事がとても複雑になっているからである。

もう一銭もなくなってしまった貧しい農夫が、自分の娘を黒い女のところへ奉公に出し、黒い女からたくさんのお金をもらった。つまり彼は何もせずに、心配事を取り除いてしまったのだ。娘は黒い女の宮殿を掃除し、三年近く過ぎた頃、禁じられていた百番目の部屋を開けた。そこにはほとんど白くなっている黒い女がいた。部屋の中に入ったかという黒い女の質問を、娘は否認し、森に追放されてしまう。森の中で王の息子が娘を見つけ、結婚する。若い王妃が子どもを産むと、黒い女が現われ、百番目の部屋に入ったかと尋ねる。王妃が否認すると、黒い女は子どもを奪い去り、彼女の耳を聞こえなくする。義母は息子の妻を子殺しと罵る。同じことが三回起こる。二回目で黒い女は王妃を話せなくし、三回目では目を見えなくする。そうして王妃は魔女だというので焼かれることになる。この瞬間に、黒い女が三人の子どもを連れてやって来て、彼女が禁じられた部屋に入ったかどうか最後に尋ねる。もう一度王妃は否認する。ちょうどそのとき、女は白くなり、王妃に三人の子どもを渡し、城に送り返して言う。「もしおまえがただの一度でもそこに入りましたと言ったなら、おまえを引き裂いて殺してしまっただろう」。ところで邪悪な義母は、まきの山の上で焼かれることになった。

この娘にはいったいどのような可能性があっただろうか。彼女は扉を開けなくてもよかったのかもしれない。言いつけに背きたい衝動は、黒い女、つまり救済の必要な無意識の内容に由来するが、それに屈服する必要はなかったのかもしれない（「救済の必要な」とは、私の考えでは、「いっしょに生きてもらうことが必要だ」ということである）。言いつけに背きたい衝動に負けて、扉を開けるということをしなければ、おそらく彼女はもう一度家に送り返されただろうし、きっとさらにたくさんの贈り物をもらっただろう。たぶん黒い女は白くなっただろうし、娘自身はほとんど変化を体験しなかっただろう。

娘は扉を開けて、そして開けたことを認めることもできた。そうすれば、黒い女のことばによれば「引き裂」かれて殺されただろう。それは最もひどい解決だっただろう。「引き裂」かれて殺されるということは、おそらく自我――パーソナリティー――がすべて破壊されるということを意味する。ここでは正直は割に合わない。娘は三番目の解決の可能性を選んだ。彼女は扉を開け、見たけれども断固としてそれを否認した。そのため彼女は子どもを連れ去られ、そして子殺しと呼ばれる。ところがまきの上で焼かれそうになっても、断固として否認したことが、最後にはよい結果をもたらした。黒い女は白くなり、そして邪悪な義母は死ぬ。重大な母親の問題はここで解消された。闇の母親は消え、娘は今や自分自身が母親になれる。すなわち変化が完成したのである。

このメルヘンでは、すでに始まりから多くの「悪」が生じている。父親はもはや途方にくれてしまっている。つまりここには本来ならば、父親が何らかの手を打たねばならない窮地がある。ところが彼は娘を売り、経済的に立ち直る。メルヘンの始まりに、自分の子ども、それもまだ生まれてもいない子どもを犠牲にする父親たちがしばしば登場する。経過の中で子どもは――たいていの場合は大きくなってからだけれども――悪魔的な力と対決しなくてはならない。たとえば『手なし娘』あるいは『王の息子と悪魔の娘』というメルヘンでは、そういうことが起こっている（『世界メルヘン全集』（MdW）所収のグリム以降のドイツのメルヘン）、「子どもを犠牲にする」というのは、そこに存在する抑うつのために、新しく生じてきた力を犠牲にすることだと言える。確かにそこには救いがない。それはやはり成長への希望を思慮なく断念してしまうことであり、無意識への裏切りである。メルヘンでは、このような父親たちは決して変化しない。それはいつの時代も、古い世代の人たちが変化しないままで死んでいくのとほとんど同じように思える。

『黒い女』というメルヘンでは、不服従への挑発が起こってくる。黒い女は百番目の部屋を開けることを禁じ、娘は三年近く言いつけを守るが、その後この禁止を破ってみたいという好奇心がわいてきて、言いつけに背く。

娘は三年近くこの黒い女の部屋を掃除していた。そしてこれは明らかに、同時に自分で自分の母性の闇の部分をも磨いていたのである。つまり娘は自らの闇の多くの局面を生き、体験し、扱ってきたのである。言いつけを守らないがゆえに、娘が黒い女を見、黒い女をすんでのところで救済するということが生じる。また、言いつけを守らないということは、黒い女、つまりもともと緊密な関係にあったものからの分離を引き起こす。それは見ること、知ることによる解放、救済の一歩としての解放なのである。

〈否認〉することはつまりこの場合、心のこの局面、このまことに不吉でありながらおそらく魅惑的でもある側面を見たくはなかったということであり、とりわけこの黒い女といっしょの部屋にはいたくなかったということである。これは、この心の内容、つまり分離された「闇」と距離をとったのである。それは、娘がこの側面の危険性を知っていたということを示している。彼女はこの闇と同一化するのを避けた。彼女は悪への肥大《インフレーション》を避けたのである。この否認の結果、彼女はまず、森の中に放り出され、声、聴力、視力を失った。つまり広い意味におけるコミュニケーションを失ったのである。そうして自分に起こったことについて、外界に対して何も言えなくなる。この後に続く出来事は最悪であり、子どもたちを失ってしまう。黒い女はこの子どもたちが自分に必要なので連れていくのだ。

心理学的に見れば、これは次のようなことを意味する。全エネルギーが外へではなく内へと向かっている。これは妥協のない内向の状態であり、その中で起こっていることをことばにすることはできない。しかしまさにこれこそが、変化を引き起こすのである。意識は否認し、ひどく苦しみ、沈黙している。そしてこの極限的なとじこもりが、破壊的なコンプレックスを変えるのである。

娘は最初の子どものときには聴覚を、二番目のときにはことばを、三番目のときには視力を奪われた。この強制的な内向の状態、心の中に秘めておくということが、極限まで求められたのである。それはとりわけ、娘が闇の女性性をもつ悪い義母の周辺で身動きがとれなくなってしまうこともありえたからである。

メルヘンは、まさに黒い女と名づけられるような「闇」に対して、とても繊細な態度を示している。黒い女の家での仕事、すなわち個人的なものであると同時に明らかに超個人的でもある、この闇の仕事をすることについて、まず考えてみよう。この闇——とりわけこの闇を解放することの必要性——を見ること、そしてそれでも見ていないと言いはることは、本質的には尊敬の念をこめて受け入れることであると同時に、拒否でもある。その際、拒否は、この圧倒的な闇から距離をとろうとする絶望的な試みである。そしてそれは大きな苦しみを伴う。しかしながら、主人公が言いつけを守らないということが、絶対に必要なのである。すなわち、それが「闇の母親」からの決定的な解放をもたらす。

否認以外の、悪とのかかわりの形は〈戦い〉である。その最も頻繁に見られる形は、いわゆる「竜退治」である。竜に言ってきかせてみてもほとんど役に立たない。だから積極的な決心をしなくてはならない。悪との積極的な対決としての戦いは、とりわけグリムの『二人の兄弟』(訳注3)(KHM)のようなメルヘンに現われる。ここでは貧しい男の息子である二人の兄弟が、金の鳥の心臓と肝臓を食べ、それゆえに毎朝枕の下に金の卵を見つけるのである。狩人のもとで奉公した後、彼らは世間に出た。兄弟のうち一人は、これまで毎年乙女を連れ去っていた竜から町を救い出した。彼は自分の連れていた動物の助けを借り、この竜に打ち勝ち、それによって王の娘を妻に迎える。竜は意識の世界を脅かす。竜は意識の世界に、不当な犠牲――毎年一人の乙女――を求める。乙女を犠牲にするということは、とにかく生命全体を活気のないものにしてしまうであろう。この竜にすでに多くの勇者たちが殺されていることを、私たちは知っている。この狩人はそれをやっつけることができる。しかし、どのようなときにはこの恐ろしい怪物から逃げるべきであり、どのようなときには竜を殺すことができるのであろうか。それはどの発達段階において、竜に出会うかによると思われる。竜退治のメルヘンにおいては、二人の兄弟は何しろ以前から狩人のもとで奉公していたのだから、すでに森の中の勝手をよく知っているし、また自分の動物――うさぎからライオンまで――ももっているし、毎朝枕の下に卵を見つけるし、さらにその上、彼らは二人連れである。つまり彼らはすでに、無意識とのかかわりの経験をもっているのである。ある時点までは、むさぼり食い脅かす竜が布置され、時至ると兄弟は、すでに戦いに向けてきちんと準備ができている。

竜は心理学的に解釈すれば、やっと意識化したものを再び抑えたいという、以前の未分化な側面を意味していると解釈できる。

「竜を殺す」とは、大きな仕事を成し終えた後に、すべては無駄で以前と何も変わっていないとささやき、獲得したものをすべて押さえ込んでしまう、私たちの中のあの気持ちを黙らせるということを意味する。

しかしメルヘンでは、悪に対してしばしば力ずくというよりは、〈策略〉を用いてことを進める。『ヘンゼルとグレーテル』（KHM）では、次のようにして魔女は片づけられる。グレーテルはかまどの中に入らなければならなくなったときに、どうすればよいのかまったくわからないかのようにふるまったので、魔女はもどかしくなってそれをやってみせる。グレーテルは最後の一押しをして、かまどの扉を閉めさえすればよい。

つまり、グレーテルは魔女のもくろみを見抜いてそれを逆手にとり、魔女にしかける。そのようにして魔女を絶滅させるのである。もちろんそのためには、グレーテル自身も少し魔女のようなところをもっている必要がある。そうでなければ、もくろみを見抜けないだろう。『親指小僧』（ペロー『親指小太郎』）というメルヘンでは、似たようなやり方で、垂れ飾り帽子を使ったトリックが起こる。人食いに気に入られた親指小僧は、人食いの娘の金の王冠を自分と兄たちの頭にかぶせ、自分たちの黒い帽子を娘たちにかぶせる。人食いは、すでに吸血鬼としての力をかなり発揮するようになってきていた娘を殺してしまう。ここでもまた、この人食いが何をしようとしているのかを予知することが重要である。人食いよりも利口でなければならないし、悪についてのファンタジーをもっていなければならない。それは悪を受け入れる一つの形でもある。これはまた、特に人間関係においてもあてはまる。それによって相手を正しく評価でき、結局落胆させられることが少なくなる。

巨人もまた、策略によって片づけられる。たとえば『勇ましいちびの仕立屋さん』を考えてみよう。彼が二人の巨人の胸をめがけて、石をめちゃめちゃに――木の上から下へ――投げつけると、巨人たちは荒れ狂い、死ぬまで互いに殴り合う。

仕立屋は、巨人は愚かだから、こんなふうに反応するだろうということをあらかじめ知っていなければならない。

巨人はとてつもなく愚かで、巨大で、乱暴で、荒れ狂い、怒り狂っている。それらは私たちの、形にならない情動（大きな不安、ものすごい激怒）を象徴している。仕立屋は、この情動の〈上位〉に立つ、つまり木の上に座るという手段をとっている。それによって、彼らの動きの経過を見抜き、彼らを疲れ果てさせる。意識的なコントロールがきかないほど強い、激しい情動は、社会に入れてはならない。

また、悪魔とも策略をもってかかわる。グリムのメルヘン『農夫と悪魔』では、ある夜、農夫は自分の畑で炎を見、その上で黒い悪魔が踊っているのを見る。「おまえはひょっとしたら宝物の上に座っているんじゃないか？」と農夫が尋ねる。悪魔は喜んでこの宝物（お金）を農夫にくれようとする。というのは、悪魔は十分にお金をもっているし、大地の農作物が欲しくてたまらなかったからである。そこで悪魔は、農夫に二年間田畑がもたらすものの半分を自分によこすという条件でお金をくれる。争いにならないように、農夫は一年目に悪魔に地上でできたものをやり、二年目は地下でできたものをやるつもりだと言う。一年目にはかぶを植え、悪魔はそのためにただの枯れ果てた葉っぱだけをもらう。二年目は小麦を植える。そこで悪魔は怒りたけり、岩のはざまに落ちる。そして農夫は財産を得る。

農夫は、悪魔を追い詰めて財産を奪い取ったが、悪魔を救いはしなかった。私には悪魔が、ある種の救いへの憧憬をもっていたように思える。というのは、悪魔は大地の農作物を欲しがったからである。つまり、人間の世界へと成長したかったのであろう。繰り返し、いつでも別の何かが悪者にされる。だから悪魔は決まった姿形のものではない。そして、私たちの誰もがまた、別の何かを悪者に仕立てるだろう。つまり悪魔とは、私たちの意識から最も離れたところに押しやられたものの名前なのである。このことを考えてみるならば、そこに救いが起こらなかったのは、残念なことといってよい。

しかし悪魔が具現化しているこの側面は、人間が生きるにはあまりにも危険であるとするならば、農夫の態度は適切であった。彼は影の問題を見ても、それを増長させることなく、悪魔が近寄れない側面をユーモアをもって守ろうとする。そうして彼は宝をお金という形で受け取る。つまり、この側面と結びついているエネルギーという形で受け取るのである。

このメルヘンが述べているのは、決して悪は克服できないものではなく、よく見て、悪魔のあずかり知らないところに望みをかけるという策略を使わねばならない、ということである。私たちはいかにしばしば、ちょうど悪魔が一枚かんでいるところでわざわざ何かを解決しようとすることだろうか。一般的に策略の際に重要なのは、計略に乗せようとする相手をよく知っているかどうか、彼らの行動を予見できるかどうかである。つまりその悪い人物について、十分な洞察をもたねばならない。しかもそれを、どこからか得てこなくてはならない。だから自分の影の側面、自分自身の悪について理解しなければならない。つまり、ただ悪を投影することによって体験するだけではなく、悪を認識し、悪と戦わねばならないのである。

もし力ずくでもうまくいかず、策略でもだめならば、しばしば別の形の策略である〈逃走〉が役に立つことがある。

グリムの『水の妖精』には、魔術的逃走をはっきりとした形で見ることができる。

泉のほとりで兄と妹が遊んでいた。泉にはまり、水の精に捕らえられてしまった。水の精が教会に行っているすきに二人は逃げた。もちろん水の精は何が起こったかをすぐに知って、二人を追いかけた。女の子がブラシを後ろに投げる。するとそれはブラシの山になり、水の精はそれを登らねばならない。次に男の子がくしを投げる。そこからはくしの山ができ、水の精はそれを登らねばならない。その次に女の子は鏡を後ろに投げ、そこからは鏡の山ができ、それで水の精は山を真っ二つに割るための斧を取りに家に帰らねばならない。この間に二人は逃げ、水の精は再び泉の中にすごすごと立ち去るしかなかった。

たとえばロシアの『兵士の女の子』もまた別の魔術的逃走の出てくるメルヘンの例であるが、ここでは鏡の代わりに石が出てきて、それは川になり、ババヤガはこの川を飲み干して死んでしまう。つまり張り裂けるのである。

魔術的逃走は、いつも魔女や悪い魔法使い、あるいは悪魔そのものからの逃亡として起こる。克服しなければならないのは、原初的な脅威である。追いかけられる者は逃げるとき、自分がもっていて追跡者が欲しがるもの、これまで自分と悪とを結びつけていたものを、後ろに向かって投げる。追いかけられる者が追跡者と結びつきをもたなければ、攻撃点もなくなるからである。女性の場合はたいてい何かしら、女性性の虚栄にかかわるものである。それに対して男性は馬具、あるいは乗馬の鞭を犠牲にする（『バルカン半島のメルヘン』ＭｄＷ）。おそらくそれは、広義の意味における権力への欲望をあきらめることであろう。ここで救いとなるのは、これ以上なく質素になること、もはや何ももたず、それどころかもっている最後の小石さえも犠牲にし、所有へのいかなる要求をも捧げることである。人が力への要求を犠牲にすれば、この要求の背後にあるあの側面、つまり渇望、貪欲という側面は、これ以上近づいてこられない。そして、ある期間がたって再びその側面がやって来たら——無意識の布置は、確かに周期性をもっているように見える——再び新たにそのすべてを犠牲にせねばならない。もちろん犠牲にするのは不安なことではあるが、他にいったいどんな道があるだろう。

魔術的逃走の別の形は〈変身による逃走〉である。犠牲の代わりに、いろいろな人物へ変身する。たとえば『王の息子と悪魔の娘』というメルヘンがある（グリム以降のドイツのメルヘン）。自分の力では勝利が得られず、もはや王位を保つことができなくなった王は、まだ生まれてもいない自分の息子を悪魔に売る。ここには『黒い女』の初まりの状況との類似がある。悪魔は王の息子に不可能な課題を与える。それができれば自分の命を救えるし、できなければ最終的には燃やされてしまう。悪魔的な力は、人間の可能性をはるかに超えた課題を要求する。このことはたいてい、次のようなことを引き起こす。主人公は思い上がった意識を捨てて降参し、「やろうと思えば何でもできる」ということばは捨てられる。メルヘンの主人公はたいていこのような状況の中では、乙女の庇護のもとで眠る。それはおそらく、彼がようやく内的にあるがままの状態でいることができるようになったということである。そしてその乙女が課題をやり遂げる。

　このメルヘンでは、悪魔である父親が「人間の感情をもっている」と言う、その悪魔の娘が、父親の出した試練の課題をやり遂げた。ドームと十字架のついた教会を建てるという三番目の課題だけは地獄の魔物たちにはできない。だからもはや逃げるしかない。悪魔の娘は白馬に変身し、王子は乗り手となる。地獄の魔物たちが近づくたびに二人は姿を変える。彼女は教会へ、彼はその中にいる司祭へと。次に彼女はハンの木になり、彼のほうはその上に止まる小鳥になる。彼女は田んぼ、彼はその中にいるウズラになる。その次に彼女はミルクの池になり、彼はいつも池の真ん中で泳いでいるアヒルになる。そして彼は、悪魔を見てはならない。それにもかかわらず彼が禁を犯したので、ミルクは発酵し始める。ここで言いつけを守らないのはまったくすばらしいことであり、それ自体非常によいことである。というのは、ガチョウの姿をした悪魔がアヒルともどもガブガブ飲み干したミルクは、からだの中で発酵し、悪魔がはじけるからである。王の息子と元悪魔の娘は、いっそう美しくなって現われる。

　追われているときに重要なのは、王子はどんな姿に変身しても決して地獄の悪魔の言うことには耳を貸さず、まず見ることである。「後ろを見てごらん。何が私たちを追いかけてきているの？」と、決まって悪魔の娘は質問する。悪魔に耳を貸さない、コンタクトをもたないということは、おそらく、「悪」、あるいはある種の破壊的なコンプレックスとはとにかく直接かかわることはできないのであるから、無視すべきだということを意味している。追跡者を無視し、自分自身の中、自分自身の中心に集中するのである。これは池の真ん中の、知恵あるアヒルのイメージに表われているように思われる。悪魔を盗み見てはならず、それもほんの少しでもいけない。悪魔ははじける。これはおそらく、この同化できない破壊的なコンプレックスが、その凝集性を失い、そしてまた意識に対する脅かしや危険性も失うということであろう。つまり破壊的なコンプレックスや破壊的な情動から逃れることが重要である。自我意識をそこから遠ざけるためには、たいへんな苦労をしなければならない。しかし、見込みがなければいつでも逃げるのが正しいというのではなく、探索、探求の旅のある段階で、逃走が生じることがある。それはとりわけ変身の逃走である。ここでも王子は妻を得るし、ただ、いつ探し、いつ逃げるべきかを知っていなくてはならないというだけで、実際は探求の旅と大差はないように思える。おそらく悪とかかわるとき、意識の可能性と限界を正確に判断することが重要であろう。そのつど〈状況〉をしっかり見なければならない。ただこう見たいとか、「普通」はこうだ、といった見方ではいけない。

メルヘンでは善はいつも悪に打ち勝つというのであれば、それはあまりにも単純な見方であろう。「善」だけではなく、主人公も打ち勝つのである。主人公はただ善良なだけではない。善と悪が対立している。その対立を受け入れられるようになったとき、たいてい両者は共に変化し危険な冒険を乗り越えている。それは——もし言いたければ——成長への渇望の勝利といってもよい。それでもなお、悪を無害と見てはならないだろう。たとえメルヘンの描く大きな軌跡が、たいていは成長を含んでいるとしても、個々の状況は確かにあらゆる不安と絶望を伴い、とても不快なものとして、いやそれどころか、「逃げ道のない」ものとして体験される。魔女に魔法をかけられるのは確かに不愉快である。たとえば動物の姿で走り回らねばならなかったり、動物のようにふるまわねばならなかったりする。また石にされて動けもせず、固められてしまうというのは耐えがたい。悪魔がいるのが個人の中であろうと集団の中であろうと、悪魔の前から逃げ出すのはたやすいことではない。悪魔はつねに大きな力をもち、どれほど〈厄介な〉ものであっても、それでも、私たちは呼び寄せられてしまうのである。

しかしメルヘンは私たちに、悪との対決が変化を引き起こすことを示してくれる。すなわちそれは主人公を変え、悪自身を変え、主人公の人生の状況すべてを変える。おそらくこのような期待にこそ、悪と出会うことの可能性がある。

メルヘンがよりどころにする倫理学は、道程の倫理学、つまり途上にあるという倫理学である。主人公は自発的に行動し、そのつど存在する状況と目的とに関係づけられる。その行動がただ立派というのではなく、主人公は成長を生じうる、目的へと続く「道」の途中にいつもいるということである。

つまりメルヘンにおける悪とのかかわりは、次のようないろいろな形を示す。

1　〈悪に対して敬意を払うこと〉が悪とのあらゆるかかわりの基本条件である。その際、人は悪を前にして不安にさらされることになるが、それでもそれと共に生き、共に歩まねばならない。この事実はまたロイナーによる、感情誘因性のイメージ体験や白昼夢技法においても応用されている。そこには「育みの原理」がある。その際、ファンタジーの中で不安を刺激する人物が育まれることが重要であり、それが育まれるならば、たいてい、より不安を呼び起こさないものとして体験される。

2　悪の中にある〈肯定的な側面〉に頼ること。たとえば悪魔のおばあさんに破壊的な特徴を見いださざるをえなくとも、その破壊的でない側面に呼びかけるというのがそれにあたる。

3　〈悪への肥大《インフレーション》〉に陥ることなしに悪を見ること。つまり、根気強く距離をとったり忍んだりして、悪は自分自身よりは強いけれどもそれから自由になりうるということを知ることである。この態度はおそらく、自我意識よりも強いものとかかわるところでは、つねに役に立つ。

4　〈戦い〉はタイミングがよければ目的達成へと通じうる。これは私たちにとってはなじみのある行動様式である。

5　悪とのつきあいにおける〈策略〉は、しばしば先へと導く。策略を用いることができるためには、自分自身「悪でもある」と身をもって知り、理解し、受け入れることが必要である。策略を使って裏をかくには、相手の戦略に感情移入することが必要であり、そうすることによってのみ成功する。

6　悪があまりにも強大であれば、逃げるしかない。その際、自分自身を変えることなくあまりに強大な悪に接近することは、いかなる場合でも避けることが重要であるように思える。このような状況においては、影の統合という意味で悪をありのままに統合しようとすれば、悲劇となるかもしれない。たとえば治療において、ある問題にとりかかるのに大きな抵抗が示されるときには、このことについて考えねばならない。おそらく少なくとも現状では、その問題は統合しようとする自我意識よりも強いのであろう。

メルヘンにとって悪の存在は自明だが、悪を目の前にしてもつねに希望があるという印象を与えてくれる。人はただ適切にふるまわねばならないだけである。王の息子と悪魔の娘のメルヘンの例においては、確かに悪がそこにあり、悪魔によって具現化されている。しかし同時にまた、悪魔と同じ家から、彼女の父である悪を征服するのを助けてくれる娘も出てくるということも、上述したことに一致する。だがそれでもなお、その前に出たなら逃げるしかない悪が存在するということを、忘れてはならない。耐える、克服する、あるいは逃げる。どれが良いとか悪いとかいうのではなく、その時々の状況において、どれかが多少とも得策になるというだけのことである。

注１　Kinder-und Hausmärchen der Brüder Grimm, KHM（グリム童話集）, Nr. 88.
注２　J. Bolte, G. Polivka : Kinder-und Hausmärchen der Brüder Grimm（グリム童話集）, Bd. 2, S. 231 ff., Hilesheim, 1963.

注3　MdW : Märchen aus dem Donaulande.（ドナウ地方のメルヘン）

訳注1　原文は“Ich hau dich um die Ohren noch, dann wird dein Arsch zum Ofenloch. Den Grind zerschlag ich mit der Hand, dann fliegt aus deinem Arsch der Sand! Du solltest, Alte, einen Helden nicht erst lange ausfragen, sondern ihm Essen und Trank geben !”

訳注2　原文では“L'ours a la holte”. “ours”はフランス語で「熊」の意。“holte”に関してはフランス語には該当する語はないが、中世英語で“holt”には「森」の意があるためここでは『森の熊』と訳した。

訳注3　その心臓と肝臓を食べると、毎朝枕の下に金の卵を見つけるという不思議な金の鳥。

第3章

メルヘン解釈のための方法論に寄せて

ヴェレーナ・カースト

【はじめに】

メルヘンのテキスト全体を心理学的に解釈する場合、〈面〉、〈相〉、〈方法〉を考慮して解釈することが大切である。原則としてどのメルヘンも、集合的な面と個人的な面の二つの面から解釈することができる。話の進行については、起承転結の四相、つまり、始まりの状況、凝縮、転回点、終わりの状況につねに注意することが大切である。それらは心理的変容のプロセスを示している。個々のイメージも、そのイメージの集まりも、普遍的な象徴か特殊な象徴かのいずれかで解釈される。つまり、イメージとのかかわり方には、象徴的な方法と瞑想的な方法という二つの異なった方法がある。

もちろん、メルヘン解釈にはいろいろな方法がある。そして、個々の解釈は、解釈する人や、時代状況や、どんな観点で解釈するかによって、影響を受ける。

ここでは、メルヘンは心理的過程との類似を示すという観点から解釈してみよう。さまざまな人間が何度も出会う典型的な心理的過程は、メルヘンの中にも何度も現われ、伝えられ続けている。解釈において大切な点は、メルヘンのメッセージを私たち現代の人間にも理解できるように定式化することである。メルヘンを読んだり聞いたりすると、私たちは情緒的、直接的に揺さぶられる。メルヘンに取り組み、メルヘンを理解することは、直接的な驚きだけでなく、新しい視野を私たちに付け加えてもくれる。メルヘンにいろいろな解釈法を適用して、解釈における共通の基本構造を見つけ出すことは価値のあることであるし、興味深いことであろう。しかし実際には不可能なので、仕方なくただ一つの解釈法をとることになる。

分析心理学の解釈法は、次のような見解による。メルヘンは集合的無意識の表現であり、また人間の典型的な問題に対する典型的な補償を表現している。つまり、それは無意識の創造的側面の表われである補償と、描写である。

この前提から、さまざまなレベルで次のようなメルヘン解釈がもたらされる。

1　集合的に何かが欠けていて不満足な状態を、メルヘンがいかに補償するか、すなわちいかに補い、乗り越えて成長していくのかを描写するものとしての解釈。ここでは、この欠乏状態そのものを解釈するのではなく、この状態を乗り越えて成長していく過程をプロセスと見て、今の意識状態に関連づけて解釈するほうが意味のあることであろう。

作業の第二歩はメルヘンの集合的状況を〈現実の集合的状況〉に移しかえることである。人々のもっている典型的な問題は、何度でも布置される。そしてより現実的な問題を取り扱っているメルヘンは、他のメルヘンよりも多くの人々の心に訴える力をもっている。

2

集合的な経過は個人個人によって異なって体験される。つまりそれは普遍的なものであると同時に、個人的な問題でもある。メルヘンが示す問題と問題解決を、個々人の中における問題と問題解決の可能性と見ることもできる。しかしその際にメルヘン全体の経過を心理的プロセスにあてはめるのは慎重にする必要がある。プロセスを現実の問題に適用することは、将来の研究の進展によって初めて可能になるであろう。

第1部のヤコービの論文ですでに論議したように、解釈がうまくいっているかどうかの目安は、始めに解釈に使用した手がかりが全テキストにわたって適用できるかどうかである。原則的に全体がその手がかりだけで解釈でき、その中で部分がお互いに意味深く結びついている解釈はすべて支持できる。言い換えれば、全経過がその解釈によって明らかにされないような解釈は支持できない。ある特定の状況から特定の経過が生じ、それから特定の解決が導かれうるというのがメルヘンの本質である。それゆえ、メルヘンとメルヘン解釈は治療として実際に利用できる。そのことは、治療にイメージの技法を使うとき明らかとなる。イメージするということは、その人自身の中にイメージを生じさせ、イメージならびにその変化をも観察することだと言われる。私たちは確かに次のようなことを理解している。たとえばあるイマジネーションの中で野性の動物が私たちを追いかけてくるときには、その動物に何か食べるものを与えるなどして、それが私たちに都合のよいものになるように努めなければならない。そうすれば、それのもっている脅威的な性格をなくすことができる。私たちはどこからそのことを知ったのか。おそらくメルヘンからであろう。

メルヘンの全過程をみると、出来事がその局面特有の形で繰り返され、転回が生じるある一点へと凝縮されていくことがわかる。そのため私たちは、次のような観点に特に注意しなければならない。

1　始まりの状況――一般にすべての話が始まる〈前提条件〉のことである。始まりの状況には、メルヘンがそのとき取り扱う当面の問題がイメージされる。

2　凝縮――転回点に至るまでの〈道〉と理解され、メルヘンではしばしば主人公が歩まなければならない道としても表現される。場合によっては、この凝縮の内部にすでにさまざまな転回点が存在することもある。

3　転回点――それ以後、異なった行動が生じることから、転回点であることがわかる。凝縮の全期間中に生じてきた〈変化〉が明らかとなるときである。その変化は実際には変化した行動の中に示される。

4　終わりの状況――その変化によって〈状況全体〉が新しくなる。

前述した二つの面と、これらの相を考慮して解釈するとき、なお個々のイメージを〈普遍的〉に解釈するか、〈個別的〉に解釈するかを決めなければならない。まず始めに、一度は普遍的な解釈を試みることが役立つ。しかしそれだけでは満足のいく解釈にはならない。たとえば多くのメルヘンに、くりぬかれた木の中に誰かが座っているというイメージがある。最も抽象的な水準で普遍的な解釈をするとしたら、その状態は不活発であることと、待つこととなるだろう。川のそばでも山の上でもなくて、待っているのは木の空洞の中である。特殊な解釈に至るためには、具体的イメージがもつ、それ特有の〈象徴性〉を用いて解釈しなければならない。この例では特に、木がもつ、保護する、という機能を強調して解釈されるだろう。そうして私たちは、保護されるということと「母性的なもの」を結びつける。木の空洞は死をも思い出させる。元来、棺はくりぬかれた木であった。一方、空洞は開かれているので、あたかも生まれ出るかのように、再び外に出ることもできる。個人的な体験としてのこのイメージの中には安心感だけでなく、閉塞感も表現されており、それと結びついて、いつかきっと再び外へ出ることができるという感情も表現されていると見てよい。

メルヘンのことばはイメージのことばであるから、私たちは象徴的に解釈することしかできない。個々のシンボルを超えて、メルヘンの中で生じるすべてのシンボルのつながりが、象徴的に意味ある構造として解釈されうる。このことがまた、個々の場合において適切で筋の通った解釈であるかどうかの証拠となる。このイメージのことばは、いつも二通りの解釈法を促す。

1　拡充法を用いた、まさに記述的、象徴的な解釈

2　瞑想による解釈

二つの方法は実践において、互いに非常によくカバーし合う。ここでいう瞑想による解釈とは、次のようなことを意味すると考えてよい。すなわち、イメージの象徴的内容は気にかけずに、メルヘンのイメージを思い浮かべ、このイメージに対する私たちの心の反応として生じた独自のイメージをしっかりとらえることである。これは当然一つの解釈であるが、まったく個人的なものでもある。この方法は、個人的に私たちと関係のあるメルヘンの場合にのみ適用できる。

メルヘンとかかわるための、この瞑想的といえる方法は、拡充法を使った象徴的解釈のよい準備となる。拡充法というのはC・G・ユングが発展させたもので、あるシンボルの類似物を、他のメルヘン、神話、民族学などから集めることである。そうすることによって、シンボルの共通の意味が明らかになるのである。

第 2 部

メルヘンにおける悪

――代表的メルヘンの解釈――

第４章

三十

——抑圧された「巨大な情動」とのかかわり（訳注１）

ヴェレーナ・カースト

【はじめに】

このメルヘンではまず、私たちの文化における「いわゆる悪」、すなわち攻撃性、不安、怒りといった「巨大な情動」とのかかわりの問題が扱われている。このメルヘンは、男性性によって形成された文化（三十人の男性はただの一人の女性とも向かい合ってはいない）において、「巨大な情動」は（巨人の三十人の娘たちの中に）女性性とともに切り離されていることを示している。抑圧された女性性は、魔力をもつに至った。しかしながらメルヘンのさまざまな相は、主人公の働きかけが増えるにつれて、個人と結びついた感情が情動の背後に現われてきて成長する様子を示してくれる。まだ意識から遠い情動の中に封じられたままのエネルギーは、メルヘンが進行するにつれて関係性の領域へと開かれていく。

三十（注1）

　昔、三十人の男の子をもつ一人の男がいた。男は息子たちに十分飲み食いさせねばならなかった。「全員が学校を出たら、みんなに馬を買ってやろう。そしたら、広い世間に出て行って、食べていけるところを自分で見つけてこられるだろうよ」と口癖のように言っていた。

　男はみんなを区別できるように、息子たちには順番に数字の名前を（一、二、三という具合に）つけた。息子たちの中で一番末の男の子は三十という名前だった。その子が学校を出ると、父親にあの約束を果たすように催促したので、年老いた父親は三十頭の馬を買い、それぞれの子どもたちにいくらかのお金を袋に入れてやり、見送った。

　三十は兄弟の中で一番小さかったが、みんなを率いてうれしそうに馬にまたがり、道中を楽しいものにした。夜になり、彼らは巨人の館にやって来た。彼らは扉をノックして尋ねた。「ここに馬をおいて、一晩泊めてもらえませんか」。

　巨人は嫁と相談した。巨人にはちょうど三十人の娘がいたので、巨人は、この兄弟が自分の娘たちのよいおやつになると思ったのだった。そこで、嫁に窓から「さあ馬を置いて入っておいで」と言わせた。

　こうしてみんな館の中に入り、豪華な夕飯をごちそうになり、横になって眠った。しかし、兄弟は巨人の娘たちと同じ部屋で眠らねばならず、巨人の嫁は、兄弟みんなに黒いナイトキャップを頭につけさせた。巨人の娘たちは白いナイトキャップをかぶっていた。

まもなく兄弟は眠ってしまったが、三十だけは起きていた。すると突然台所でナイフを研ぐ音が聞こえてきた。「ああ。むごい。巨人は僕たちを殺すつもりなんだ」と三十は思った。そして暗闇の中でも巨人は白と黒のナイトキャップを区別できることに気がついた。三十は急いでベッドから飛び出して、ナイトキャップを取り替えたので、今度は兄弟が白いナイトキャップを、巨人の娘たちが黒いのをかぶっていた。そして三十は再びベッドに横になり、じっとしていた。そうしている間も、巨人はずっとナイフを研いでいた。ついに三十には巨人の言うのが聞こえた。「さあ、研げたぞ。いくぜ、おまえ」。

それから巨人は部屋に入り、次から次へとベッドを回り黒いキャップをかぶった首全部を切り落としたが、三十はずっと静かにしていた。再び静まると三十は喜び、兄弟を起こしてどんなに危なかったかを小声で話した。

彼らはとても静かに、すばやく服を着ると、窓から外に逃げ、馬を解き、真っ暗闇の夜の中へ駆けて行った。

翌日彼らは三十本に分かれた道にやって来た。そこで彼らは別れ、それぞれが自分の道を進んだ。

三十は森の中の道を行き、夜には魔法使いの家にたどりついた。扉は開いたままで、かまどのところには年とった魔女が座っており、その近くには一匹の雄猫がいて、尻尾を空中にぴんと伸ばしているのが見えた。三十がノックすると魔女は椅子から立ち上がり、びっこを引いて扉のところにやって来た。三十は家の中に泊めてもらえないかと尋ねた。すると魔女は言った。「ずっとわしのところにいてもよいぞ。それに、わしの四つの願いをかなえてくれたなら、わしの美しい娘を嫁にやろう」。そして三十は娘に会わされた。娘は白日のように美しく、三十はとても気に入ったので「あなたの四つの願いをさっそくかなえましょう」と言った。

やっと三十は眠り、翌朝、魔女は一つ目の願いを言った。「巨人の夫婦が寝ている敷物を持っといで」。

三十は「よしきた」と、全速力で巨人の館へと駆けて行った。そして巨人とその妻がいなくなるまで茂みのところで待った。それからこっそりと家の中に入り、ソファーの下に隠れた。

夜、寝る前に巨人の嫁は夫に言った。「ちょっとあんた。私たちが寝る敷物を振ってふんわりさせるのを手伝っておくれよ」。そして、嫁が敷物をもって来ると、巨人が手伝って振り、床の上に広げた。そして巨人は明かりを消した。その間に三十は敷物をすばやく巻き、ソファーの下からはい出して、窓からひらりと外に出ると、足の速い馬に乗ってすばやく走り去った。巨人夫婦は、お互い相手が敷物をどこかにもちだしたのだと思って喧嘩になった。明かりをつけてみると、ただちに敷物は盗まれたのだということがわかった。

三十が敷物をもって魔女の家に着くと、魔女はとても喜んだ。魔女は三十を褒めそやし、娘が彼に一回キスをするのを許した。

次の日、魔女は二つ目の願いを言った。「巨人の馬を連れといで」。三十は「そんなのお安いごようだ」というと馬に乗り、まっしぐらに巨人の館の前に着いた。そしてそこで、まず巨人が森に行くのを待ち、むこうみずにも巨人の嫁のところに入っていき、馬を家畜小屋に入れて、一晩の宿をせがんだ。巨人の嫁は「あいよ、馬を下に置いて入っといで」と言った。そこで三十は巨人の家畜小屋に入り、そこの馬を解いてそれにまたがり、風のように立ち去った。

そうして三十は魔女の家に無事着いた。魔女は三十を褒めそやし、娘が彼にキスを二回するのを許した。

次の日魔女は三つ目の願いを言った。「巨人のオウムをもっといで」。「ただちに」と三十は自信ありげに言うと、立ち去っていった。

三十は森の木に馬を固く縛り付けると、巨人の館に忍び寄った。窓から巨人の部屋に入るのには成功したが、オウムをつかもうとしたとき、オウムが「三十、三十」と鳴いた。巨人の嫁は台所から部屋に走ってきて、三十を捕まえた。巨人の妻は三十を大きな柳の籠に入れて言った。「さあ捕まえたぞ。おまえを太らせてやろう、そしたらいいごちそうだ」。

こうしてかわいそうな三十は籠の中に閉じ込められて、たっぷり食べさせられ、日に日に太っていった。そうして祭りの前日になると、巨人の嫁はたくさんの木を引きずって戻ってきた。巨人の嫁がどうやってその木を割ろうかと悩んでいると、三十は言った。「ボクをちょっと籠から出してよ。木を割るのを手伝うから」。巨人の嫁は笑った。「へえ。そりゃおまえにゃ好都合だろうよ。そしたら私から逃げられるからね」。三十は答えた。「ボクの足を縛って、ひもをベッドの脚にくくりつけたらいい」。巨人の妻は考えて言った。「よーし」。三十の足を縛り、ベッドの脚に結びつけた。そして巨人の嫁は三十に斧を手渡した。巨人の嫁が薪の一束を三十に投げようと身をかがめたときに、三十が頭に斧を投げつけたので、巨人の嫁は倒れて死んでしまった。そして、三十は少しけがをしたが、足かせをはずし、オウムをつかむと巨人の馬屋に入れていた馬を取りに行き、急いで戻った。

三十は魔女の家に戻ると、自分の冒険談をした。魔女は前よりもさらに褒めて、娘が彼にキスを三回するのを許した。

翌日、魔女は四つ目の願いを言った。「巨人を生きたままここへ連れて来とくれ」。「必ずやって見せましょう」と三十はいい、出発した。

巨人の館の前に来ると、巨人が悲しそうに玄関の階段に座っているのが見えた。三十は馬から下りて、勇敢にも彼に近づいていった。そして巨人に「どうしてそんなに悲しそうなの」と尋ねた。そこで巨人は自分の手で娘たちを殺してしまったこと、嫁も亡くなったこと、もう自分自身死ぬしかないということを言った。

三十はそれを聞くと言った。「そうか、それじゃきれいな棺もいるね」。巨人は尋ねた。「おまえに作れるか」。そこで三十が「ああ、おやすいごようだ」と言うと、巨人はたいへん喜んだ。巨人は板を持ってきて、三十は一日中気も狂わんばかりに働いた。ついに棺ができあがった。そこで、三十は巨人に言った。「さて、一度あなたに合うかどうか試してみなくては」。巨人は疑うこともなく、棺の中に横たわり、三十はその上にふたをして、釘で固く打ち付けた。そして三十は馬に乗り、棺を自分の前にくくりつけ、こうして巨人を生きたまま魔女のところに連れていった。さて、魔女は三十を褒めそやして、言った。「さあ、わしの娘をおまえの嫁にやろう」。そして三十は欲しいだけたくさんのキスをもらった。結婚式がとり行なわれ、三十はまだ死んでいなければ、今でも生きているはずだ。

このメルヘンには非常に多くの類話がある。最もよく知られているものの一つに、スイスのメルヘン『トレーデシン』(注2)がある。また、『三十』は非常に多くの有名なメルヘン・モティーフからなっている。親指小僧の帽子の交換のモティーフ、ヘンゼルとグレーテルのモティーフ、泥棒の名人のモティーフ、また『正直フェレナンドと腹黒フェレナンド』(注3)を思い起こさせるところも随所にある。

始まりの状況においては、十分に飲み食いさせねばならない〈三十〉人の息子をもつ男がいる。他の版では息子は十三人しかいない。いずれにせよ成長期の男の子がたくさんいるということである。類話では、通常せいぜい〈三〉人の息子が世間に出ていくぐらいだから、確かにすべてが大がかりである。またどうやらここでは、何かが欠けているという状況はないようだ。父親はある時点でこの息子たちを厄介払いしようとする。三十番目の息子が成長して学校を終えるまでといえばいかに長くかかるかを考えてみたら、このことはよく理解できるだろう。女性がいないということには、彼らはただの一度も気がつかない。つまり重要なのは三十という集団から、最終的にそれぞれが個になり、女性性を見い出すということなのである。

問題はおそらく彼らが〈そんなにも大勢〉であったということであろう。それはそれぞれの息子が数字の名前しかもっていない、つまりある意味では、彼らはみんな一つの番号でしかなかったということに見合う。しかしともかく、彼らは少しも不幸ではなかった。それどころか、彼らは馬といくばくかのお金をもらう。つまり彼らはもつべきものを十分もってはいたが、これ以上これまでの状況を保つことはできなくなったのである。それにまた、三十という数字には次のようなことがあてはまる。つまり、十を三倍することで、力動的な要素が入って来る。そして〈三十〉（本当は父親を入れると三十一なのだが）がリーダーとなり、ほとんどあらゆる事態を引き起こす。彼は家を出、自立しようとしている。

出発してまず、三十人は〈巨人〉の館にやって来る。このことはそんなにおかしなことではない。三十人全員の入れる場所は他にはない。ところがここで私たちは正反対の状況に出くわす。始めは男性だけの社会があり、今度は三十人の娘ばかりがいる。これは、始めの状況を補償するものである（巨人の両親を加えれば三十二人となり、つまり少し優勢になる）。これらの女性は、明らかにこれまで「抑圧されていた」ものである。というのは、何しろ彼女たちのところまで来るのに、男たちは丸一日馬で走らねばならなかったのだから。

この巨人の娘たちが住む巨人の館は、女性性の領域において、いかに強く「巨大なコンプレックス」（訳注1）が作用しているかを示している。そこにいるのはただの娘ではなく、巨人の娘なのである。ここには二つのことが表現されている。一つ目は、抑圧されているものは、より多くの次元に広がり、巨大になる傾向があり、それに対する不安によって、この抑圧されている内容はさらに巨大になることである。二つ目としては、巨人が象徴しているものの内容を今一度考えてみなければならない。メルヘンから、私たちは、巨人たちがとてつもなく強いということと同時に、極端に愚かだということを知っている。彼らはいつもすべてを腕力で片づける。彼らは極端に怒りっぽく、自分たちの邪魔になるものはすべて、すぐに引き裂いてしまう。心理学的な見地から見れば、形にならない激情は「巨大な怒り」「巨大な不安」を表わし、このメルヘンの場合は徹頭徹尾、破壊的な激情を表わすのである。

私たちはまた、この始まりの状況を〈異なる〉レベルで解釈できる。〈集合的なレベル〉――徹底的に男性性の強調される社会は、女性性とともに特に情動を切り離してしまっている。あるいはその社会はそもそも、まだまったく女性性を見いだしていない。その際、それにもかかわらず、この男性たちはなかなか活気があるように見えるということに注意しなくてはならない。それゆえこの「巨人の側面」に、とにかく気づくことが重要なのである。

〈個人的なレベル〉――個人的観点から解釈するならば、かなり生命力があり多面的ではあるが、恐ろしい情動の発作（たとえば怒りの発作）に苦しんでいる、まだ相当無意識的な人格のことを考えねばならない。というのは、そういった人格においては、たとえどんなに見えにくくとも、必ずこの巨人が作用しているからである。この情動の発作を嗅ぎ付け、その中に結びついているエネルギーを利用しなければならない。

またおそらく〈集団心理学〉からも考えることができるだろう。実際、集団の中では情動が非常に強くなるということが、あらゆる集団の問題なのである。それは一方ではチャンスである（強められる）が、他方ではまた問題でもある。というのはやはり情動があまりに少ししか意識されず、その上洞察を閉ざしてしまうからである。だからこの情動を探る――意識化する――ことが重要なのである。

目下のところ、危険なのは巨人である。巨人は兄弟を娘たちの餌食にするために殺してしまおうとする。つまり、巨人の娘たちは人間性を食い尽くしてしまうのである。とても強い情動をもつ人がしばしば非人間的になるということを考えれば、これはとても適切なイメージだ。しかし、その邪悪な意図こそが、この巨人の問題を克服するための第一歩となる。兄弟に黒いナイトキャップ、巨人の娘たちには白いナイトキャップをかぶせて、〈巨人の嫁〉自身が最初の区別の目印をつけた。それはとりあえずは単純な区別のしるしである。そもそも区別するという〈こと〉が、私には重要に思える。というのは、区別することの中には、すでに意識化の始まりが現われているからである。その衝動は巨人の嫁に由来しているが、三十人の兄弟にとってちょうど自我の働きをしている三十が、それ以上のことをする。三十は、ナイフを研ぐ音を聞くと、巨人の身になって考えた。つまり三十が、そのとき巨人が何をするのかを見破るのに、ファンタジーが用いられている。そして三十は巨人に先手を打つ。それはつねにあらゆる策略の秘訣である。つまり他人の身になって考えることだ。たいていの場合は、「悪」の意図に立って、この意図を未然に防ぐのである。このメルヘンでは、徹頭徹尾三十が自分の中の破壊的な巨人の側面について、予感をもっていることを意味している。巨人の館にいるということは、確かにまた、破壊的な巨人の側面の問題があることがわかっている、それについて〈知っている〉ことを意味する。しかしナイトキャップを交換することによって、巨人の破壊的な怒りは外、つまり兄弟に向かってではなく、内、つまり巨人自身の肉親に向けられ、そのためすでに巨人の家族は大いにダメージを受ける。おそらく〈黒〉と〈白〉を解釈しなければならないだろう。黒は特に、しばしば罪、死の色とみなされ、白は無垢とみなされる。私たちは「モノクロームの絵」という表現が画一的な区別という意味をもつことを知っている。ナイトキャップを黒から白に取り替えることで、三十はもちろん〈自分たち、つまり兄弟〉には、罪はないと言っている。そうして巨人の情動は、その情動をもつものにではなく、自分の子どもたちに向かった。個人的レベルにおいては、このことは、自分の中にある形をなしていない情動を問題として見るべきではあるが、そのために罪の意識をもつ必要はないということを述べている。

明らかに巨人の館での出来事によって、三十人の兄弟は分離することができるようになった——とにかくまずは〈逃げる〉、つまり遠ざかってから——〈個性化〉への道を進み、個となった。だからこの最初の体験は、巨人の館、つまり巨大なコンプレックスの場を見つけ、そこから遠ざかることによって、そのコンプレックスと結びついた破壊から逃れたということである。そうしてコンプレックスは、それ自身の中で自動的に動き始める。実際、情動にかき立てられている人の行動は驚くほど似ている。そしてそこでメルヘンは三十の話へと変わり、他の兄弟はもう興味を引かない。彼は——一人の個人という観点から見れば——特に情動の問題に取り組むことによって、より統合された。さて〈三十〉は魔女のところにやって来るが、彼女はまったく魔女らしくない。それでもやはりメルヘンは魔女のことを話題にする。このこと自体は不思議なことではない。始めは女性がいなかったが、その後三十は闇の母親に出会うのである。抑圧された女性性は、魔力をもつようになったのだ。そして、三十が四つの願いをかなえると、魔女はすぐに彼に自分の娘を与えようとする。つまり女性性は、個人的なレベルで戦い取られねばならないのだ。情動の背後に、個人と結びついた感情が生じてくる。情動はたいていの場合、非常に絶対的である。しかし、女性性は相変わらず魔女の勢力範囲、つまり否定的な母親コンプレックスの勢力範囲にある。〈巨人〉との対決をさらに進めねばならない。この段階において興味深いのは、魔女にはとても美しい娘がおり、目的物は巨人の家から持ってこねばならないということである。娘を獲得するためのその後の巨人との戦いは、〈個人的な関係性の領域には情動が必要になるはずだということ〉を意味している。メルヘンはその側面を強調している。というのは、英雄的行為を成し遂げるたびに、三十がしてもらうキスの数が一つずつ増えていくからである。

この情動には本質的なものが隠されており、少なくとも非常に大きなエネルギーと結びついている。ある情動があってはならないという感情がこのエネルギーへの道を塞いでいるとすれば、その感情は罪悪感である。これに関して興味深く思えるのは、〈トゥルンパ〉のことばだ。そこで彼は次のように言う。あらゆる人間は、たとえば独特の激しさであるとか、独特の怠惰であるといったように、まったく固有の特質をもっているが、これらはその人独特の性質とみなすべきで、必ずしも欠点や邪魔物ではない。というのは、そこにこそ、確かにその人の本質が隠されているからである。(注4)

さて、三十の英雄的行為について一つ一つ見ていこう。三十は巨人と巨人の嫁がいっしょに寝ている

〈敷物〉を持ってこねばならない。敷物は巨人たちのものであり、それは彼らのいわば憩いの場だ。彼らが横たわり、元気を取り戻す基盤、土台であり、はっきり範囲が限定されており、しかも引きずっていける領域である。そしてその上には二人の巨人がいる。家に比べれば、敷物は身体に近い。巨人とは巨大な情動を具体化したものであるということを前提とすれば、敷物を取って来るということは、この情動が生じやすい狭い領域をいったん持ち上げ、意識の中に引き上げることを意味している。そうなるともう、巨人の手に敷物はなくなる。すなわちこの床の上には、どんな情動も住めなくなるわけだ。

三十はこの課題とどのように取り組むのだろうか。まず彼は忍び込む。敷物が広げられるやいなや、巨人の夫婦に捕まらないうちに、三十は敷物を持っていってしまう。これはつまり、巨人の怒りに場所を与えない、彼らが横たわる床を与えないということである。怒ったことのある人は誰でも、どうしたらその怒りがひどくなるか知っている。私たちはそのつど、あとこれさえ思いつけばもっと腹が立つということを知っている。敷物を取り除くということは、まったくそんなことをしないということを意味している。そして巨人は巨人のパターンに従って喧嘩を始め、三十は逃げおおせる。〈巨人が互いに相手を非難するというこの現象は、すぐまた彼らが怒りの方向を外部へと変えることもできたということと、対比させて見なければならない〉。彼らは怒りを外に向けず、〈情動が再び彼らの中で繰り広げられる〉。娘が死んだとき、すでに自分たちの中で情動が繰り広げられていたが、ここでは巨人と嫁の間でそれが生じる。私はこのことはやはり、自分の内面へ流れる怒りがあるということと関係があると思う。それは、とても怒っているけれど、その怒りを部外者に放つことができないような状況にたとえられるだろう。やがて怒りながらも内的に対話した結果、それには自我が実際ほとんど関与しておらず、本当は二人の巨人が喧嘩をしているのだということを発見することになる。たいていの場合、これは「愚か」といってもよい。私たちの文明世界において、情動は表現されねばならないと言われるのを、近ごろよく耳にする。それは確かに正しい。そうすればおそらく、巨人たちもそんなに大きくならないだろう。しかしそれでも、一つの違いがあるということに注意せねばならない。つまり〈私たちが〉情動をもっているかぎりは、それらを表現しなくてはならないが、情動が〈私たちを〉もっているとすれば、もはやそれは社会の中にはふさわしくないので、まず内的に処理されねばならないのである。

三十は敷物を盗んだ後で、それを魔女のところに持っていかねばならない。この魔女には困惑させられる。彼女は〈魔女〉と名づけられ、本物の魔女のようにちゃんと猫も飼っている。ところが他方では、何度もむりやり三十を巨人のところへ行かせたことを除けば、この魔女は全然魔女のようには行動していない。つまりここには他のメルヘンにもときどき出てくるような、一貫して成長のために働く魔女がいる。そうではあるが、三十は本当に魔女のところに目的物を持ってこねばならないのだろうか。いやそれどころか、持ってきた暁には、それが三十のものになるのかは曖昧なままだ。ここには確かに大きな違いがある。三十が魔女のところに持ってきたとすれば、これらのものは心的エネルギーと結びついて、確かに以前より意識に近くなるが、いまだ魔女の領域にあり、まだ自我の領域にはない。あるいはこの問題は、そもそも三十は、最後には魔女のもとから去ったのか、あるいはずっと魔女のところにいるのかという結論を先取りしているともいえる。メルヘンの他の版は、この点に関してはまったく比較の対象にならない。主人公は、三十あるいは物語によってそのつど、いろいろな名前で呼ばれているが、その主人公を送り出すものは、メルヘンの終わりではもはや重要な役割を果たさなくなっている。

私たちはこの問題にとりかかる前に、もう一度英雄のその後の行為について考えてみたい。三十は巨人の馬を持ってこねばならない。彼はこれにもわけなく成功する。しかし三十は、〈本当は自分自身の馬と巨人の馬〉とを取り替えるのである。「自分自身の」馬という代わりにおそらく〈これまでの〉馬と言うべきであろう。すでに見てきたように、馬は一般的に、非常に広い意味における本能の力とみなすことができる。若者が風のようにそこから走り去るということから、巨人の馬はとても速い馬であると思われる。馬を取って来るということは、この巨人の情動にいかに大きなエネルギーが潜んでいるかを見抜いているということ――そしてそれを自分のものだと要求すること――を意味する。つまり、大きな情動の中にとらえられ、耐え忍ぶものとしてだけでなく、この情動を通して、巨大なエネルギーをもつものとしての自らを体験することである。それはなかんずく、関係の中に注がれうるエネルギーである。三十は、ここですでに三つのキスを、そのしるしとして受け取っている。

次の課題として、三十は〈オウム〉を持ってこねばならない。三十がいかに自信満々に自分の道を歩んだかが目を引く。英雄は自信をもっている！

しかしオウムについては、事はそんなに簡単にはいかない。巨人の館では、しばしば三十のことが話題になっていたはずであり、オウムさえも彼の名前を知っている。というのは、オウムは手本として聞かされたことをただ機械的に口まねするからである。オウムはよく知られているように、たいていとても口が軽く、一度小耳に挟んだことをステレオタイプに繰り返す。オウムはステレオタイプなおしゃべりや、ステレオタイプなうわさ話や、ステレオタイプな行動様式を具現化しているのであろう。そしてそれらは、つねにこの激しい巨大な情動に属する。しかしながら三十は思い違いをしている。オウムは彼を知っているし、彼のほうはオウムを知らない。そうでなければ、まずオウムを黙らせることができただろう。寝ている間しかオウムをさらうことはできない（『トレーデシン』を参照：スイスのメルヘン、KHM）。この領域を経て、彼は再び巨人の館に捕らえられる。

確かにオウムはイラン／ペルシャのメルヘンでは全知で、しばしば助言者である。またここでオウムは先のことを知っているという機能をもつ。つまり三十は、巨人の問題とさらに取り組む必要があるということを知るために、もう一度巨人の館に捕らえられねば〈ならない〉。私たちはこのことを分析における経験から知っている。つまり人間は、かなりコンプレックスを統合したなと思うちょうどそのときに、再びコンプレックスの中に落ち込んでいるのだ。

彼は、食い尽くされてしまうだろう。このことは、情動が優勢になったということを意味する。これは重大なことである。メルヘンはとてもかわいらしく書かれてはいるが、二つの側面のうちの一つ、つまり巨人の側面あるいは三十の側面のどちらかが退かねばならないということは明白だ。二つの側面は同時には存在しえない。しかし今は三十のほうがまったくお手上げ状態だ。ところが、彼がはっきりと希望を断念しないかぎり、二度と悪い立場には置かれない。ここにはヘンゼルとグレーテルの一部分がある。巨人の嫁は、食べさせる－監禁する－食い尽くすという悪循環をもつ〈本物の魔女〉の仲間入りをする。そして、三十は魔女と交渉しうるというところを見せる。三十は魔女に援助を申し出、その上同時にどうしたら自分が逃げられないかを彼女に言う。三十は魔女の願いに応じ、魔女の不安を引き受け、それを取り除き、さらに友好的なふりをする。彼は〈能動的になる〉。彼は最も魅力的なやり方で魔女の心をとらえ、そして殺す。というのは、自我の崩壊は、自分にとって命にかかわることだと彼は知っていたからだ。私には、オウムは悲嘆にくれることを楽しみ、永遠に同じことを何度も繰り返すもののシンボルのように思える。それはすでに述べたように、非常に快楽に満ちた情動であり、「母親コンプレックス的な」楽しみである。続いて三十は巨人の嫁に食べ物をもらう。彼は、〈食べ物をくれて、それから自分を食べようとしているこの巨人の嫁〉を殺さねばならない。巨人の嫁を殺すということは、彼にとって、情動やこの情動に対する喜びから彼に生じてくる自分の力への欲求、力があるのだという気持ちを殺すことを意味するかもしれない。三十がこの情動から得られる快楽をある程度犠牲にするのは、そうしなければその中にとらえられたままとなってしまうからである。

最後の行為として三十は巨人の旦那のほうを、生きたまま魔女のところに連れてこなければならない。残念なことには、魔女が巨人をどうするつもりなのかはわからないままだ。

巨人は玄関の階段の前に哀れに座っている。彼は死にたがっている。三十は再び彼の意図に応じ、死なないようにと巨人を説得しようとはしない。三十は巨人の気分の領域の中で、最終的に自分を先に進めるのに役に立つことを探す。しかし彼は、巨人の願望の領域の中に留まっている。自分の中の、巨人の願望に耳を傾けるということは、妨げになっているこの情動の意図がいったい何なのかを、自らの中に聞いてみるということを意味する。

　巨人はすべてを失ってしまったと嘆いている。このことを彼はよりによってすべてをおぜん立てした者に物語る。巨人はすべてを失ったので、死にたがっている。巨人は今や確かに力もなく、またもはや活力ももってはいない。問題は、この意味においてはすでに片づいている。しかし巨人は――思い出のものとして、あるいは、もう一度取り組まれるべきものとして――次の生活の領域に連れていかれる。しかも〈棺〉の中に入って。棺は一方では木、また他方では船と近密な関係をもつ。棺を「死の木」と呼ぶ地域もある。その背後にある思想は、死者は母親の庇護のもとに再びたどりつくということだ。その点では、ここでは一貫してこの激しい巨大な情動全体を「静める」ということが問題になっている。情動は（船で）運ばれる。確かに、巨人がここではまだ生きているという事実は、問題は一瞬の間払いのけられただけであって、再燃しうる、ということを暗示する。そしてまたその結果として、個人的な関係にはその余地が必要だということが明らかになる。つまり、三十は自分の欲しいだけのキスを受ける。そのとき魔女もそこにいるのか、あるいは今や彼と娘の二人だけなのかは、すでに述べたようにまったく明らかではない。おそらくは去ってしまったのであろう。いずれにせよ、巨人の家庭に隠れていたすべてのエネルギーが今や移されたのだということが明らかだ。

　さてこのメルヘンの描く軌跡は、次のようにして完結している。始めには女性のいない男性社会があり、このメルヘンでは、抑圧された、まだ前人間的な情動がその社会から生じ（巨人は天地創造の歴史においてはつねに人間以前の世代なのである）、この「前人間的なもの」を感じ取ることから次第に統合へと到達する。この場合、特に情動的な段階における統合である。

さて分離された大きなコンプレックスには、もちろんいつでも巨大な情動がかかわっている。集団においては、このことは多くのコンプレックスと結びついているということを意味する。本来夢中にさせるものすべてはこのモデルに従って機能するので、私は巨大な情動の処理について述べるにあたって、比較的抽象的な水準に話をとどめてきた。したがってたとえば、抑圧された巨大な欲求の場合でもまた同じである。

このことは、ある一人の人間だけにではなく、ある一つの社会全体にもあてはまる。〈集団の情動もまさに同じなのだ〉。このメルヘンや他の多くの別の版で、巨大なコンプレックスからのエネルギーが関係性のエネルギーへと変わるということが重要なのだ。つまり、非常に強いコンプレックスはいずれも、コンプレックスをもっている人を、一般に関係性から遠ざける。ここでいう関係というのは、非常に広い範囲で見ることができ、たとえば物との関係も、仕事との関係も含まれる。たとえば仕事が妨害される際には、いつも、何かのコンプレックス、あるいはあるコンプレックスの構造によって、仕事と関係づけるためのエネルギーが枯渇するほどにエネルギーが吸い取られてしまう。そうなれば、善意にいくら呼びかけてみてもほとんど役に立たない。というのは、そうしたいとさえも思わなくなるからだ。

三十のコンプレックスを取り扱うということは、ステップごとに三十が受けたキスのことを考えれば、非常に得るところの大きい社会的な問題でもあるのだ。

注1　Deutsch Volksmärchen（ドイツの民話），以下の文献に所収。MdW, S. 125.

注2　Tredeschin（トレーデシン），以下の文献に所収。Schweizer Volksmärchen（スイスの民話），MdW, Diedrichs.

注3　Grimms KHM（グリム童話集）.

注4　Tschögyam Trungpa（チェーギャム・トゥルンパ），Aktive Meditation（能動的瞑想），Fischer Nr. 1837.

訳注1　原文のRiesen（Rieseの複数）は「巨人」という意味だが、名詞の前についた場合は、激しいあるいは巨大な、などという形容詞的な意味になる。本文ではその際、「巨大な」と訳した。

第5章

魔法をかけられた姫

――サド－マゾの問題について

ヴェレーナ・カースト

【はじめに】

日常、私たちが悪に出会うのは、人間関係が壊れたり、あるいは、始めから人間関係が生じなかったりする行動メカニズムの中である。メルヘンにおいても、そのような行動循環が生き生きと描写されている。それは、メルヘンでは「魔法をかけられている」と表現されるが、私たちが今日サド－マゾ的行動とみなしているものである。これから挙げるメルヘンのイメージのことばは、この循環の背後に山の精のイメージや、大きすぎる父親像が存在し、それが少女の内面に魔法をかけていることを明らかにする。このメルヘンの解釈では、問題の個人的、集合的側面を考慮しつつ、姫がコンプレックスから解放されて、姫の異性との結びつきが可能となるプロセスを明らかにする。

魔法をかけられた姫（注1）

昔あるところに父親と一人の息子がいた。息子の名はペーターといった。ペーターは家がいやになり、自分の分け前を望んだ。二十ターラーだった。ペーターはそれを手に広い世間に出かけた。この若者は思いやりがあり、何が正しいか正しくないかもわかり、必要なら人を助けた。あるときペーターはある村の入り口にたどりつき、そこで死人を見つけた。そこからそんなに遠くないところで一人の農夫が畑を耕していた。ペーターは農夫のところに行き、なぜその人が墓に埋められていないのか尋ねた。「死人は貧しくて、金がなくて埋められないんだ。だからあそこに置き去りのままなのだ。遅かれ早かれ、鳥や狐が食べて、消えてしまうだろう」と、農夫は答えた。それを聞いたペーターは心底かわいそうに思った。そしてすぐに、埋葬するにはいくらかかるか尋ねた。「ほぼ二十ターラーだ」と、農夫は答えた。そこでペーターは村長のところに行き、二十ターラーを渡して、村はずれの死人を墓に埋めるよう頼んだ。埋葬の間ペーターも村にとどまり、死体に付き添った。それからこの若者はさらに旅を続けた。村から外に出て少し歩いたとき、後ろから一人の男が話しかけてきて、いっしょに旅をしたいと言った。ペーターは喜んで同意した。なぜならその男が非常に善良で正直に見えたので、若者はその男のことを好きになり、こんなに立派な道連れを見つけたことを喜んだからだった。それから数週間二人は共に旅し、気になることを何でも語り合った。それから二人はある町にやって来た。そこではすべての家に黒いものがかけられ、城の上には喪のしるしの黒い旗が翻っていた。ペーターがそのわけを尋ねると、人々は次のように答えた。「愛らしくて気立てのよい姫が山の精に魔法をかけられてしまって、昼間は静かに物思いにふけっているのだが、ときどき性格がひどく悪くなって周りのものを壊したり、姫に逆らう者を殺したりするんだ。特に姫を救おうとした者は、姫の出した謎を解けないときは、殺されてしまうのだ。たくさんの美男な王子がすでにその犠牲となっているし、多くの勇敢な若者も姫のせいで死んでしまった。それでこの一年というもの、姫を救おうとする若者はいないのだ。昔は本当に美しくて気立てのよい娘だったし、今もそうなんだが」。そこでペーターは道連れに言った。「運試しだね。あえてするべきか否か。死ぬことになれば正義のために死ぬってことになる。うまくいけば、あんたとおれにとってこれ以上の幸運はない」。道連れは言った。「とにかくやってごらん。あんたを助けてやろう。わしにその力があると信じてもらうために打ち明けるんだが、実はわしは人間じゃなくて、あんたがあの村で墓に埋めてくれた霊なんだ。わしはあんたの計画をうまくかなえる手段を知っている。王のところに行って、姫を救いたいと言え。それを果たせば、王は喜んで、あんたにたくさんの贈り物をくれるだろう」。そこでペーターは王のところに行き、目通りを許された。さて若者が望むところを告げると、王は言った。「親愛なる若者よ。おまえはとんでもないことを企てたものだ。よく考えてみるがよい。もしわしの娘を救うことに失敗したら、命を失うことになる。姫の出した謎を解くことができなければ、ただちに姫はおまえを殺してしまうだろう」。「そんなことはへっちゃらです」とペーターは言った。「おれはやってみるつもりです。たとえおれがどういうことになったとしても」。「それでは明日もう一度来るがよい。娘に伝えておこう」と王は言った。ペーターは道連れの待つ宿屋に帰った。若者が王の返事を告げると、道連れは言った。「夜になって、十時になるのを待て。そうすれば必ずわしがうまくやるから。そのときまであんたがもくろんでることは誰にも言ってはならん。勇気を出せ。あんたは姫を救うことになる。わしに任せておけ」。二人は楽しげに外出し、町中にある珍しいものをたくさん見てから、姫がどこにいるのか、寝室の窓はどれかを調べた。そして宿屋に戻り、夕食をとって、相談した。十時になるとペーターの道連れは甕《かめ》と、背のうに入った一対の大きな翼と、一本のとてもしなやかで鉄のように強い鞭とを持ってきた。ペーターが服を脱ぐと、霊は甕に入っていた塗り薬をペーターの肩に塗り、翼を取り付けた。そして霊は言った。「姫のいる部屋の窓まで飛んで行って、姫が中から出てくるのを注意して見張れ。そして姫を絶え間なく鞭で打て。そして姫が飛んで行くほうへ飛んで行け。それから姫が入って行くところにいっしょに忍び込むんだ。そこで隠れて山の精の言うことを聞け。姫は精に何もかもしゃべり、あんたにどんな謎を出したらよいか尋ねるだろう。そのときはできるだけ用心して静かにしているのだ」。ペーターに翼がくっつくと、霊は窓を開けて言った。「その後、姫が自分の部屋の窓に飛び込むまで、姫の後について戻るんだ」。さてペーターは鉄の鞭を手につかみ、窓から飛び出し、町の上を飛んで、姫の部屋の窓までやって来た。そこで若者は、羽をつけてまるで頭がおかしいかのように、部屋中をあちこち走り回っている姫を見た。若者は窓の外の飾りふちにとどまり、姫が出て来るのを待った。十一時になるやいなや、姫は窓を開けて飛び出した。ペーターは後からついていき、まもなく姫に追いつき、自分でも悲しくなるほどに、姫を鞭でひどく打ち始めた。そうするより他になかったので、たとえ心が痛んでも、道連れの言いつけに従わねばならなかった。ついに二人は高くて大きな山に着いた。山が開いて、二人は中に飛び込んだ。

「さあ用心しなければならないぞ」とペーターは思って、いっしょに大きな広間に忍び込んだ。そそこには扉の側に大きな祭壇があった。すべてのことが聞けるように、そしてもし都合が悪くなったり、機が到来したときにすぐに逃げ出せるように、若者は祭壇の後ろに隠れた。姫が山の精に駆け寄ると、精は姫を抱きしめた。山の精は雪のように白い髭をたくわえた老人で、炭のように真っ赤に燃えた何でも見通す目をもっていた。その様子が厳しく恐ろしく見えたので、ペーターはとても怖くなり、後悔し始めた。けれど若者は動けなかった。そうでないと若者は再び外に出ることができなくなるからだった。扉は消えてしまい、大きな岩の固まりになった。やっと山の精は姫に言った。「ずいぶん久しぶりだな、長いことおまえは、誰も殺さず、おまえを救いに来た者の血を楽しんでいないようだが、また獲物の鳥が罠にやって来たようだな」。「ええ」と姫は答えた。「また、誰か来ました。でも王子でも、伯爵でも、貴族でもなく、ただの普通の男です。外はひどい雹の嵐です。見てください、山の精様。雹のためにこんなにぼろぼろに打ちのめされてしまいました」。そして姫から血がしたたり落ちた。「どうでもいいことだ」と、山の精は言った。「おまえはこれからまだまだもっと男を苦しめねばならんし、もっとその血を喜んで飲まねばならん。そうすればそれだけおまえはわしにたいしてすなおになり、わしのものになるのだ」。「私は若者にどんな種類の謎を出したらよいでしょうか。どんな難問を考えたらよいでしょうか」と、姫は尋ねた。「おまえの父王の白い馬のことを考えてみろ」と霊は答えた。「さあ、私を外に出してくださいな。もう十二時まであと十五分です。遠くまで飛んで行かねばなりませんもの。ほら、まもなく十二時になりますわ」。山の精は扉を開け、姫は再び急いで立ち去り、ペーターも続いて外に出た。外を飛んでいる間、姫の部屋の窓につくまで鞭打ちが続いた。姫は中に飛び込んだ。ペーターは宿屋に戻り、翼を取り、床にたどりついた。道連れはもう寝ていたが、前もってペーターに、用心深く翼をはずし、羽が折れないように、再び背のうの中に入れておくように言ってあった。ペーターは言われた通りにし、朝まで眠った。朝になると若者は起きて、きれいに身仕度を整えた。それから道連れと十分に朝食を食べて、城に出かけた。そして姫のところに案内された。姫は美しい部屋の中で小さなソファーに腰掛けていた。姫は悲しそうに見えたが、とても愛らしい娘だった。姫の目はとても穏やかで善良であり、大きくも強くもなく、繊細で華奢な体付きをしていた。姫がこれまでに誰か人を殺したなどとても信じられないことだが、もうすでに九人の男たちを殺しているのだった。ペーターが姫の部屋の中に進み出ると、姫は立ち上がり、若者に近づいて、親しげな調子で言った。「それでは、あなたが私を救おうというのですね。でももし謎が解けなかったならば、あなたの命取りになるということもご存じですか」。「ええ」と若者は答えた。「やってみましょう。死なねばならんとするなら、喜んであなたのために死にましょう。あなたはこんなに美しく善良で愛くるしいのですから、あなたのために喜んで死を受け入れられます。さあ、謎を言ってくださいその「それなら仕方ないですね」姫はとても悲しそうに答え、目から涙がこぼれ落ちた。姫は近づいて言った。「あなたがとてもかわいそうですわ。でもあなたがそうするしかないと言うのなら、さあ聞いてください。私が何を考えてるのかをあてててくださいな」。「難しいことじゃありません」と、ペーターは答えた。「姫、あなたは今父上の白い馬のことを考えておられますね」。姫は死人のように青ざめて言った。「あなたは謎を解いてしまったわ。幸運がさらにあなたに味方するように。明日また来てくださいな。もし私を救い出せたなら、あなたはたっぷりと報われることになるでしょう」。

ペーターはお辞儀をして出ていった。昼間はまた道連れと楽しく過ごした。そして夜には一回目とちょうど同じようにことが運んだ。ただ今度はペーターは二本の鉄の鞭を両手に一本ずつ持って、それでかわいそうな姫を打ちつけねばならなかった。ところが二人が山にやって来て広間に入ったとき、部屋は前の晩より明るく、真ん中に月があり、その光がすべてに注がれていた。祭壇の上には刺のある大きな魚が置かれていた。昨夜はただ星がいくつか天井にかかっているだけで、祭壇には何もなかった。姫は再び中に入り、ペーターが姫の後から忍び込んだとき、扉が閉まった。姫は玉座のようなものに座っている山の精に近づいて言った。「山の精様、私たちの第一の謎があの男に解かれてしまいました。どう思われますか」。「それはただ事ではないぞ。わしとおまえに逆らう秘密の力があるのだ。しかし、今度は解けるはずがない。今度はおまえの父王の戦いの剣のことを考えることにしろ」。「わかりました」。「飛んでいる間たくさんの血が流れました。今夜は昨夜よりもっとひどい雹が降りました。血だらけなのを見てくださいな。謎が解けなければ、あの若者は私の父の戦いの剣で死ぬことになってしまいます。それを忘れないでくださいな」。「それでよいのだ、娘よ。さあ行って、うまく自分の仕事をやり遂げるのだ。その謎は誰にも言ってはならないぞ」。そこで姫は飛び立ち、ペーターは後からついていった。姫は窓に着くまでの間、再び同じように打たれ続けた。ペーターは宿まで飛んで帰り、羽をはずし床に入った。次の朝、若者は再び姫のところに行った。姫はちょうど前の日と同じように若者を迎えた。しかし今度は姫の父王の戦いの剣が机上に置かれていて、それにはまだ血のりがついていた。若者が入って来ると姫はすぐに尋ねた。「私の考えていることは何でしょう」。「あなたの父上の戦いの剣のことです、姫」。すると彼女はソファーに倒れこみ、口ごもった。「言い当てられました。明日またいらっしゃい。もう一度幸運があなたに味方しますように。そうすればすべてはうまくいくでしょう」。それでペーターは再び立ち去り、二つ目の謎も解いたことを道連れに知らせた。二人は暗くなるまで楽しく一日を過ごし、いっしょに食事をした。十時が近づくと、ペーターの旅の道連れが言った。「今夜は難しいことになる。今度は、二本の鉄の鞭で姫を打ち、そして両刃の剣を持っていき、それで山の精の首を切り落とさねばならぬ。そいつの広間に入るとき、そいつに見られぬように気をつけろよ。なぜなら今度はその中は昼間のように明るく、そいつから隠れるのに苦労するだろうから。けれどわしはあんたについて行って、守ってやろう。勇気を出すんだ。最後にそいつがいっしょに出て来て、姫に別れを告げ、山に戻ろうとするときすぐ、精の頭を切り落とし、持ち去れ」。ペーターは姫のいる部屋の窓に向かい、十一時に姫はそこから出てきた。若者は後から近づき、山の中に入るまで、姫を思い切りひどく鞭で打った。二人がいっしょに大きな広間に入ったとき、太陽が天井に輝いて、昼のように非常に明るくなった。祭壇には刺のある魚と、燃えている車輪が置かれていた。しかし祭壇の後ろはとても暗かったので、ペーターはすぐそこに隠れた。姫は急いで山の精のところに行き、精の首に抱きついて、絶望しているかのように言った。「またも、謎を解かれました!」「何てこった」と、精は言った。「では今度はわしの頭のことを考えよ。死すべき運命の者は誰もそんなことは考えぬだろうから。少なくとも人間はな」。姫は言った。「ああ、今度は、雹の嵐になんてひどく苦しめられたことでしょう。私の背中、私の腕、私の頭を見てください。血みどろです」。「かわいそうに」と、山の精は言った。「これは厳しい試練なのだ。さあ行って、下等な人間の血にまみれよ。今度こそ奴は謎を解くのに失敗するだろう」。そして姫といっしょに出ていった。精が戻ろうとするとき、ペーターは精の頭を一打ちで切り落とし、髪をつかんで持ち、姫の後について、姫の部屋の窓に着くまでずっと、再び姫をさんざんひどく打った。若者は家に戻り、寝床に入り、自分の願いがかなったことを先に喜んだ。若者は再びぐっすり眠り、翌朝再び身仕度を整え、山の精の頭を取り、ハンカチで包んで、城に出かけた。今度は部屋の中の姫に若者が歩み寄ると、姫は恐怖でとても青ざめており、謎を若者に問うべきかどうかわからなかった。するとペーターが言った。「恵み深い姫、今日が最後です。おれが謎を解くか、あるいはおれが死ぬかどちらかしかありません。あなたの謎をおれに言ってください」。姫は、まるで自分が生きるか死ぬかがそれに左右されるかのように、震え声で尋ねた。「私の考えていることは何でしょう」。それに答えないで、若者はハンカチの結び目を解いて、山の精の頭を机の上に置いた。姫は「あなたは私を救ってくださいました」と叫び、気を失って若者の腕の中に倒れこんだ。若者は姫をソファーに横たえ、ベルを鳴らした。ただちに召し使いがやって来て、王と医者が呼ばれた。姫が正気に戻ると、王は姫をペーターの妻にした。その後、ペーターは、「まず一度自分の宿に戻らねばなりません」と言った。すぐに大きな馬車に六頭の立派な馬がつけられ、ペーターはそれに乗って行った。するともう道連れは戸口で若者を出迎えていて、若者が車から降りるのを助けた。二人はいっしょに部屋に上がっていき、そこで道連れはペーターに言った。「あんたが妻と寝床に入るとき、姫に気づかれないように、寝床の前に水の入った大きな甕を用意させなさい。今夜姫は飛び上がって、どこかに行こうとして、水の入った甕に飛び込むだろう。そしたら、姫をすぐ水の中に沈めなさい。するとカラスがそこから出て来て飛び去るだろう。もう一度姫を水の中に沈めなさい。すると今度は鳩がそこから出て来て、あんたの肩に止まるだろう。それからもう一度姫を水の中に沈めなさい。そうすれば、以前の天使のように美しく敬虔な姫がそこから出てくるだろう。そしたら三度姫にキスをして、姫と幸せになりなさい。あんたは年老いた王が死んだ後、王となるだろう。さあさようならだ。もうあんたはわしを必要としないだろう。今、あんたからも、この世からもわしは去ることにする。わしはあんたに借りは返したよ。さようなら、幸せに」。そして霊は消えてしまった。ペーターは馬車に座り、道連れとの別れをとても悲しんだ。それから王宮に戻った。ここで若者は道連れの言ったことすべてに忠実に従い、すべてそのようになった。若者は妻とともに、王と同じくらい幸せになり、後には実際に王になり、死ぬまで国をよく治めた。

このメルヘンは二つの部分に分けられる。第一の部分は死者を救済することにかかわっており、第二の部分は山の精にとりつかれた状態から姫を解放することにかかわっている。もちろん解放は死者の助けによって可能となる。メルヘンの最後でわかるように、ペーターは安らぎを取り戻した姫といっしょになり、その後ペーターは王となる。〈死者の霊〉も山の精も二つとも消えてしまう。メルヘンの第一の部分は第二の部分にとって非常に重要である。というのは、第一の部分なしには第二の部分は考えられないからである。そこでたとえそれが最後には話から消えてしまい、事件の進行につれて役目が終わっても、これらの「精と霊」に特別の注意を払う必要があるだろう。

このメルヘンの中にある動きを見ていくならば、長期間にわたる、解放（Lösungs）と救済（Erlösung）の話であることに気づく。ペーターは父親から離れ（lösen）、それから死者を解放（auslösen）し、死者を安らかでない状態から救う。死者の霊はペーターが謎を解くのを助ける。姫は、それによって山の精から救い出される。姫はこの山の精から引き離される（ablösen）必要があった。その解放へと導くことによって、死者は自分の借りを返す。最後に二組のペアがそれぞれ「引き離される」。つまり、ペーターは恩を感じている死者から、姫は山の精から引き離される。

このメルヘンがたどる道程は、父親と父親霊からの分離、つまり父親の背後に同時に存在する父性的精神像からの分離が行なわれるということであろう。それによって主人公は自立し、その上で女性を獲得する。あるいは申し分なく自由に「機能する」自分の中の女性的側面を獲得する。それを女性に置き換えれば（それは簡単だと思うが）、重大な心理的困難を引き起こす支配的な父親像から救われたという意味になるであろう。

全般的な解釈は以上の通りである。細部に目を向けよう。ペーターは家がいやになり、自分の全相続分を持って家を出た。ペーターは父親のことがいやになり、父親から去り、分離した。この「いやになる」ということは、新しく展開するはずの何かのための出発点である。出発の状況において女性がいないので、女性を見つけることも問題となっていることが仮定される。独特なのは、ペーターの礼儀正しさが詳しく語られていることである。メルヘンが進行するなかで、何度も彼のこの特性が示される。旅の途中で彼は埋葬されていない〈死者〉を見つける。この死者は、世の中の仕組みのために、この世で金儲けできなかった。だから貧しく、尊重も配慮もされなかった人である。それゆえこの死者は影の側面、つまりペーターの中の生きられなかった側面を具現化したものと考えられるだろう。そのようにひどく抑圧されたものとは、いったい何だろうか。このメルヘンからわかるのは、ただ死者は非常に貧しかったので埋葬されなかったということだけである。類似する別の話では、もう少し詳しい状況がわかる。ある場合は、死者は重罪人だったので、教会が埋葬しようとしなかった。またある場合は、死者は負債を抱えた人であった。ノルウェーのメルヘン『旅の道連れ』では、死者はワインを水で薄めて売るワイン商人である。これらの人物はすべて、少し人間的な欠点をもっている。しかし、そのことから彼らが埋葬してもらえないほど悪人であると想像するのは難しい。けれども、普通の人のしないことをする人物ではある。ともかくどのメルヘンの主人公も、この死者を解放するために父親からもらったあり金すべてを使う。彼らは、古い価値観で生きていたときに手に入れたすべての価値を犠牲にしなければならない。そうすることで死者は埋葬され、この問題は「安らかに」される。そのことはこの影の側面を受け入れ、その代わりに多くのもの、つまり少なくとも自分について抱いていた古いイメージ、ここでは「父親のよい息子」という自分のイメージを失うことを意味する。主人公と道連れはその後、旅を共にし、互いに親しくなり、いっしょに〈姫〉の住む町までやって来る。そのことが、私には重要であるように思える。話のなりゆきから、この道連れが死者の霊であることを私たちは知っている。この霊と親しくなるためには、長い道程を進まなければならないし、この霊と共にいることによって初めて、〈姫〉を救うことにも成功する。道連れの二面性は非常にはっきりと示されている。この死者は軽蔑された存在ではあるが、いったん受け入れられ、何かが投資されると、援助者に変わる。この援助者は大いなる深みとの結びつきを示し、人間にできる以上の多くのことができる。だからこそ類似する別話において、神の天使としても表現されているのであろう（フィンランド版）。ここで重要と思われることは、この霊が意識をはるかに越えたところを指し示しているということである。

今、二人は〈黒色〉におおわれた〈町〉にやって来る。ここは悲しみの町、王宮では、すべてのものがまるで石と化してしまっている。ともかく「愛らしく気立てのよい姫」が山の精に魔法をかけられていることが知られる。この魔法がどんなものなのか、非常に具体的に描写されている。昼中、姫は静かに物思いにふけっている。時おり性格が悪くなって、姫を邪魔するものすべてを破壊する。姫を救おうとして、謎を解くことができない者は姫手ずから殺されてしまう。(注2) その際メルヘンは姫が非常に美しく善良な少女であったということを述べている。そして今もやはり姫の目は非常に穏やかで善良であり、非常に繊細で華奢である。けれども姫は、もう九人もの人を殺しているのである。今、十人目が姫のところにやって来た。九人目が来てから一年がたっている。この描写を読むと、姫はあまりにも愛らしく繊細で優しすぎた、という気がしてくる。確かにこの以前の性質は取り除かれているが、まだ十分ではない。メルヘンは、姫には魔法がかけられていると言っている。姫を通して山の精の本質が語られているように思われる。姫の状態をながめてみると、黒色の町にイメージされたうつ状態と、それと正気を失うほどの怒り、つまり非常に攻撃的な態度が、明らかに交互に現われている。姫自身はすべての態度において、ほとんど自由な意志をもっていない。姫は状況にとらわれている。救われたいと同時に、救われたくないというのがぴったり合う。二つの欲求が並行して同時に強く存在するように思われる。だからこそ姫はペーターに謎を出すとき、目に涙をためて「あなたのことがかわいそう」と言うのである。そして若者が謎を解いたとき、姫は死人のように青ざめる。そのようなとき、非常に繊細で、影響を受けやすい少しうつ的な人とかかわっているような感じをもつだろう。そういう人は突然怒り出すこともあり、この怒りで他人を傷つけることも辞さない。傷つけるどころか、殺してしまう。この怒りは限りなく破壊的であるに違いない。

それは、突然、非常に破壊的な気分に襲われて、長い間築きあげてきた人間関係すべてを、そして自分自身をも、一瞬にして台無しにしてしまうという状況にたとえてよいであろう。この状況から姫は救わねばならない。そして死者の霊は救う方法を知っている。霊はそのことを知っているだけでなく、ペーターに翼を与えたことからもわかるように、その手段をもっている。姫は翼を、たぶん山の精からもらったのだろう。

その点で、明らかに死者の霊と山の精はそんなに違っているわけではないことが示されている。少なくとも両者とも「精霊」なのであり、そのことは、同一霊の二面性であることを意味するのかもしれない。

興味深いことに、人間にとっては飛ぶということはあまりなじみがないが、ペーターはいとも簡単に霊に従う。そのことはまた、元来の父親との結びつきの結果でもあろう。彼が姫とちょうど同じことをして、彼女に従い、彼女が誤った道（もしそうであるなら）をとった責任を引き受けることが重要である。もちろん彼は鉄の鞭で姫を打たねばならない。まず始めは一本で事足りるのだが。「たとえ彼の心が痛んでも、道連れの言いつけに従わねばならなかった」とテキストに書いてある。若者はそのように攻撃的であらねばならない。そうすることで、彼は攻撃性の一部を引き受ける。鞭に関してはこのことが重要であると私は思う。この攻撃は日ごとに強まっていく。

さて、二人は大きな山にやって来る。山の精は明らかに昼間はそこに住んでいるらしい。このことは、精が昼間の明るさを避けていることを示している。というのは、すべてのものは山の中に隠れているからである。この山の中の広間に祭壇がある。そこは山の中の教会、あるいは少なくとも何か教会に近いものだという感じがする。そのことから、山の精が重要な人物であることがわかる。この山の精は非常に恐ろしく見えるので、ペーターは恐怖を感じる。それはおそらく次のようなことを意味するだろう。つまり、それがペーターの中の女性的な側面であれ、そのような山の精に取りつかれた女性であれ、姫のこの破壊的な本質の背後にある超自然的な力の存在を一度目にしてしまった者は、できることならそこから逃げ出したくなるということである。ところが姫はこのデーモンのもとへ走り寄って、抱きつく。彼女にとって、デーモンはすばらしく見えるらしい。住みかからだけでなく、山の精の言うことばからも、その本質を推し量ることができる。「ずいぶん久しぶりだな、長いことおまえは、誰も殺さず、おまえを〈救いに来た者〉の血を楽しんでいないようだが、また獲物の鳥が罠にやってきたようだな」。ここには、殺すこと、特に救おうとする者を殺すことへの、勝ち誇った享楽的な喜びが見える。精は自らを、強く、姫を救おうとするすべての者より勝っていると感じている。そして姫が雹の嵐に打たれる痛みに不平をこぼすとき、精はただこう言うだけだ。「どうでもいいことだ。おまえはこれからまだもっと男を苦しめねばならんし、もっとその血を喜んで飲まねばならん。そうすればそれだけ、おまえはわしにたいしてすなおになり、わしのものになるのだ」。おまえが苦しめば苦しむほど、ますますおまえは他人を苦しめなければならない。それが精の主張する心理学だ。しかしそれだけではない。姫はそれを喜びもするはずである。また後でふれることになるが、ここでサド‐マゾの行動様式の核心に至る。苦しめる‐苦しめられることに対して、私は、サド‐マゾという表現を用いたい。それはある種の快楽の経験に結びついているが、必ずしも性的な快楽の経験に結びついているわけではなく、そもそも性的な領域のみに関係づけられるものでもない。

すでにフロイトは「道徳的マゾヒズム」（愛する人にだけでなく、打たれる可能性のある場合には誰にでも頬を差し出す）という彼の理解において、厳密な性的意味を捨ててしまっている。「自分が苦しめば苦しむほど他人に苦しみを与え、それに喜びを感じなければならない」。山の精はなお強調して言う。「もっとおまえはわしのものになり、わしにたいしてすなおになるのだ」。姫は喜びをもつだけでなく、姫がこの山の精のとりことなっている間、この態度の循環の中にとどまらねばならない。そのため、ますます精のとりことなる。ともかくそういうわけで、誰かが彼女を救おうとするときにのみ、彼女は山の精を訪問する。誰も彼女を助けようとしないときは、彼女は山の精を訪問しないようだ。ともかくペーターが、この山の精と姫の対話に耳を傾けていることが重要である。彼ら二人だけの孤立した状態が、完全な孤立ではなくなっている。そのことは、この精にとりつかれた状態が依然として続いてはいるのだが、すでに何かがこのとりつかれた状態を知っていることを意味している。すなわち、とりつかれた状態がもう完全なものではなくなっているのだ。

さて次は謎について考えよう。姫は父親の白馬を思い浮かべることになっている。「私は何を考えていますか」というこの簡潔な問いは、ひょっとしたら一見したよりも多くを表わしているのかもしれない。特に彼女が考える他のものも含めると、そう言える。つまり父親の白馬、父親の戦いの剣、それから時おり「私の娘」と姫のことを呼んだ山の精の頭。結婚適齢期に、姫が父親の白馬や父親の戦いの剣を考えるとするなら、彼女はたびたび父親のもの、父性的な精神そのものを表わすものについて考えていることになる。ここにおいても密接な父親との結びつきが判明する。この父親との結びつきは、このメルヘンで、宮廷で王妃のことが何も語られていないことと一致する。たとえ語られたとしても、王妃は何の役割も果たしていない。要するにものごとが途方もなく父権的に見えるのである。なぜまさに「父親の」〈白馬〉が彼女の心に浮かんだのか。黒馬は黄泉の国の神馬であるが、白馬は神話において太陽の馬であり、光の神と関係があり、そのエネルギーを具現化する。馬自体は衝動の力、しかも突然目覚める衝動の力を象徴している。最も広い意味で、この父親の白馬について考えるということの中に、父親との結びつき以上の何かがあるように思われる。父親との結びつきの中に含まれているポジティヴな意味について考えるなら、「目覚め」がそこに表現されているだろう。まるで山の精もどこかで救われることを望んでいるかのように見える。というのは、山の精自らがこの謎を考え出したのだから。「救われる」ことはここでは、もはや今までのように意志に反して悪事を働かなくてもよいということを意味する。しかし少し深く考えれば、「目覚め」は春を象徴するということになるだろう。そしてついにこの魔法を解いてもらう準備ができたという点において、確かに春である。同時にこの馬のシンボルの中に、次のようなものが含まれている。つまり、前進するために用いることができる大きなリビドーが、この父親との結びつきの中には含まれている。

さてペーターはその謎を解くことになる。そのとき姫はすすり泣いて感傷的にふるまう。それは一見したところ彼女の残忍さとまったく似合わないが、このメルヘンの中では、本質的にこの二つは釣り合っている。それから彼女は、それが若者の命取りになることを彼が知っているかどうか親しげな調子で尋ねる。ここで私は、思わずある人たちのことを思い浮かべる。その人たちは限りなくたくさんの前置きをして、自分は誰かを傷つけたいとは思ったこともないと断言し、それでいて何か残酷なことを非常に巧妙にやり始める。その後、誰かにあなたは人を傷つけたとは感じていないでしょうと指摘されて立ち尽くすが、それでもなお、逆に傷つけられたという思いや、始めのたくさんの前置きで自分の両手が縛られてさえいなければ反撃したいという思いをもっている。それがペーターが謎を解いたときの、姫の死人のような青ざめた様子にあたるのだ。

さて、山の精のもとへの二回目の旅が行なわれる。この二回目の旅は姫が何を考えるか、彼女の秘密はいったい何なのかを見るためのものである。彼女はなおいっそう打たれる。そのようにペーターはなおいっそう攻撃的であらねばならない。彼が彼女をかわいそうに思うとは書かれていない。このように打たれるということは、当然、彼女が山の精のところへの道中においていかに苦しまなければならないかの表現でもある。山の精のところへ行くことによって、彼女は「雹の被害」を受けねばならない。その結果まさに〈この〉道を行くことは本当に困難となる。それは新約聖書の中で、悪霊がキリストに「苦しめられた」と嘆いた追放の場面を思い起こさせる。

そのことは、日常、他人の中の破壊的な吸引力に気づいたとき、こちらも攻撃的に応じるが、軽蔑するのではなく思いやりをもって「共にいる」ことを意味するのかもしれない。そうすることで、一方では他者の攻撃性を肩代わりすることになる。つまり他者だけが悪いのではないのだ。他方そのような反応を通して、他者の中にも、「山の精の世界」、そこにある破壊性を感じる力を開発していくことになる。

今度は部屋の中はいっそう明るく〈月〉が出ている。前の晩はいくつかの〈星〉が出ていただけだった。換言すれば、ここに「自然の教会」が建っているように見える。前にもまして明るいということが目を引く。つまりそのように、すべてのコンプレックス状況が明らかになっているのだろう。明るければよりよく見ることができる。その際、光が人工的なものではなくて、自然なものだということが重要である。

祭壇の上に刺のある大きな〈魚〉がある。これは私たちが山の精の正体をさらに詳しく知るのに役立つ。精は何らかの方法で宇宙、つまり太陽や月や星と関係する力として現われている。それと関係することで彼は「宇宙的」となる。それに、さらにこの「刺のある魚」が付け加わる。魚はきわめて多種多様なシンボルをもっている。私は最も普遍的なシンボルに頼ることにしよう。魚は海や川の中にいるものであり、河川の中をあちこち泳ぎ、人はそれらを引き上げようとする。この魚は明らかにすでに引き上げられたものである。無意識から魚を引き上げたと言える。しかし食べてみて初めて魚がどんなものかわかるように、内に秘めている意味をそれほど正確には知らない。それは無意識の中の何かを何らかの方法で摑みとったという感覚を示す状況である。無意識から引き上げた内容を、まだ完全にはつかむことができていないということを、魚の刺が示している。刺のある魚はつかみにくい。かつて〈祭壇〉はかまどであり、そこでものが料理されていた。このように祭壇は、ものごとが変容させられる場である。「刺のある」ということは、この関係においてすべての問題が刺のある皮肉な問題であることも意味するかもしれない。それは確かに真実を示している。つまり、無意識から出たものは本来、至福を与えるものではなくて、人の手を刺して傷つけるものなのである。精は高い玉座に座っている。たぶん彼はそうしなければならないのだろう。というのは、彼や姫に逆らう秘密の力があるとき、全能であることを強調するために、彼は高められねばならないからである。

本質的には救済が進んでいるにもかかわらず、なお姫の状態は破壊的な域に達してしまうことがあるかもしれない。そのことは、ペーターが二回目の訪問の際、彼女は長い前置きなしに、直接首を切り落とすという目的に向かうことにも示されている。そのとき彼女が思い浮かべることになっている〈戦いの剣〉を、すでに机の上に置いている。そこではまさしく悪魔憑きの印象が強い。彼女はもはや待つことができない。戦いの剣はそれで父親が勝利を手に入れ、敵を殺した剣である。彼女が救い手を父親の剣で殺すならば、彼女は自分の手で殺していないことになる。彼女は父親と密接な結びつきを示している。それは彼女の攻撃性ではなく、父親の攻撃性である。そしてペーターが姫の考えていたものを言い当てたとき、彼女はソファーに倒れこみ、口ごもって言う。「言い当てられました。明日またいらっしゃい。もう一度神々(訳注1)があなたに味方しますように。そうすれば、すべてはうまくいくでしょう」。全テキストを通して、この二重性はずっと保持されている。その二重性は保持されなければならないと私は思う。というのは、姫はこの救いに対して、両価的な感情をもっているからである。一方で、彼女はとりつかれているが、このとりつかれた状態から脱したいとはまったく思っていない。他方では、新たな生へ向かう動きがあり、そこではこのとりつかれた状態が解かれることが課題となっている。とりつかれた状態は拘束服のように作用する。とりつかれた状態は新たに生きようとすることを邪魔し、それを不可能にする。

山の精のところへ三度目に旅するとき、ペーターは剣を持っていく。彼はそれで山の精の首を切り落とさねばならない。今まではいつも姫が、不幸な求婚者の首を切り落としてきた。今度はペーターがそれをも引き受けることになる。もっともそれをするのは、彼が姫を再び鞭打った後、山の精に対してである。道連れはペーターに心構えをさせ、ペーター自身も十分に教わった。興味深いことに、ペーターの旅の道連れと山の精は、同じような文句を言っている。「私はおまえについて行って、困っていれば、守ってあげよう」と道連れは言う。「私はおまえのそばにいよう。私を頼りになさい。明日、姿は見えないがおまえのそばにいるから」と山の精は言う。確かにそこにも道連れと山の精の間に、ある種の類似が存在することが示されている。山の精の住みかはどんなふうに変化していただろうか。精の住みか、それはコンプレックスの領域である。今や天井に太陽があり、非常に明るくなっている。祭壇の上には、刺のある魚と〈燃えている車輪〉がある。祭壇の後ろはつねに暗く、そこは依然として母性的な、保護された場所である。この場所の明るさについてはすでに話し尽くした。今やすべての事柄は「太陽のように明らかである」。祭壇の上の火の輪はさらに意味を付け加える。火の輪はイースターのとき、また夏至や冬至にも使用される。春になると、そのような輪を作り、草地の上や山の斜面を転がす。そうすることで再び太陽が昇るための力が与えられることになる。このゲルマンの風習は、後にキリスト教のイースターの風習となる。なぜなら新しく生じる太陽と、よみがえるキリストは同じシンボルに属するからである。火の輪において春がもう一度、確かにほのめかされる。すなわち生が再び動き出し、冬、心理的な冬、この山に閉じ込められることが、過ぎ去るという暗示である。もちろんそれはその中の感情についての暗示も含んでいると言えよう。つまり、火の輪、火の馬（気性の激しい馬）は、この感情が再びある程度の規則正しさをもって生かされ、存在することを意味する。

姫は「絶望しているかのように」というのは、絶望しているとも言えるし、またそうでもないとも言える。「絶望しているかのように」（とメルヘンでは言っているが）、山の精の首に抱きつく。すでにメルヘンの中にしばしば示されているように、一人の中に両方が存在する。そして今度は、山の精の〈頭〉について考えることになる。それについて山の精は「死すべき運命のものは誰もそんなことは考えぬだろうから。少なくとも人間はな」と言う。自分と人間とは非常に違うのだから、そんなことを絶対に考えつかないということに山の精は最後の力をこめる。頭は精の考えの存在する場である。どんな人間もそれについて考えることができないということはあたっていない。というのは、ペーターは霊である道連れの助けを借りたにせよ、山の精の考えを非常によく知っていたからである。山の精が頭を切り取られる前にすでに、その頭は精だけのものではないのだ。そして姫は今度は「まるで〈彼女〉の生きるか死ぬかがそれに左右されるかのように」震え声で謎について尋ねた。それは正しくもあった。というのは、もしペーターが謎を解いたら、再び生を得ることができるし、もし解かなかったら、姫は完全に山の精の手に落ちることになるからである。

姫が正気に戻った後、王は姫をペーターの妻にする。この「正気に戻る」ということは、姫がペーターの行為によって「力を失った」ことを意味する。姫はそれまで、何も言わなかったり、感情を爆発したり、頭をはねたりなどして、姫の周りの世界を暴力的に支配してきたが、〈すべての力を失ってしまった〉。そのことはまた、山の精の力が破壊されたことを示す。ペーターはすぐさま、自分の道連れにこのことを伝えようとする。道連れは最後の忠告を与え、消える。山の精がやっつけられるやいなや、この死者の霊もそこにいる必要がなくなる。なぜなら、本質的にこの霊は山の精を打ち負かし、消し去るのを助けるためにいたのだから。山の精は死者の霊によってのみ取り除かれることが〈できた〉のである。

こうして姫は山の精から、そしてペーターは死者の霊から分かれる。今やっと、物語の始めから問題とされていた影の問題が解決される。

死者の霊がペーターに与えた最後の助言は何だったであろうか。若者はベッドのそばに〈水〉の入った甕を置かねばならない。そして姫が夜どこかに行こうとしたとき、若者は姫を〈沈め〉ねばならない。そこから出てきた〈カラス〉を再び沈めねばならない。〈鳩〉もまた同じであり、それからやっと本物の姫が再び出てくる。〈洗礼のモティーフ〉は復活を意味する。古いものは溺れさせられる。姫はさらにまだ、どこかに行こうとする。しかしそのことは防がれねばならない。明らかに、この姫はなおさまざまな変容を通り抜けねばならないのである。〈カラス〉は私たちの文化ではしばしば悪魔、悪そのもののシンボルである。もちろんオーディン（訳注2）は、両肩に二羽のカラス、フギン（思念）とムニン（記憶）をもっていた。フギンとムニンは創造的な原理を象徴し、破壊的なものを象徴するのはオーディンの狼である。それでもやはり、このカラスは暗い考え、あまりにも陰うつな考えをもった姫を象徴する。それに対し、〈鳩〉は私たちの文化では、オリーブの枝をもたらしたノアの方舟以来、平和の象徴である。洗礼との結びつきでは聖霊を表わす鳩を思い出させる。少なくとも「小さな鳩」と言われるとき、それは大いなる平和や純潔、温和さを意味する。これらの鳩のイメージと、鳩が非常に攻撃的な存在でもあることが、心理的に非常にうまく適合する。そしてその攻撃性は、あまりにも繊細すぎることや温和すぎることの背後に隠れている。だからまだ、人は姫をこの姿で受け入れることはできない。両方の態度とも人間としてではなく、鳥を通した描写であり、まだ人間的でなく、あまりにも大地に根ざしていない。この態度をはねつけると、姫は人間の姿として見えるようになる。天使のような美しさ、信心深さ、そういう状態で彼女は生き返ったのだが、それは何か甘ったるい気分にさせる。しかし天使のような美しさと信心深さは、姫がその攻撃性とうまく折り合うために除外してはならない。それにもかかわらず読者は、メルヘンが進むにつれて、姫がなおいっそうしっかりと大地に立つようになることを願うだろう。

まずはメルヘンを男性の心理から見てきた。つまりメルヘンが意味することは、男性が集合的な価値や社会秩序を意味する父親との結びつきから抜け出して、この父権制のシステムの中で触れられずにいたものに気づくことである。自分の心の中で、貧しかったり、死んでいたりするものに、いったん注意を払うようになると、それ自体大きな力をもつ、あらゆる価値を発見するのである。貧しく、死んでいることを、それはある一面ではそんなに怖がらなくてもよいものだが、別の面ではこの山の精をも抑圧していることになるのだ。この山の精は、その破壊性において攻撃的で全能である。ペーターの女性的側面は、彼が生まれた父権制のシステムの中では存在していないので、発見する必要があるのだが、それは山の精の影響下にあり、特に攻撃性の領域において精神的に非常にアンバランスな状態にある。そしてこの女性性をながめると、山の精にとりつかれた状態はサド－マゾの態度を導くと思えてくる。謎を出して解けないとき首を切るという女性的側面をもつのは、きわめて厄介である。姫は救われることを望んでいるし、望んでいない。それは自己循環の状態である。苦しんでいるかと思うと、暴れている。しかし決して、実りある生は導かれない。その背後にいる山の精を見ること、そして最後にはそれを除去することが必要である。女性的側面の旅立ちにおいては、まず従い、目を向けること、批判的に目を向けつつも受け入れていくことが実りある生につながる。鞭で打つことは、この旅立ちを単に許すだけでなく、同時に自分自身の中にいる姫を打つということ、つまり自分自身に対して批判的になることも意味する。その際、もう一つの考えも重要であるように私には思われる。すなわち、ペーターは攻撃性の一部分をあえて引き受けたということである。若者の攻撃性は意識的に自分の女性的側面、つまり自分自身に逆らってはいても、それは必ずしもすべて無意識に留まってはいない。自分の中にいるデーモンを見つめ、時が来たら、その首を切り落とすということは、二度とこの攻撃性、つまり苦しみに対する喜びを意志に反してもたないということなのであり、それは救いであるように思われる。そのことは、山の精のある部分、いわば山の精の中の人間に似た部分をペーターが統合できたことによって、可能になった。

また姫に関する箇所を女性の心理から理解することもできる。何度か見てきたように、姫は父親の支配下にある。これは二重の観点から見ることができる。一つには姫自身が父親の支配下にあるという点。もう一つには、否定的でデモーニッシュで、ひどい父性的存在である山の精の支配下にあるという点である。だからといって、姫自身の父親がデモーニッシュであるに違いないということにはならない。父親が攻撃性を抑圧した人間であり、また自分の存在の中にあるデーモン的なものを抑圧してきたということのほうが、心理学的にありえるように見える。そのために、姫は集合的な運命を甘んじて受けている。姫はこの父親によって、特に対決できず抑圧された側面によって、特徴づけられてもいる。ここにはまったく逆の状況がある。解釈の始めに、ペーターは集合的な影の部分を探していると述べた。だが姫は、父親の姿をした影に出会っているわけである。この父性的な精は実にデモーニッシュで、自分のスローガンを明言する。「おまえが苦しめば苦しむほど、いっそう他者は苦しむのだ」。他者がおまえに苦しめられるとき、おまえはいっそうそれに喜びをもつに違いない。このスローガンはサド－マゾの標語とみなすことができる。メルヘン自体、この標語のもとにある事実を「魔法にかけられ」ていると表現している。それは邪悪な呪いである。不幸なことに、この呪いはたいへん広まっている。それはどんな救いも内に秘めていない、悪魔の循環である。

それは苦しみだけもたらして、変容をもたらさない。というのは、本当の意味の苦しみではないからである。それは深く傷つけられた人の循環である。そして、傷つけられながら、同一の平面の上では敵と対決できないという循環である。メルヘンにおいて姫が、鞭で打たれたのを雹だと思ったことは興味深い。雹に対しては、何もすることができない。場合によっては鞭で打たれることに対してもそうであるが。姫は自分に鞭打ちをくらわせる相手と対決することができない。この文脈で述べられていることを日常生活の中で言えば、攻撃性の抑圧ということになる。攻撃性が堂々と発揮されないで、何らかの異常な形にされる。たとえば、非常に破壊的な爆発が生じるとか、攻撃性が誤った場所で発揮されるとかする。つまり、ふさわしい場所ではなく、自分がひどく傷つくのではないかという不安をそれほどもたなくてもよいはずの場所で発揮されることがある。

このサイクルの背後に隠されているものは何だろうか。メルヘンにおいてそれは山の精、「崇高なところの霊」との結びつきである。それは魅惑的で破壊的な側面との結びつきであり、その側面との同一化である。私たちがそれに出会うのは、たとえばどうせすべてのことはだめになるという確信から、建設的なことすべてを否定するような場面である。そのため苦しむにもかかわらず、それは魅惑的なものである。なぜなら、この同一化が権力を実感できる体験と結びつくからである。このことを私たちのメルヘンは非常に美しく表現している。この権力を実感するという体験は、ひどく傷つけられた者がもっている、とても悪い自己価値感情の対極として存在する。苦しみが前面に出ているような人に、しばしばキリスト像との同一化が見いだされる。背後に潜む観念は次のようなものだろう。つまり、世の中と対決しても効果の上がらない問題を、全能の悪、あるいは逆にキリスト的人物、どちらかと同一化すれば、または、両方と同一化すれば（！）、解決することができる。しかしこの形の救いは機能しない。この循環の内部にいる者は、救いに対して懐疑的な態度をとる。その中には、強い願いと、願いに対する強い拒絶が同時に存在する。それはよくわかる。というのは救いというのは、山の精の隠れ家が消えることであり、それとともに、人間の生から、感情の中にある壮大なるものが、それがどんなに破壊的であったとしても、消えることを意味するからである。

私たちのメルヘンにおいて姫は救われる。救いは二つのステップを経て行なわれる。

〈第一のステップ〉は、非常に長い間抑圧された影の統合を可能にし、それとともに、新しい男性世代を代表するペーターが姫の攻撃性を引き受けることを可能にする。そのことを女性の心理から見るならば、女性の中にある男性的側面もまた、自らの攻撃性や意志を主張することを引き受けねばならない。そうすればもう旅に出る（私が苦しめば苦しむほど、おまえたちもますます苦しむことになるのだ。……）必要はなくなる。それはまた次のことを意味する。攻撃性が開放され、それはもはや、非常に残忍になりうる隠された攻撃性ではなくなるのである。

〈第二のステップ〉は、山の精の征服と洗礼の実行にある。

メルヘンを集合的な関係に関連づけるならば、次のようなことが言える。メルヘンにおいて、私たちの目の前には悪を非常に強く抑圧する父権的な社会がある。悪は山の精として、つまり攻撃的で破壊的なものとして現われる。ここで問題になるのは、表ではたくさんの規則に従っているように見えながら、裏ではみんなが破っているような社会、つまり、底流では非常に攻撃的で破壊的な側面をもつ、非常に礼儀正しい社会である。この社会状況が女性たちにも影響を与える。女性たちの葛藤は、一方では、要求された役割にふさわしい態度をとることであり、それは姫の場合、「天使のように美しく信心深く」

あることである。そうすることで、姫の男性的側面はせき止められ、攻撃的になる。他方では、攻撃性は普通の女性のイメージと矛盾し、父権的なシステムにおける無価値なものとしての女性は、いずれにせよ自分を主張する立場をもっていないので、破壊的にならざるを得ない。

男性の世界から見れば、女性的なものが重要でないものとして抑圧され、そしてそれが抑圧された影といっしょになって作用する。そうなると男性の女性的な側面はきわめて苛立たしいものになり、天使の気分と悪魔の気分が交互に現われるということになる。メルヘンは、この強迫的な軌道からいかにして脱出するかという道を指し示している。男性は自分の影を見て、それと共に行き、それを信頼し、そのために代償を払って自由にしてやらなければならないのである。

注1　Märchen aus dem Harz（ハルツ地方のメルヘン）. 以下の文献に所収。Deutsche Märchen seit Grimm（グリム以降のドイツメルヘン）, MdW, S. 144 ff.

注2　メルヘンに類例があるだけでなく、聖書外典のトビト記の中にも類例がある（トビトがサラに求婚したとき、サラはすでに七人の夫を殺していた。トビト書七章十一節）。

訳注1　章の始めに掲載したメルヘン本文では、「神々」ではなく「幸運」とある。

訳注2　北欧神話の、知識・文化・軍事をつかさどる最高神。

第6章

青　髭

——破壊的アニムスの問題について

ヴェレーナ・カースト

【はじめに】

青髭は富や威信や権力を使って、自分を嫌っている女性を自分に縛り付けることに何度も成功する。そして妻が彼の秘密を嗅ぎ付けると、前の妻全員にしたのと同じように、彼女を殺そうとする。このメルヘンにおいても、サド－マゾ的関係のシェマが解釈に適用できる。すなわち支配的で破壊的な男性が、一人の女性にかかわっている。その女性は彼の見せかけの力と自分を同一視している。しかしそういう関係の中では、自分の女性性が破滅してしまうに違いないと気づく。もしこの男女の関係の循環が外に開かれるならば、その女性はもう二度と青髭のアニムスを現実の男性に投影することなく、彼女自身の中で闘うことができるようになる。女性の中の青髭は、彼女自身の破壊的アニムスであり、彼女がそれに気づけば、それから距離をとることができるようになる。

青　髭（注1）

昔、一人の男がいた。その男はあちこちに美しい館や、金や銀の食器、刺繡飾りのついた家具、金色の馬車を持っていた。しかし不幸なことに、この男の髭は青い色だった。そのせいで、その男は非常に醜く恐ろしく見えたので、奥さんも娘もみんなこの男から逃げてしまった。

この男の家の隣には高貴な出の婦人がいて、その人にはとても美しい二人の娘がいた。青髭は二人のうちのどちらかを妻に欲しいと頼み、どちらになるかはその母の判断に任せた。二人とも青髭の男と結婚する決心がつかなかったので、それをいやがって、お互い相手に押しつけ合っていた。青髭に関する理由の他にも、その男はこれまでにたくさんの女と結婚しており、その女たちがどうなったのか誰も知らない、ということも彼女たちをおじけさせた。

青髭は姉妹ともっと親しく知り合いになるために、二人の母親、三、四人の親しい友人、それと二、三人の近所の若者といっしょに、二人を自分の別荘の一つに招いた。まるまる八日間、彼らはそこで散歩や狩りに魚釣り、踊りや宴会をして過ごした。そのとき、青髭はみんなに称号や位を与えた。彼らは夜通し冗談を言ったり、ゲームをしたりして過ごした。最後には妹のほうが主人の髭をもうそんなに青いとは思わなくなり、それどころか青髭を大いに尊敬するに価すると思うようになった。彼らが町に戻ると、すぐ結婚式が行なわれた。

ひと月が過ぎ、青髭が妻に言った。「私は大事な用事で、少なくとも六週間田舎へ旅行せねばならぬ。私がいない間、十分に楽しんだらよい。おまえの友達を呼んでもよいし、その気があれば彼らと田舎へ行ってもよい。台所や地下の貯蔵庫から最高の食事を出してもよい」。「ここに鍵がある」と、彼は言った。「これは二つの大きな物置部屋の鍵。これは毎日は使わない金や銀の食器の入っているところの鍵。これは私の金や銀が保管してある鉄のチェストの鍵。これは私の宝石が入っている小箱の鍵。これはすべての部屋の親鍵だ。そしてここにあるこの小さな鍵、これは一階にある長い廊下のつきあたりにある小部屋の鍵だ。おまえはどの鍵を開けてよいし、どこに入ってもよいが、ただこの小さな部屋だけは入ってはならない。そこは立ち入り禁止とする。絶対に入るな。もしそれでもおまえが入ったなら、私のとてつもない怒りがおまえに降りかかるだろう」。彼の命令をすべて厳格に守ることを彼女は約束した。彼は妻を抱きしめて、それから馬車に乗り旅行に出かけた。

近所の女たちや親しい女友達は、若夫婦を訪問するのを誘われるまで待ちきれなかった。というのは、女たちはその家のあらゆる財産を見たくてたまらなかったからだ。夫が家にいる間は、彼の青い髭が怖かったので訪問する勇気がなかった。今、彼らは屋敷中の部屋をくまなく歩いた。それらはどれもこれも美しく壮麗なものだった。それから物置部屋まで上っていった。そこでの驚きはよりいっそう大きなものだった。たくさんの見事な壁掛け、ベッド、ソファー、隠し戸棚、テーブル、そして鏡。鏡は身体全体が見られるほど大きなもので、その枠はガラスや銀、金メッキされた銀でできており、今まで見た中で最も美しく立派なものだった。彼女たちは熱っぽく彼女の幸せを誉め讃え、羨むことをやめなかった。けれど若妻は一階にある小部屋を見たくてとてもいらいらしていたので、これらのすべての宝物を見てもあまり喜べなかった。

若妻はひどく好奇心にかりたてられていたので、お客を放っておくということがどんなに失礼なことか考えなかった。小さな秘密の階段をあまりあわてて下りたので、二、三度首の骨を折りそうになったくらいだった。小部屋の扉の前まで着くとまず一瞬止まり、夫の禁止を思い出して、言いつけを破ることが自分を不幸にするかもしれないとよくよく考えた。けれど誘惑はとても大きかったので、若妻はそれに負けてしまった。彼女は鍵を手に取り、震えながら部屋の扉を開けた。

始めは何も見えなかった。というのは、鎧戸が下りていたからだ。少しして床が血で汚れているのに気がついた。そしてこの血の中に、四方の壁に縛り付けられたたくさんの女の死体が映っていた。(これはすべて青髭が結婚し、次々と殺した女たちだったのだ。) 若妻は恐ろしさのあまり死んでしまうかと思った。そして錠から引き抜いた鍵が、彼女の手から落ちた。若妻は少しばかり落ち着きを取り戻してから、鍵を拾い上げ、戸を閉めて平静さを取り戻そうと、自分の部屋に上っていった。しかし興奮があまりに大きかったので、うまくいかなかった。鍵が血で汚れているのに気づいたとき、彼女は二度三度それを拭おうとしたが、その血は取り除くことができなかった。なお何度も何度もそれを洗い落とそうとして、磨き砂でもこすりとろうとしたが、それには魔法がかかっていたので、いつまでも血まみれのままだった。それを完全にきれいにする手立ては何もなかった。血を取り除いてもまた血が現われた。

その日の晩、青髭は旅行から戻って来た。用事で旅行に出かけたが、その用事はもう片づいたという知らせを途中で受け取ったのだと、青髭は言った。妻は夫の急な帰りをいかに歓迎しているか夫に示すためにできるだけのことをした。その翌日青髭は鍵を返すように要求した。妻はひどく震えながら返したので、青髭は難なく何が起こったかを理解できた。「小部屋の鍵がいっしょにないのはどうしてだ」と言った。「私の机の上に置きっぱなしにしたに違いありません」と彼女は答えた。「後で私に渡すのを忘れるな」と青髭は言った。妻はできるかぎりそれを先に延ばそうとしたが、とうとう鍵を持って来なければならなくなった。青髭はそれを見たとたん、妻に言った。「この鍵についている血はどうしたのだ」。「私は知りません」と、哀れな妻は死人のように青ざめて答えた。「知らないだと」青髭は叫んだ。「だが、私は知っているぞ。おまえは小部屋に入ろうとしたのだ。さあ、妻よ、中に入って、おまえがそこで見た女たちの隣に並ぶんだ」。妻は泣きながら主人の足元に平伏し、慈悲を願い、言いつけを破ったのを本当に後悔していることを示した。彼女のように美しく、必死であれば、岩の心でさえも和らげられるだろう。しかし青髭の心は岩よりも硬かった。「おまえは死ななければならない。妻よ、しかも今すぐにだ」。「私が死ななければならないのなら、神様に祈るためにもう少しの時間を私にください」と妻は答えて、ぼろぼろ涙を流して夫を見つめた。「十五分の半分をおまえにやろう。しかしそれ以上は一瞬たりともだめだ」と青髭は答えた。

妻は一人で自分の部屋に上がっていき、姉に呼びかけて言った。「アンヌ姉さん（というのはそれが姉の名だったからだ）、塔に上がって、兄さんたちが来ないかどうか見てちょうだい。兄さんたちは今日私のところを訪ねてくれると私に約束したの。彼らが見えたら、急いでって彼らに合図をしてちょうだい」。

姉は塔に上っていった。絶望した、かわいそうな妹は姉に呼びかけた。「アンヌ、アンヌ姉さん、誰かやって来るのが見えないかしら」。すると姉が彼女に答えた。「ただ輝やく太陽と緑の草が見えるだけよ」。その間に青髭は手に大きな猟刀を持って、力のかぎり妻に呼びかけた。「すぐさま下に下りて来るんだ。さもないと私が上に上がるぞ」。「どうかもう少し待ってください」と頼んで、小声で呼びかけた。「アンヌ、アンヌ姉さん、誰か来るのが見えないかしら。」すると姉が答えた。「ただ輝やく太陽と緑の草が見えるだけよ」。「今すぐ下に来い」と青髭は叫んだ。「さもないと私が上に行くぞ」。「すぐに行きます」と妻は答えて姉に呼びかけた。「アンヌ、アンヌ姉さん、誰か来るのが見えないかしら」。「大きな砂煙が近づいて来るのが見えるわ」と姉が答えた。「兄さんたちかしら」。「ああ、違うわ、妹、それは羊の群れよ」。「いつになったら下りて来るんだ」。青髭はわめいた。「もう少し」と妻は答えて姉に呼びかけた。「アンヌ、アンヌ姉さん、誰か来るのが見えないかしら」。「二人の騎士が近づいてくるのが見えるわ」と姉が答えた。「でもまだずっと遠くよ」。それとすぐ後に続いて、「ありがたいこと、ありがたいこと。兄さんたちよ。急いで来るようにってできるだけうまく合図するわ」と姉は言った。

青髭がとてつもない大声で叫んだので、家中が振動し始めた。かわいそうな妻は下に下りていって、髪の毛を振り乱し、泣き崩れて彼の足元に平伏した。「そんなことをしても何の役にも立たん」と青髭は言った。「おまえは死なねばならんのだ。」青髭は彼女の髪の毛をむんずとつかんで、もう一方の腕で彼女の首をちょん切るために猟刀を高くかかげた。かわいそうな妻は彼を見つめた。妻の目の中には死の不安があった。心を落ち着かせるために最後の時間を欲しいと頼んだ。「だめだ、だめだ」と青髭は言った。「おまえの魂を神に委ねろ」。そして彼は腕を振り上げて構えた。この瞬間、扉が大音響とともにたたかれたので、青髭はすぐに腕を止めた。二人の騎士が扉を開け、剣を手に持ってまっすぐに青髭に襲いかかった。それが妻の二人の兄の竜騎兵とマスケット銃兵だとわかり、青髭はすぐさま逃げ出した。けれども兄たちはすぐに追いかけて、外に出る階段の手前で青髭を追い詰めた。二人の騎士は剣で彼を貫き、殺した。

かわいそうな妻は夫と同じように、ほとんど死んだようになっていた。彼女は起き上がって兄を抱きしめる力すらなかった。

青髭には財産の相続人が誰もいないことが明らかになったので、すべての財産は妻のものになった。そのうちの一部は若い貴族の男と姉のアンヌの結婚資金に使った。姉はずっと以前からその男のことを愛していた。そして残りの一部は、二人の兄が中隊長の地位を手に入れるために使った。残りは妹自身がとても尊敬する男のもとに結婚する持参金として持っていった。その男は、青髭と暮らしたつらい日々を忘れさせてくれた。

青髭の類話は非常に多い。しかし青髭が妻をばらばらにすること、つねに新しい妻を得ようとすることは、すべてに共通している。いくつかの類話では、この話と同じように彼は殺されるし、別の類話では主人公が彼から逃げて何とか命だけは助かるが、彼は変わらない。青髭はつねに非常に財産のある者として描かれていて、どの類話でも女はその財産めあてに彼と結婚しようという気持ちになる。というのは、例外なく女たちは彼の青い髭を恐ろしいと思うからである。

この青髭に関して何が重要なのだろうか。

ボルテとポリーヴカ（注2）によれば、十六世紀には青みがかってきらきら光る黒い髭をもった男性のことを「青髭」と呼んでいたという。そのような男は少女を誘惑するものとみなされていた。ペローはこの青髭の中に、幾分異常で気味の悪いものを見ていた。別のメルヘンは、青髭に似た者として赤髭や緑髭を登場させている。その他の風変わりな点が青い髭の代わりになることもある。たとえばイタリアの類話では、銀の鼻をもった花婿として青髭が登場するし、フィンランドの類話では、金の鼻をもった花婿として登場する。イタリアの類話もフィンランドの類話も、青髭は死体を食べる。そこからボルテとポリーヴカは、青髭では元来死神が問題になっているのだろうと推論する。

たぶんこのメルヘンは、森に誘い込まれた乙女とその兄弟によって殺された快楽殺人者（訳注1）を題材とした、ヨーロッパ中に広まっていたバラードと関係があるだろう（ボルテとポリーヴカ）。

それならば、禁断の部屋というモティーフは、このメルヘンに新しく取り入れられたことになる。私たちはこのモティーフを、たとえば『マリアの子ども』（KHM）のようなたくさんのメルヘンから知っている。

青い髭が男を「醜く、いやなもの」にしている、とメルヘンは語る。つまり、女性なら誰でも彼から逃げ出すほど醜くいやな男にした、という。この青い髭のせいで、人は彼を怖がる。髭の青い人はいない。かくして、この青い色が人間離れしているという彼の特徴を示している。それは肯定、否定両方の意味において、何か〈特別のもの〉なのである。もし青髭が自分が何か特別のものであることを示すつもりがないならば、この青い髭をそるのはたやすいことだろう。

メルヘンはこの髭の青色によって、未来の妻が彼にもつ心理的な距離をも表わしている。つまり彼女は、後になって突然、髭をもうそんなに青いとは思わなくなる。すなわち彼女はその男をもうそんなに不快だとは思わなくなる。しかしそれは彼の髭が青くなくなったからではなく、彼女が青髭の財産のとりこになったからである。

彼が妻を取り替え取り替え、まさに妻を使い捨ててきたように見えることについては、もう何も語られない。彼と結びついた富と力が、あってしかるべき不快な感情に打ち勝つ。つまり、エロスの代わりに物質的な価値が、自分自身の可能性の代わりに他人の財産との同一化が生じ、結婚に至る。するとまもなく、青髭は彼の妻を試す。彼女は本当に従順な奥方なのだろうか。彼は自分が依然として家の主人であるかどうかを確認しようとしているのだろうか。

彼は、大胆にも自分の妻が言いつけを破るようにそそのかす。彼は彼女に財産を管理する権利を与え、入ってはならぬと言うことによって、逆に彼女がその部屋に入るように誘惑する。というのは、そこにこの青髭の秘密があるからである。

しかしこの秘密とは何なのだろうか。

それは殺された妻たちである。青髭が妻を取り替え取り替えしていることを、私たちは始めから知っていた。青髭はしばしば死体を食べる死神の姿とみなされる。もっとも死神といっても、妻たちにとってのみの死神であるが。

秘密というのは、彼が妻たちを殺していることであり、しかもそれはつねに妻たちが彼の秘密を見抜いた場合のことである。しかし明らかに彼は、妻たちが彼の秘密を見抜くよう望んでいる。そうでなければなぜ、妻たちにそのつど小さな鍵を与えるだろうか。

私たちにとって、今初めて、この青髭がいったい何を意味するのかが明らかになる。どんなメルヘンも、前述したようにさまざまなレベルで解釈されうる。一方では個人の典型的な心理的問題の表現として、他方では普遍的な時代の問題として解釈できるし、その両者は互いに直接的に関係し合っている。

青髭は、女性――非常に普遍的に言えば女性性――と反目し合っている父権制社会の唯一の代表者となっている。ここでは盲目的従順をめぐって、関係、特に女性との関係が生じる。彼は関係をもつことになっている女性たちを試し、それから彼女たちを殺す。他方彼はまったく見事に物で損害を埋め合わせしているように見える。物、物質的財産は女性性（物質的母）という面も代表する。そして、確かに青髭は個人的関係はもてないけれども、少なくとも富だけはもっている。まさに不気味なほどに物質のとりこになっている状況が描かれている。そういう状況では、もはや女性は生きることができない。しかし女性は青髭に対して当然もつべき悪い感情を静め、富や金持ちの男の妻であることの名誉——実際また、彼女の女友達はそう言ってひどく羨む——に、ますます目が眩んで、青髭に積極的にかかわろうとする。

この青髭を女性との関係で見ることが重要である。というのは、彼一人だけではこれ以上特に問題とはならないからである。重要なのは、女たちが彼の生活領域に引き寄せられてから、殺されるということである。

女たちは彼と親しくならなければ、殺されることはない。青髭は女たちを奪い取るのではなく、ただ誘惑するだけである。それがいわゆる「快楽殺人者」との違いである。

個人的な心理的状況にあてはめるならば、青髭を「アニムス像」として見ることができる。その場合、青い髭はアニムスが単にこの世のものでないだけでなく、非現実の性質をもっていることを表わす働きをするのだ。青髭は恐ろしかったり、魔力があったりするが、つねに魅惑的である。

「青」という色は霊的な何かを表現しているが、この場合の前後関係から見れば、「幽霊のような」といったほうがたぶん適当なことばであろうと私には思われる。それとともに青い色の他の特性として、彼の冷淡さをも表現されているだろう。

強大な富や力が重要な役割を演じて、青髭は何度も妻を射止めてきた。青髭がアニムス像であると仮定するなら、次のようなことを意味するだろう。すなわちこれらの事柄のとりこになって、絶対に存在するはずの悪い感情を消すことによって、このアニムスにとりつかれる布置が生じ、自分の中にある女性性が殺される。女性の側から言えば、青髭の価値のために女性の価値を放棄することになる。

彼女が好奇心を抑えきれず、最も奥にある夫の秘密をどうしても知りたくなるという点を見れば、その気持ちがどんなに激しいものであるかは明らかである。一度現実の関係においてそのことを思い浮かべてみよう。他人の最も内面の領域にむりやり侵入しようとしたり、他人に秘密を絶対打ち明けまいとしたりする場合、そこで語られているのは、関係性ではなく、むしろ本当は〈独占欲〉である。非常にいらいらしたという記述は、それにふさわしい。青髭の妻は、あわてふためいて秘密の階段を下りたので、二、三度首の骨を折りそうになったくらいだった。

私にはそのことは、彼女の全心理状況のイメージであるように思われる。彼女は本当に首の骨を折ってしまったのである［「首を折る」には「破滅する」の意味がある］。もしくは少なくとも、首の骨を折ったも同然なのだ。いずれにせよ根本的変化が必要なのである。

このいらいらした探索の中に、何かに憑かれた状態が示されている。「青髭の妻」のイメージとして「所有欲」がずっと存在している（確かに、「所有欲」というものはどんどん強くなっていくものであるが）。

しかし、彼女は見たいと願っていたものを見ることができずに、それどころか殺された女たちを見た。まるでその部屋は富が貯えられるのに支払われる代価を示しているようである。すなわち、手放され殺された自分自身の生きる可能性である。多くの女たちの運命が思い出される。夫にまったく同化し、いわば彼を頼りにして生きている（元来このことは少し子どもじみているのだが）、そして自分自身の可能性を生きていない女性は、自らの生きる可能性を静かにひそかに、一階のどこかに埋めているのである。青髭はあまりにも魅惑的になっていたのだ。

今、若妻は恐ろしさのあまり死ぬかと思い、手から鍵を落とす。鍵は彼女が不従順であったことの生きた証人である。彼女はもはや見てしまったことを否定することはできない。もはや否定することも引き返すこともできない。彼女はそこにとどまらねばならない。妻は驚愕する。何かに驚愕することは、情け容赦のない意識化過程である。このメルヘンではそれはパニックに襲われることである。以前に抑圧されたあらゆる感情が、力を集中して、突き進んでいるように思われる。

この驚愕は持続する。鍵についた血を二度と取り除くことができないのである。青髭との関係が乱される。彼女は今、彼の恐ろしい面を認める。しかもそれだけでなく、彼がそのことを隠したいと思っていることも彼女は認めているのだ。この文脈で見れば、彼が彼女を殺そうと思ったのはまったく筋の通ったことである。このことはまた再び集合的、個人的な二つのレベルでうまく再構成することができる。まず集合的なレベルから始めよう。力と支配が問題となっているシステムにおいて、死体に隠されたものを誰かが見たとするならば、死体を見たものはシステムのために制圧されるだろう。その場合女性であることは問題にすらならない。それはまったく普遍的に機能するメカニズムである。確かに、最後の部屋の鍵を開けて、そのシステムの矛盾を認め、変化の責任を自分で引き受けるより、誰かを愚か者にして責任を押しつけるほうが簡単なのである。

このメカニズムは女性解放運動においても機能する。自分自身の自己実現があまりにもわずかしかできていないと知った女性は――そのことに自分も関与しているということを彼女はわかっていないのだが――男たちの痛いところを突いて放さない。そしてあまりにも痛めつけられたときの常として、男たちは敏感に反応し、攻撃し返す。

もっと個人的なレベルで考えるならば、確かに全体としてみれば力と優越の分け前に預かっているが、自分の中の何かが生きていない、つまり自分自身の生が明らかに危機に瀕していることを突然目のあたりにしてしまった女性を、私たちは想定することになる。

その場合、彼女が自分の本来的なものを生きてこなかった、生きることができないと驚くのは、ごく当然なことのように思われる。それは最善を尽くしていると思っていながら、この布置において自分の中の多くのものが生きることができないということであり、当然、自分自身もどこか青髭の一面をもっていて、非常に残忍だと知るショックである。この禁断の部屋で妻が出会ったものは死である。このことはこのテキストにもあてはまるし、夫が死体を食べているのを見たというテキストにもあてはまる。たぶんこの現象をつなげてみなければならないだろう。しかも、殺人、暴力による死を、私たちは存在してはならないと考えているし、そう思うからこそよけい、それは私たちを残忍な気分にさせる。妻は死に気がついている。そして「そのときほとんど死にそうに驚いた」のである。

死に気がついている、そのことは何を意味するのだろうか。死を克服することではなく、意識することが問題とされている。

このことは、青髭で表現される高慢な生活態度の中では締め出されていた死を、一つの可能性として、つまり〈自分〉の可能性として見ることを意味する。いつかは死ぬのだということが、知的でなく実存的に、急にぱっと浮かんだとき、それは独特の感情となる。そのとき初めて、生命全体がもっている、永遠に続く生成と消滅に気づくことができる。それはそれぞれの消滅の中にある痛みを体験するだけでなく、その中にある新たなものの可能性を体験する意味深さに気づくことである。同時にここにあること、すなわち今ここでそのようにあることが限りなく価値をもって来る。どんな生でも変化に直面すれば、「今ここで」ということがより強く価値をもって来る。私たちが最初に取り扱わなければならないとしばしば思っている一回性というものが、生には存在する。

ヴィルケは権威についての論文(注3)の中で、権威の問題は、死の問題に直面して初めて最終的に解決できるだろうと書いている。私はそれに加えて、権力の問題の特殊形としての権威の問題だけではなくて、権力一般についてもそうであると、補足したい。

権力を行使することは、「死ななければならない」──最も広い意味でだが──ということを避ける必死の試みと見ることができる。つまり、権力の欲望は回避姿勢と見ることができる。しばしば権力行使は、死に対して権力を握る試みと見ることができる。死は非常に深い変化として理解することができる。その変化からいかにして抜け出せるかは、誰も知らない。権力を保持することは、意識された地位を執拗に保とうとすることであり、それによっていわば停滞（行き詰まり状態）をコントロールすることである。

その点で、たぶん現実的なレベルにもあてはまるだろう。つまり、死に対抗するために権力を築くことが必要になるだろう。

そのことは、死をあざむくことが問題となっているメルヘンに表現されている。似たメルヘンがたくさんあるが、例として、『いかに死神がからかわれたか』というフランスのメルヘンを挙げよう。善良なおばあさんが、自分の家の前にある木の上から人が降りられないようにする力をくださいと聖人に祈って、かなえられた。彼女は死神にその力を使う。二、三年後、世の中は誰も死ななくなり、非常に困ったことになる。おばあさんは、死ぬことができないで非常に苦しんでいる人々みんなの運命をかわいそうに思い、死神を下に降ろしてやった。けれど死神は、おばあさんの命をとるのはさらに数年後にすると約束せねばならない。『王子と死神』というメルヘンでは、王子は三年の間、森にいる死神のところで秘密の知識を教わっていた。メルヘンの中で死神がその時々に「病人の頭のほうに死神が座っているのを見たなら、病人は死神のもの。もし足元にいるのを見たなら、おまえは医者として病人を治すことができる」と王子に言う。

百年後に、その間に王になった王子自身が気を失い、師匠が自分の頭のほうに座っているのを見る。彼は神に祈る間の時間を願い、死神は喜んで許した。ところが王子は半分だけ祈って、残りの半分は百年たつまで祈らなかった。その後で彼は死ぬのに異存はなかった。

私たちがいつか死ぬだろうと実感するとき――それは、私の経験によれば、急にぱっと輝くもので、一瞬にして明らかで、明瞭であり、生きているという感情に別の見通し、すなわち非常に遠くまで見通せる見通しを与える感情である――権力はまったく役に立たないものとなる。他人の死に直面しても、そのような生きていることへの意識の変化に襲われる。死の経験はいつも真の神なるものと見せかけの神なるものを区別し、私たちを真の神なるものに開かれた状態にし、私たちの心をより広いものにする。それに対して権力は、私たちを窮屈にし、破壊的にする。

妻が青髭に買収されても、彼女にとって彼がどんな危険を意味するかをいったん見抜いたならば、彼の魅力は失われる。とりわけ、死ということを通じて彼は相対化され彼の魅力は失われる。そののち彼から身を守る段階がやって来る。青髭の意味するものが何であれ、そこから距離をとる必要が生じる。これらは優越であれ、権力であれ、攻撃であれ、スローガン的に言うなら、誰もがもっている欲しいような欲しくないような欲求と呼ぶことができるだろう。これらすべての現象はそれ自体決して悪いものではないが、別の感情であれ、別の見方であれ、別の側面をもはや生かしておかなくなると、そのときそれらは致命的なものとなる。たぶん現実においても思っている以上に、青髭は多く活動しているだろう。

そして次に青髭との対決がやって来る。この対決は、もはや女性が青髭に巻き込まれないだけでなく、意識してそれ以外のすべてに頼ることである。死の不安の中で祈りたいと偽って申し立てる。もちろんそのことは、この版では役に立たない。けれど意図的であれ、思いつきであれ、広い意味での神に精神を集中し、この側面に望みをかけることは、一つの可能性として興味深く、意味深い。フランスの類話では、城の高いところにペール・ジャックという白髪混じりの小男が住んでいて、主人公は急いで彼のところに行って保護を求める。また、その中心部分において青髭と明らかに類似している（その場合青髭は悪魔である）スペインの『手なし娘』のような類話では、少女は処女マリアを呼ぶ。

妻が青髭に立ち向かって彼より大きな力に頼る類話すべてにおいて、青髭は打ち負かされ排除される。自力で青髭を策略に乗せる類話では、青髭は火あぶりにされるか、あるいはただ自分の家に戻るだけで、たぶんそこで次の犠牲者を待つのだろう。

青髭をアニムス像、しかも個人的な体験をはるかに越えたものとしてのアニムス像と見るなら、本質的に何らかの非常に精神的なものとの関係のみが対抗する治療法となりうる。なぜなら、「アニムス」はどんな形のものであれ、私たちを魅惑するからである。そしてどんな魅惑状態も、精神的なものに通じている。

このメルヘンでは、次に青髭の妻は姉を呼ぶ。姉は彼女に兄がやって来るかどうかを知らせることになっている。

彼女は青髭の力の及ばない、自分の中にある一つの側面に頼る。「ただ輝く太陽と緑の草が見えるだけよ」。このことばは姉の特徴を明らかにする。姉はこの状況でもなお、輝く太陽と緑の草を見ているのである。彼女はなお生を見ている。それは下の階の死の部屋への、大きな対立物である。またこの姉は闘志あふれる二人の兄への仲介者でもある。一階で包丁を研いでいる青髭、この非常に緊張した雰囲気との大きな対立が、輝やく太陽のイメージ、青々とした草の中に存在する。緊張状態に傾いたバランスを回復してくれるこれらのイメージを体験するために、内的には自分でこれらのイメージを思い浮かべてみなければならない。（ここでメルヘン考察における瞑想的方法がすぐに思い浮かぶ。）たとえどんなに青髭がせきたてようとも、草は成長する。それは、二人の兄がやって来るまで、一面に生い茂り、生じるに任せるという、すばらしいイメージである。たとえもうほとんど何の逃げ道もないにせよ、巻き込まれないという意味において、距離をとることが再び必要になる。ついに青髭のしんぼうが尽きようとしたとき、土煙がやって来る。しかしそれは羊の群れであり、兄ではなかった。

読者は語り手がなお緊張を保つために、羊の群れを考え出したのだと思うだろう。もちろん、羊の群れはとてもうまく選ばれたイメージである。羊は先導の羊に導かれ、無批判についていく。羊の群れを導く雄羊自身も必ずしもそれほど知的ではないので、分別を失うと、羊の群れ全体があちこち疾走する。危機が起こるとき、人はすでに危機の渦中にあるのだ。権威に縛られた青髭との関係が、このイメージの中に致命的な障害として表現され、評価されている。羊の群れは、まったくと言ってよいほど逃げ道のない状況を示している。距離をとることももはや助けにならず、この種の抵抗はいつか尽きる。何か新しいものがやってこなければならない。すなわち、二人の兄である。

二人の兄はこの場合、戦闘的な若者である。すなわち竜騎兵とマスケット銃兵である。彼らは青髭が出口の階段にたどりつく前に青髭を刺し殺す。兄たちは意識の非常に近いところに存在するアニムス像である。彼らは青い髭をもつ男のようなところはなく、実行力のある若者たちである。ここで彼らは、青髭的態度をすばやく把握して除去するという、非常にきっぱりとした態度を表わしている。

しかしながら、包丁を研いでいる青髭と、彼の恐ろしさに気づいてしまった妻との対立が、この解決の前に実際に体験されることが重要であった。

実際、かわいそうな妻も夫同様、ほとんど死んでいたのである。そのことは、彼女がずっと何を耐えぬいてきたかを示しており、変化をも示している。青髭がもはや彼女の夫ではなくなったとき、彼女は自分のアイデンティティをもっと豊かにもつ別の人間となる。彼女が富を所有するのは筋が通っている。きわめてもっともなことに、彼女はこれを姉に分ける。これは非常に副次的で自明なことに聞こえるが、以前には青髭のところにだけすべての富が集中していたことを考えるなら、副次的とは言えない。兄たちは価値を引き上げられ、隊長［独語で「隊長」は「主要な人たち」と書く］となる。

メルヘンのこの第二の部分をもっと集合的なレベルで解釈するなら、優越と攻撃によって支配された状況においては、次のような行動様式が生じることを示している。つまり、この状況においてはまず、すべてのものが殺されるということに気づき、驚く。この父権的状況は、男性女性にかかわりなく維持される。男性であろうと、女性であろうと、根本的に関係がない。

距離を置くことが次の一歩であろう。自分の影響力を及ぼすことのできない相手といざこざを起こすのは単なる自我肥大であり、長い目で見てよく考えればどちらが強いかは明らかなことなので、距離を置かざるえない。しかし、距離をとるということは、同時に危険地帯にいることを知っていることも意味する。さらに手元にあって青髭の領域に属さない、すべての力を結集する必要がある。解決は強行できないし、徹底的に吟味されねばならない。この状況にいる女性にとって、たぶん姉妹との連帯が問題となるだろう。ひとたび青髭の周辺に嫉妬や権力争いが起こってひずみが生じれば、たいてい姉妹との連帯は自己価値感情の強化につながる。この強化に伴って、活発な抵抗が生じてくる。

一般的に言えば、このメルヘンでは、優越や破壊が支配的な状態から、いかに自由になれるかが問題となる。優越と破壊は外的にも内的にも見られうるし、たぶん互いを前提とするものだろう。

このメルヘンには関係のシェマも示されている。支配的で攻撃的で破壊的な夫がいる。そして夫の強さに同一化している妻がいる。しかしあるとき、妻は自分自身を本当には生きていないことに気づく。今日、非常に厳しく批判されているのは、この関係のシェマである。

それは〈関係のシェマ〉であるから、単に夫のみが責任を負うものではない、ということを意味する。このような状況にあると、よく、そのような青髭アニムスが夫たちに投影される。だが妻もまた自分と戦うのである。女性運動にとっても、私たち女性が青髭を単に投影して体験するだけでなく、私たちの中で青髭を体験し、もしそれが見いだされたならば、私たちの中で戦うことが重要である、と私は思う。

ここでまた、サド－マゾの関係とかかわり合わねばならない。その場合、このメルヘンはむしろ女性心理の側から、この問題に取り組んでいるように私には思える。

たとえばショルシュが彼の本『不安、欲求、破壊』(注4)の中で論じているように、サド－マゾの問題を広くとらえて見なければならないと思う。

そこでは、他人を支配することが問題となる。別の側面から言えば、支配されることと完全に服従することが問題となる。この立場は交換可能であったり、どちらか一方の機能が優勢になったりすることもありうる。社会が下位の人間と上位の人間の二つの層に分離されるやいなや、サディスティックな行為への道が開かれる。私たちは宗教裁判や戦争や拷問などから、そのことを知っている。

私たちの時代にも、隠された形ではあるが、権力－無力という「青髭モデル」が徹底的に機能している。学校、孤児院、刑務所、そして一部の家庭のことを考えれば、すぐにわかるであろう。

この関係において「本当のサディスト」、つまりいわゆる快楽殺人者が人々の中にどのような関心を引き起こすかが興味深い。その場合、自己のサディズムへの関心が見事に投影され、空想の中で十分に生かされると言えるかもしれない。

さらにショルシュはその著書の中で、快楽殺人者がその快楽のために違法行為をすることはほとんどないのであって、違法行為は防衛の破綻を表わしているということを指摘している。最初の防衛はサディズムを性欲に押しつけることであった。そうすれば、性欲以外の領域では正常に機能できるからである。

先の『魔法をかけられた姫』同様、このメルヘンにおいても、また現実においても、このサド－マゾの循環によって今後も〈関係〉が阻害されるだろうということがはっきりと示されている。そのメカニズムの内部においては、関係が問題ではなく、抑圧が問題になる。パートナーと一つになりたいと思いながら、同時に離れたいと思う。

ショルシュはサド－マゾヒズムを明白なパートナーの問題とみなす。サド－マゾヒズムは、私たち誰しもが自分自身との間にもっている関係に認められうることは明白であり、主観段階で言えば、〈抑圧したり〉、〈抑圧されたりする〉あらゆる形において見られる。

すでに指摘したように、そのことはパートナー問題として現われる。つまり、一方は強いと自覚し、そのようにふるまう。他方は弱いものとして、パートナーの強さに同一化する。たとえば父親の強さに同一化する子どもに比較しうるものだが、その際自らはますます弱いものとなる。ただ自分のことをあきらめるか、それとも強制的な無力状態（病気など）によって間接的に、そして最後には直接的に身を守ろうとするかもしれない。それは人助けの場合によくある関係のシェマである。そのような関係の問題性は、上に置かれているものの弱さと、下に置かれているものの強さが相手に投影されているということである。自分たちの人格に欠かせないはずの何かが、両方の人間に欠けているのである。そのような関係の解決は、一方の人間が自分の強さも、もう一人の人間は自分の弱さも見て、受け入れるようになることによって初めて可能となる。典型的な例はすぐに見つかる。どんな関係においても見事なサド－マゾの型があるし、分析関係においても、自分が犠牲になっていると受け止めるとき、そのような型が生じる。ある人が自分を犠牲にしていると思った場合、すぐ支配者の役割、またはサディストの役割が相手に委ねられる。相手は悪者にされ、そのことから犠牲者は身を守る権利と義務を導き出す。

こんな回りくどいやり方をとるのは何のためだろうか。答えはまったく簡単である。責任を負うことなしに、攻撃をわがものとする権利を手に入れるためである。とにかく、それで身を守ることができる。それとともに、まったく必要でない場所でも、権威を標的として作り出す。私たちは一方で権威を欲し、他方で欲しない。この両価性は、私たちが母親と父親をまだ必要とし、同時にもう自立したいと思うあの移行期の名残である。ここで問題となるのは、この段階の両価性にはまりこむと、自分の可能性が切り刻まれてしまうことなのである。

注1　ペローの初稿：ペローの『昔話集』に所収, Melzer-Verlag, 1976.

注2　J. Bolte, G. Polivka：Anmerkungen zu den Kinder-und Hausmärchen der Brüder Grimm（グリム兄弟の子どもと家族のためのメルヘンについての所見）, I, S. 409, Hildesheim, 1963.

注3　H.-J. Wilke：Autoritätskomplex und autoritäre Persönlichkeitsstruktur（権威コンプレックスと権威主義的な人格構造）, 以下の文献に所収。Zeitschr. für Analyt. Psychologie（分析心理学）, Nr. 8, S. 33-40, 1977.

注4　E. Schorsch, N. Becker：Angst, Lust, Zerstörung（不安、欲求、破壊）, Hamburg, 1977.

訳注1　殺人であって、その際に加害者が性的興奮を感じ、それを目的に犯行の行われるものを言う。（弘文堂「精神医学事典」より）

第７章

緑の乙女

――大きく変わる女性性の元型

ヴェレーナ・カースト

【はじめに】

このメルヘンではさらに、男女の関係にかけられている魔法の根底にあって、その関係を実りのないものにする背景が取り扱われている。私たちの文化において、「母なる自然」は否定的－悪魔的なものの中に押しのけられてしまっているが、そうした態度を根本的に変える必要がある。そのためには女性性、男性性の領域で新しい成長が必要であり、このメルヘンはそのモデルを示している。メルヘンでは、緑の乙女のような重要な元型的人物が属している領域で何かが起こるとき、それはいつも男性と女性の双方にかかわっている。だがこのメルヘンは、まず女性性の視点から語られている。

緑の乙女（注1）

年とったおばあさんがある話をしてくれた。そしてその話は本当にあったことだった。おばあさんは次のように話し始めた。

さあ。ちょっと私の言うことをお聞き。おまえたちがまだ聞いたこともない緑の乙女の話をちょうど思い出したよ。さあてさて、昔いろんなことが起こったんだよ。もし誰かが覚えていて聞かせないと、もうみんな忘れ去られてしまうだろうよ。ずっと昔、あそこの下の仮小屋のそのまた下にある風車小屋の階下に、貧しいほうき職人が、なかなかかわいらしいたくさんの子どもたちといっしょに住んでいた。貧しい人たちにはかわいい子がいるとよく言われてたもんだ。このほうき職人は、一番上の娘を森の中に連れていって、ほうきに使う柴を持って帰った。この子は、十三か十四になっていて、赤いほっぺたで、まっすぐな燃えるような目をしていた。それでこの子がどんな子どもかわかるだろう。その子は父親といっしょに森に行って、ほうき用の柴を採ってきた。風車小屋の前には、そのころすでにたくさんの白樺があった。そして、器用なルテーア人がそれでほうきを作った。太陽が山や谷を照らしてるのに、ひどく寒くなってきた。枝には氷がついていて、まるで純銀の棒がそこからぶら下がっているみたいだった。二人がもっと深く森に入ると、手前のほうには始めはもみの木があり、もっと奥に行くと広葉樹があった。突然、父親は驚いて立ち尽くし、大きなもみの木のほうを指さして言った。「アンナ、ごらん。あれはいったい何だろう」。女の子もそこに緑の乙女が立っているのを見た。その人は、緑の服、緑の手、緑の顔、そして真緑の髪の毛をしていた。二人はそれを見て不思議に思った。すると、その緑の女は二人のほうにやって来て父親にしゃべりかけた。「そこにいるおまえの娘を私によこさなくてはなりません」。そして、そう言うやいなや、緑の乙女は女の子といっしょに消えてしまった。男はびっくりして、始めはそこから一歩も動けなかった。そして我に返ると、「アウグスト、アウグスト、アウグスト！」と遠くから自分を呼ぶのが聞こえた。二、三歩離れたところに一頭の黄金の鹿が立っていた。男は自分の娘が鹿に変えられたんだと思って、それに近づいていって、鹿の角をつかんで捕まえようとすると、消えてしまった。同じことを三回やってみたが、鹿はいつも別のところに移ってしまった。ふと気づくと、ほうき職人は小さな小屋の前に来ていた。男は疲れていたし、こんなふうに無残に失ってしまった娘のことで心を痛めていたので、少し休もうと中に入った。するとそこには、緑の乙女が座っていて、そのからだは半分魚、半分人間だった。その周りには、石の脚をした小さな男たちばかりが小さな階段の上に座っていて、そしてさらわれた娘、つまりほうき職人の娘は戸口からあまり離れてない黄金の玉座に座っていた。ほっとした父親は喜びに満ちあふれ、子どもを腕に取り、そこから出て家に帰った。誰も追いかけてくる者はなく、彼はまるで頭に火がついたかのように走って、森をあとにし、無事に家族のところに戻ってきた。女の子は前から美しかったけれども、このことがあってからは、まさに、もう、まごうかたない美の天使だった。

この出来事は評判になって、人々はほうき職人にとても美しい娘がいると知り、何かの折に、このことは若い王の耳にさえも入った。この王は、一番美しく最高の女性としか結婚しないと心に誓っていたから、その娘と知り合い、后に迎えた。ただのほうき職人の娘だったが、そんなことはどうでもいいことで、王は娘を気に入り、娘も王を心から愛した。それはたいへんすばらしいことだった。もう互いに相手がいないと生きられないというほどで、顔を合わせたとたんに抱きあってキスをした。それは、ああ、とても心のこもった、心からの、細やかな、愛情のこもったものだったので、ついには人々は「私たちの王様ご夫妻ほど幸せな人はいない」と言ったものだった。

喜びと快楽のうちにこうして一年が過ぎて、若いお后は三つの黄金の髪の房をもつ王子を産んだ。それによって新たな喜び、大きな歓喜、優しい愛が生まれた。でも完全なものはない。一日目の夜に、緑の乙女がやって来て産婦に向かって言った。「子どもよ。私が苦しんでいたとき、おまえはどう思ったか？」そこでお后は答えた。「愛しいお母さん。私はあなたを見ていません」。すると、緑の乙女はかわいい王子を抱きあげて胸に抱くと、キスをしていっしょに姿を消してしもうた。国全体、父親も母親もそれを悲しんだ。いや、彼らは傷心でほとんど気が狂ったみたいになってしまった。でも一年後に、彼女は再びたまらなくかわいい王子をもうけた。その子は胸の上に黄金の星をつけておった。それでみんなまた喜んで満足した。けれどそれは長続きしなかった。また一日目の夜、緑の乙女がやって来て言った。「子どもよ。私が苦しんでいたとき、おまえはどう思ったか？」お后は答えた。「愛しいお母さん。私はあなたを見ていません」。その後、緑の乙女はまた子どもを連れて消えてしまった。新たな悲しみで、お后はほとんど正気を失っていた。その後、また一年が過ぎて、彼女は三人目の子どもを産んだ。その子は胸に黄金の鹿をつけていた。何日も前からすでに衛兵が置かれ、城全体は兵士たちに包囲され、部屋の前には上流階級の男たちが――侍従たちがいたかどうかは知らないけれど――寝ずの番をしなくてはならなかった。要するに子どもがまた連れ去られないようにと心配してのことだった。それにもかかわらず、一日目の夜の十一時頃になると、衛兵はみんな横になって、正体もなく眠りこけてしまった。そこにまた、緑の乙女がお后のところにやって来て言った。「子どもよ。私が苦しんでいたとき、おまえはどう思ったか？」お后は答えた。「愛しいお母さん。私はあなたを見ていません」。すると緑の乙女は子どもを連れて消えてしまった。

もうどうしようもなかった。民衆はお后が子どもを食べてしまったんだから焼いてしまえと要求した。王子たちが誘拐されたはずはないし、その上、子どもたちが連れ去られた次の朝はいつでも、ベッドやお后の手や口に血がついていたからだ。王はまったく認めようとしなかった。というのは、王は后をあまりに愛していたからだ。けれどどうしようもなく、ついには認めねばならなかった。そうでないと王も殺されてしまっただろう。さて大きな薪の山が立てられて、不幸な母親は連れられ、さらし台にくくりつけられた。司祭はお后の哀れな魂のために祈り、彼女を受け入れ、引き受けるように神に乞い、彼女を祝福し、薪の山から下りた。民衆は、魔女を焼くのを見ようと薪の山の周りにひしめいていた。楽士たちは身の毛のよだつような曲を奏で、みんなは薪に火がつけられ、お后の苦しみが始まるのを待っていた。そのとき、また緑の乙女が薪の上のお后のところにやって来て言った。「子どもよ。私が苦しんでいたとき、おまえはどう思ったか？」。お后は答えた。「愛しいお母さん。私はあなたを見ていません」。そのあいだずっと死刑執行人は薪の山に火をつけるのにてこずっていた。火をつけたくなかったのだ。緑の乙女は言った。「おまえはそうして黙っている。そして、薪の上で焼き殺されそうになってもまだ黙っている。だからこうしておまえも私も、黄金の鹿であるおまえの夫も救われたのだ。おまえの三人の子どもを返してやろう」。するとその瞬間、かわいらしい子どもたちは、縛られたままのお后のそばにいた。そしてお后のひざを抱きかかえて叫んだ。「お母さん。愛しいお母さん。私たちの立派なお父さんはどこですか」。彼女は子どもたちを抱きしめた。始め民衆は驚きで押し黙ってじっとしていた。そしてみんなはお后を薪の山から引き下ろして、びっくりしている父親のところに大喜びで連れていった。楽士は喜びの曲を演奏した。はい、これでおしまい。

メルヘンの始まりの状況では、まず貧しいけれどもたいへんかわいらしい子どものいるほうき職人が出てくる。たとえばドナウのメルヘン『黒い女』(注2)のような他のメルヘンと比べると、ここには際立った苦労はなく、なるほど貧しくはあるが、貧しさの中にも豊かさのある状況なのである。

メルヘンの始めにはほうき職人と娘がいるし、終わりには救われた緑の乙女と、救われた娘、王である救われた鹿、それと三人の男の子がいる。このことから明らかなように、ただ補償が生じているのではなく、〈広範囲にわたる〉成長が起こるかどうかが問題となっているのである。

この成長において、一方では行為の担い手としての娘が成熟し、新しいアイデンティティを見い出すのか、他方ではまた、男性性が魔法をかけられた状態から再び人間の姿を取り戻すのかということが問題となっている。それに三人の子どもが加わり、彼らは新しい世代における男性性を表わしている。しかし本質的には、「母なる自然」——この緑の乙女をどのような名前で呼ぼうとも——の領域における変化が重要なのである。これは他方では女性性〈と〉男性性の変容へと通じる。必ずそうなのである。メルヘンでは、非常に重要な人物の領域で何かが起こると、それは男性〈と〉女性とにかかわってくる。

これは、自然に対して異なる態度をとるようになると、関係も変わり、女性同様男性も一種の硬直して麻痺したような状態、つまり「魔法のかかった状態」から救われうるということを意味している。男性はこのメルヘンの中の鹿のように、たとえ「黄金」であっても、魔法がかかったままなのである。

メルヘンの全体的な意味について概観したので、個々の流れを理解していくことにしよう。

まず、始めに〈ほうき職人〉がいる。このような人はその本性に従って森と関係をもっている。彼は森で柴を採って来なければならない。彼には子どももいる。つまり生は彼を超えてさらに続いているが、妻については書かれていない。もし妻がいたとしても、明らかに彼女は重要ではないのである。

森の中で柴[注3]を探し集めるということは、つまり活力として柴を用いるということであり、それによって森はきれいになる。非常にきれいにとまでは言わなくとも、とにかくきれいにはなる。いずれにせよその背後には、象徴的に無意識の領域とみなされる森を何とかしようとする態度がある。せいぜい、自分が採って来られる柴を使うということではあるが、無意識に関して何かがなされたのである。非常にわずかであるにしても、無意識が利用可能になったのである。

森の中は、凍てつくような寒さである。すべてが凍りついていることを示唆している。この凍りついている状態は必ずしも意識に起因するものではなく、ただ冬の森の中にいるということのように思える。無意識は、凍てつくような寒さとは対照的なもの、つまり〈緑の〉乙女をも同時に生み出す。一方では凍てつくように寒いが、他方では緑の乙女――緑以上のもの――でもある。明らかにあらゆる緑が、この乙女の中に凝縮している。緑色は、自然、成長、春、ちょうどその時が来るまでただ待てばよい成長の色である。しかし、緑の乙女は完全に彼岸の領域の人物であり、「女神」でもある。娘が緑の乙女のことを「お母さん」と呼んでいるという事実から、別の特徴もわかる。つまり緑の乙女は「母なる女神」である。このような人物に出会ったときにふさわしく、父親と娘は驚く。

ここでの父親は、他の多くの類話のように娘を使って取引したりせずに、ただ娘を連れていかれてしまうだけである。

このメルヘンの〈父親〉は、娘とつながりをもっている。というのは、父親が娘を森に連れていくからである。おそらく、父 - 娘の緊密な結びつきがあるのだろう。父親は加えて、森ともかかわりをもっており、それによって無意識ともかかわりをもっている。それはしっかりとした深いものではないが、それでもやはり一応はもっている。しかし、全体的に凍りついた状態の無意識とのかかわりである。父親との結びつきをもつ娘にとっては、無意識は魅惑的なものにもなり、父親がその領域に導いていくのである。

娘が成長し、女性への成熟が生じてくる年齢にこのことが起こる。この見地からは、このメルヘンを一人の女性の成熟のメルヘンと見ることもできるが、何しろ寒いし、始まりが冬であるという特別な前提の下で成熟が生じている。これは決して普通のことではない。というのは、子どもであるということ、まだ女性に成長していないということを「寒い」とはとらえがたいからである。また別の立場から見れば、なるほどどこのメルヘンを成熟のメルヘンとして解釈することはできるが、それによってはこのような特別の現象を十分には説明できない。要するに私たちはこれを、絶対に特殊な成熟のメルヘンと見るべきなのである。「思春期」それ自体は何も特別なものではない。それはその時代精神のありように応じて全く、独特な具合に、また個人の問題の事情に応じて、いつも生じてくるものなのである。

しかし成熟のメルヘンを、より広い関連において理解することもできる。すなわち〈個人的〉な成熟としてではなく、〈全世代〉のそれぞれの成熟として、つまり本質的には進化として理解できる。それには新しく布置された元型に相応する新しいアイデンティティを確立するという目的が伴っている。主人公はこの集合的な出来事の担い手とみなされ、集合的に必要不可欠なものとなる。つまり、「そこのおまえの娘を私によこさねばならない」と。

すでに述べたように、ここでは「無意識」は「凍りついたもの」として特徴づけられており、生気を必要としている。それは、人間が突然新しい元型に引き寄せられるために必要な諸条件を作り出す――

それは、人間がそれを必要とするからだけではなく、〈元型〉のほうでも私たちを必要とするからである。

娘は連れていかれる。その代わりに黄金の〈鹿〉がそこにいる。まず父親は、この鹿の中に娘が隠されたと思う。ここでもまた彼は、無意識の法則について知っている人だということがわかる。私たちはたとえば神話の、黄金の角をもつ牝鹿を知っている。この牝鹿を生きたままでミケナイに連れてくるというのが、ヘラクレスの三番目の課題であった。

その当時も牝鹿は角をもっていなかったので、もしその一頭が角をもっていて、しかもそれが黄金だったとすれば、その牝鹿は聖なる存在であっただろう。アルテミスの仲間はゼウスを愛したので牝鹿に変えられた。その神話では、その牝鹿は〈逃げた〉。狩人がその珍しい動物を捕獲しようとしたので、有名な狩り場の向こうの、戻って来る道のないよその国に逃げ去ってしまった。ヘラクレスは彼女を一年間追いかけた。そしてアルテミスにも出会ったが、彼女は彼が牝鹿を捕まえたことを怒る。

メルヘンの中の鹿は、とりわけあちら側の領域へと人間を誘うという任務をもっている。『二人の兄弟』というメルヘンでもそうであるし、他の多くのメルヘンでもそうである。鹿は〈魅了する〉が、それに追いつくことはできない。鹿は、現実には追いつけない魅惑的な考えや、予感にたとえることができる。ところが、これこそが最終的にはコンプレックスへと導くのである。

この鹿は特に黄金だということで、何かとても本質的なものについての予感であるとまず伝えている。しかし、鹿は逃げ去るものであり、魅惑的であると同時に導き手でもある。そうして、鹿は父親を緑の乙女の家へと導く。付け加えれば、父親がずっと娘のことを心配するのは、このタイプのものではこのメルヘンだけである。

父親が疲れと悲しみから、ただ休みたいと思って入ってみた小屋の中には、緑の乙女が座っていた。つまり彼は、たとえば禁じられた扉を開ける必要はなく、逆に、緑の乙女、そしてとりわけ鹿のほうが、明らかに彼に見つけられることを狙っていたのである。確かに鹿は緑の乙女の領域に属している。このメルヘンでは、変化への衝動は明らかに無意識から生じているのだ。

部屋の中では、述べられているように〈緑の乙女は「半人半魚」〉である。似たメルヘンと比較すると、実際私たちがよく知っている水の精の場合とは違って、この緑の乙女は男性を求めないという点で特異だと思われる。緑の乙女はそんなことはしない。彼女は幼い娘を欲しがるのである。

このことは、このような水の精の変化や救済の別の形をほのめかしているか、あるいはその水の精が特別な水の精であるということを示しているかである。水の精は男性によって救われても、なおはるか昔の水の領域と部分的には結びついたままでいる。だから多くのメルヘンで、彼女はいつも金曜日か土曜日を空けておかねばならない。そうしておけば水の中に戻れるのである。彼女の結婚の条件は普通、夫は妻を探してはならない、決して妻を殴らない、また妻についてのどんな悪口も言わないということである。たいてい夫は約束を破り、しばしば妻は最終的に水に戻っていってしまう。ただ彼女はよく子どもを置いていくのだが。

このことから私には、この緑の乙女が〈娘〉を必要だと言ったのが、重要なことのように思える。

なぜ緑の乙女には娘が必要だったのかということは、さらに詳しく見ると明らかになる。彼女には脚がない。大地の上を進むことができず、水の中でしか動くことができない。このことは、無意識の中にあまりにも何度も沈まねばならない、あるいはあまりにも少ししか意識の中に現われることができないということを意味しているのであろう。このことは彼女が〈「処女」〉である、つまり子どもをもっていないということに見合っている。彼女は下半身が魚の尻尾なのだから、これは別に不思議ではない。ところが象徴的に言えば、それは自分の子どもをもつこと、創造的であること、つまり無意識的なものを意識的なものにすることが不可能だという意味になるであろう。階段の上の、石の脚をした小さい〈男たち〉もまた、このことをほのめかしている。グレートマザーの領域にいる小人は、次の神話で描かれているように、いつも創造的である。

レアがゼウスを産もうとする。そのとき彼女は一人である。彼女は大地の上に手をついて支えた。山が彼女の指と同じ数の精霊たちをよこし、彼らが助産をした。この助産をした者たちを後の人はダクティレンと名づけた。

「あらゆる物語において、ダクティレンは使用人であり、グレートマザーの道具であり、助産する者、鍛冶屋、魔法使いであった。彼らは、母親の大きさに比べ（器用な）小人とも呼ばれている」[注4]［ダクティルとはラテン語で「指」の意］。

このメルヘンの小さい男たちは、石の脚をしているので動けない。また創造的側面が石化しているので動けず、これは凍りついた森と類似している。つまり、この母親イマーゴの創造的側面が、本当に危険な状態にあり、この元型はまだ生の中にあまりにも少ししか現われていないということがわかる。このことは集合的に見ると、生があまりにも創造的でなく、特に女性の生において創造的ではないということである。このことから、娘の個人的な心理から見れば、母親になる可能性はあるが――彼女は十四歳になっている――、まだ完全には現実化されていないということがわかる。

ほうき職人の娘は今、扉からあまり遠くないところにある黄金の玉座に座っている。黄金の玉座には普通女王が座る。この娘はここではたいへん優遇された位置にいる。――〈黄金〉の玉座ということで、〈黄金〉の鹿との関連も生じてくる。このことはこの物語全体の中で、彼女が主要な位置を占めているということを意味しうる。そこでは、個人的な意識をはるかに超えた何かが問題になっている。

ところが父親は彼女を腕に抱き、すぐに彼女といっしょに立ち去る。父親は彼女を引き取る。大きな女の子をもう一度子どものように抱いたことから、父親は娘を自分の腕の中から運命へと解き放ちたくないということが示唆される。あるいは普遍的に理解すれば、まだ女性たちに自分の道を行かせないということを暗示している。

ほうき職人の娘の立場から言えば、すべてはどんなことを意味しているのであろうか。

文字どおり、彼女は元型によってとらえられている。より厳密に言えば、緑の乙女の元型によってとらえられているのである。私たちは、とらえられたのが母なる自然の側面であるということをすでに見てきた。娘は十三、四歳なので、女であること、母親であることと言ってもいいような観念が突然わいてきたと考えられるかもしれない。たぶん、彼女はファンタジーが豊かなために自我肥大を起こしているだけであり、自分が緑の乙女の国の、とりわけ成長とかかわる女性性の国の王妃であると思っている。おそらく彼女は、まだ何となく成長がうまく進んでいないと感じていたのであろう。

それにもかかわらず、そこで彼女はたとえ束の間であろうとも、王妃として扱われる。すべては彼女にとって夢のようであっただろう。というのは、父親が彼女をすぐに連れ戻し、彼女を再び小さい子どもにし、以前の現実へと連れ戻すからである。この行為の流れにおいて、父‐娘の結びつきの、守ると同時に妨げる機能が巧みに描かれている。娘のほうが無意識の魅惑に夢中になっているのに対して、そもそも父親というのはそうなのだが、父親のほうはその危険性を知っているので、彼女を再び〈小さい子ども〉にする。しかし、彼女はファンタジーによって、女になるということのすばらしさと、同時にまた女になることが妨げられていることをよく知っている。彼女は自分の生の背後のすばらしさと、それが制限されていることを認識してしまった。だから、たとえ父親がもう一度彼女を連れ戻しても、彼女はすでにこの領域に属しているし、密接な結びつきをもっている。それは、石の脚と魚の尻尾が消えるまで、布置されたままである。

娘は今や以前より美しい。緑の乙女のところへと連れ去られた後、彼女はより成熟した。そしてそれゆえに、おそらくより美しくもなった。ほうき職人の娘は自分自身の中にあるグレートマザーである「自然」と直面させられ、身をもって体験した。そして彼女は、自分はこの領域とかかわっている、自分の生の中にこの女神のための場所がなければならないと、おそらくただ一度だけ、おぼろげに思いついたのであろう。たぶん、とにかくこの女神を通して何か永遠のものがはっきりとし、そして本質的にこの女神に頼らざるをえないと感じたことが、彼女を内的に変え、「黄金の輝き」を彼女に与えるのである。

類似のメルヘンの場合のように、森の中をさまようという結果にはならない。成長が始まったようだ。若い王は何らかの方法で娘のことを知り、彼女と結婚する。そして二人は深く愛し合う。今やその若い女性は美しいだけではなく、緑の乙女に心を奪われてしまい、おそらく緑の乙女とその世界に同一化してしまっているのであろう。

これは何を意味しているのであろうか。緑の乙女の小屋では、男性性と女性性とが共にあった。結末から鹿は魔法をかけられた男性であることがわかるし、小さい男のことを私たちは知っている。ほうき職人の娘は、男性性と女性性とが分化していないので、この全世界を投影するであろうと推測できる。それを夫以外の誰に投影するであろうか、他にはいない。これはとても驚くべきことに聞こえるであろうが、実際には、彼女にとって夫は、緑の乙女でもあるはずだということを意味している。彼女の夫は、この投影を十分背負い込みうる。それは彼もまた緑の乙女の領域に属しており、また結末からわかるように、黄金の鹿としてこの元型的領域からまだ解放されていないからである。ここでも再び、生に欠かせない本質的なことが排除されれば、それはつねに両方の性にかかわってくるということが見られる。

このような夫への投影は、どちらか一人、あるいは二人ともが母親元型からほとんど解放されていないようなパートナーシップで、実によく見られる。この場合、女性の視点から言えば、パートナーが夫であると同時に母親であるということを望んでいるのである。このことは現実の状況では、夫に過大な要求を背負わせてしまうことになる。母親との分離と女性性の意識化が、夫を経由して間接的になされ、母親が夫の中で克服されるような場合にはなおさらである。

もちろん、このことすべてを男性性の側から説明することもできる。男性はまず母親だけではなく――それを決して過小評価するわけではないが――父親をも女性の中に投影し、彼女の中で克服しようとするのである。そこから男性のアニムスアレルギーの説明がつくのである。

メルヘンはこの状況を克服せねばならない女性について語る。そこで私たちも、この見方を続けたい。語り手のおばあさんは、ほうき職人の娘と王子の間のとても大きな愛情を強調した後で言う。「完全なものはない」と。このことは、根本的に二人が明らかに「緑の乙女の世界」の全体性を互いに相手に投影することによって成り立っているであろう愛情は、なるほどとても美しくはあるが、ずっと続くものでないということを示している。

さて、ほうき職人の娘は緑の乙女の世界との関係を如実に示す子どもたちを産む。このことは、あたかもこの子どもによって緑の乙女の男性性の部分、つまり黄金の鹿の部分が、現実の世界の中で人間化され、この世に生み出されたかのようである。無意識（動物の形）における石化と固着は解かれたかのように〈見える〉。

こうして私たちは、これまで王を現実の男性として分析してきた。また彼はそう意図されているのかもしれないが、もう一度主観段階ですべてのことを見てみなくてはならないように思う。

女性性の元型と男性性の元型とが、まだ十分互いに分離していないというのは思春期の特徴である。

それゆえ思春期の人たちは大いに両性具有的であり、また徹底的に雌雄同体的にふるまう。女子の場合は、「アニムス」――最も広義においての「アニムス」であり、普通なされているように否定的にはとらないでほしい――が結晶し、成長し始めている。実際には、それは現実に男性たちと知り合いになりたいという娘の欲求でわかる。また精神的なつながりや、いっしょに暮らすことにおけるつながりに興味をもったり、この成長段階で初めて感受性への憧れが強く出てきたり、この感受性の探求に魅惑されたり、もしこの意味が明らかにならなければ大きく絶望したりするということでも少なからずわかる。まだ依然としてアニムスはグレートマザーと結びついたままなので、すべてが少し極端である。魚の脚をもつ緑の乙女の姿をしたグレートマザーが出てくるこのメルヘンでは、成長や自然の発育に重きを置いていると見てもよいが、同時にそれは抑制とも関連している。魚の尻尾をしており、まだ「青い領域」つまり「水の領域」に属する緑の乙女が、本当に「緑の領域」――緑という色はとりわけ植物の領域を示している――へ入っていくことができるかが問題である。ここでは、おそらく生の中に無意識を取り入れること、女性性や自然を強調することを重視しているのだろう。もう一度、凍てついた森という始まりの状況を考えてみると、それらとうまくつきあっていくことはかなり難しいことである。もし「動物を支配する女性」が登場すれば、何か別の点が強調されることになるであろう。

緑というと当然まだ熟していない状態、緑の実のことを思いつく。緑の乙女と類似性をもつ人物がいる。たとえば、アステカの緑のマルス神の像（シペ）は、戦いの神でもある太陽神（ウィツィロポチトリ）になる。太陽神は中心的な神である。また、緑のオシリス（エジプト）も黄金の太陽ラーへと姿を変える。緑から黄金へのこの変化をこのメルヘンに置き換えれば、そこにはおそらく意識的な生において中心の位置を占めていると思われるグレートマザーの、本質的な側面が布置されていることが明らかになる。

このような変化は、メルヘンのプロセスでは子どもの誕生によって起こるように思える。こういった子どもたちを見れば、彼らは緑の乙女の領域やとりわけ鹿、〈黄金〉の鹿の領域を生の中に組み込んで成長していくための試みであることがわかる。一番目の子は三房の〈黄金の巻き毛〉をもっていた。黄金の領域は緑の領域に属していることを私たちは知っているが、その重要性を表現している。

まず〈巻き毛〉は、ただ頭から生え出てくるだけのものであり、私たちの意識的な考えや意志の影響は受けていない。つまり自律的なプロセスである。ゆえにしばしば髪の毛は、浮かび出てくる予感、自律的に生じてくる思考と同じものとされる。この一番目の〈子ども〉は、鹿をも含む緑の乙女の領域が自分自身の中にも存在するという初めての予感を表現する。鹿はもともと緑の乙女の活動的な側面であり、この側面を経て彼女は生の中に引き入れられうるのである。この予感によって新しい生の可能性を思いつくかもしれない。

それは実際的には、女性が突然次のようなおぼろげな予感をもつことを意味している。自分の中にも本来母性があり、もはや探したりする必要はまったくない、そして子どもを産んで、手放すという生のつながりにおいて、自分は非常に意味をもって存在している、そしてそれはたとえ外的な状態がまったく十分ではない、つまりどう見ても母親らしくはなくてもそうなのだという予感である。

この子どもは若い女性からまたすぐ奪われてしまう。恐ろしい始まりを起こすこの予感に満ちた知は、本来石化が止まるところから始まり、それゆえ新しく生まれた子ども同様に本質的でありうる。これらすべては再び、緑の乙女に取り戻される。なるほど新しい体験はされるが、それを維持することができない。緑の乙女は子どもをさらうが、ここでは類似のメルヘンとは対照的に、その背後にまったく別の姿勢がある。たとえば黒い女は、子どもをズタズタに引き裂くし、あるいは特に残忍なイタリアのテキストにおいては、子どもが壁にたたきつけられる。しかしここでは緑の乙女は子どもを胸に抱きしめキスをする。森の中で娘を必要としたように、今、緑の乙女は子どもを必要としているようだ。この子どもの誘拐は「おまえは苦しんでいる私を見たか？」という質問と結びついている。苦しんでいるというのは、おそらく救われていない状態を意味しているのであろう。そして后は「愛しいお母さん。私はあなたを見ていません」と答える。

次に、沈黙についてさらに詳しく見てみよう。真実を言うとは、その娘が女神である緑の乙女に、緑の乙女がもうとっくに知っていることを言うしかないということである。そうでなければ、そもそものような質問はできなかったであろう。つまり沈黙しているときに問題なのは、ただこの緑の乙女に対しての態度であって、決して黙っているかどうかという事態ではない。娘が見なかったと申し立てることは、払われるべき敬意を表現しており、そして「愛しいお母さん」ということばは緑の乙女の良い面を思い出させる。この娘は、自分の子どもが緑の乙女にさらわれるのを見たけれども、明らかにそれについては何も言えない。他のメルヘンでは、娘の耳が聞こえ、目が見えるのであっても、少なくともその瞬間だけは口がきけなくなって、より劇的に表現されている。ここでは、娘は自発的に沈黙を保っている。

つまりここで問題なのは、人間が神の苦しみを知っており、その救済の必要性について知っているが、知っているということを黙っているかどうかなのである。それは、人間が神に対して尊敬の念をもっているということを示す正しい行動だったのであろう。

神々に対してのこの行為は、次の二つのことを含んでいる。一つは神々はつねに、救われねばならないし、人間に受け入れられ、生きられねばならないという側面をもっているという知であり、もう一つは、最終的に神々は、私たちよりはるか遠くにまで及んでいるという知である。

おそらくまた、別の要素もあるだろう。神の強さをまともに体験すると、すなわち生の中に容赦なく神が介入してくると、人は無視できず、もはやまったく生きていくことができなくなるであろう。見ていないという防衛機制のみが、人間を生かしている状況もあると思われる。それにもかかわらず、見てしまったのである。

このメルヘンのこの点については、次のようなことを感じ取ることがたいへん重要である。創造的になること、つまり広義において母親になることを強いられるが、元型的な母親は魚の尻尾をもっているし、彼女といっしょにいる男性たち、つまり助産する者たちは石化した脚をもっているから、簡単にはうまくいかないということである。

集合的に見ると、女性は女性としての運命を引き受けるしかない。それもあたかも自分の内面から布置されたかのように。つまり、自己実現のほうへと強いられるのである。そして同時に、この点では、女性はさしあたり目に見えるものは何も生じえないと感じずにはおれない。緑の乙女は生まれたばかりの子どもを取り戻す。

「子どもを連れ去ること」は、別の側面から言えば「手放さねばならない」ということである。それは母性の領域に属する。人間は子どもを身ごもり、産む。人間は子どもたちを育てるが――ある意味では〈もっている〉のだが――、自分にとっては大きくなりすぎる。手放すことができるということは、ちょうどそれまで保護することが重要だったのと同じように重要である。

メルヘンにおける子どもをさらう人物の背後には、ラミアの神話が認められる。ラミアはゼウスを誘惑し、嫉妬したヘラはラミアが死んだ子どもしか産めないようにした。(注5) それ以来彼女は、妊婦を脅し、子どもをさらい、殺す。つまり、私たちは死の女神としてグレートマザーを遇するようになる。同時にこの問題の背後には、「母親の呪い」があるということがわかる。

二番目の子どもは、胸の上に黄金の〈星〉をつけていた。ここでは確かに黄金がいっそう中心になっているし、またこの子がどのような星のもとに生まれたかも明らかである。星ははるか遠くに離れてはいるが、暗闇の中の光である。つまり本質的には無意識からの光なのである。天の住人としてそれらはいわゆる精神性を有している。再び黄金の鹿の化身が現われることをまだ知らなくても、ここで黄金のシンボルそれ自体によって、私たちはそのことをこれらの子どもの生まれついた他のシンボルや徴候から推測できる。

三番目の子どもはついに黄金の鹿を胸の上につけていた。私たちは、すでに物語の始まりからこの黄金の鹿はいつも緑の乙女のもとにいるのを知っているし、終わりからは黄金の鹿は魔法をかけられた王であることがわかる。つまり子どもは帰り道を見つけ、戻って来るであろうと考えられる。

この子どもが誕生してからは、確かにまだ完全ではないにしても、鹿の側面も生きられることになるだろう。子どもはなるほど再び奪われる。しかしそのことが意味するのは、次のようなことである。つまり、鹿――アニムスの本質的な性質は、くり返し無意識の深みへと導き、誘うことのように思えるが、それが受け入れられるのである。これで、必要なときはいつでも、グレートマザーへの道を、自由に通うことができる。

それにもかかわらず、〈薪の山のシーン〉が次にくる。それまでは后に無限の悲しみが降りかかるが、それでもなお彼女は起こることを受け入れているという感じだった。いったい彼女は他に何ができたであろうか。これは、ずっと何か本質的なものを予感しているが、まったく形にもできず、表現することもできないあの心の状態と比べられる。つまり「沈黙していなければならず」、本質的な体験をするが、すべてを繰り返し繰り返し失うことを意味している。せめてそういった体験がなかったならば、耐えやすかったであろう。

民衆は后を人食いだと思い、そこにどのようなプロセスが展開したのか見抜くことはない。〈民衆〉もまたつねに人格の一側面であり、内に入って見ようとはせず、外から近づいてみるだけの側面、これまでいつもやってきたことに合わないからといって、普通でないものは理解しないという普遍的な側面である。内的な法則に苦労して接近するには時間と莫大なエネルギーがいるが、意識の世界にはほとんど何も残らない。そうであれば、ある日突然、自ら腹立たしくなって、この状態すべてを一度薪の上に投げ捨ててしまおうとするのは不思議だろうか。その意図するところはこうである。すべてのことはあまりに実りがないので、ついにそれをやめてしまうということである。そういうふうに人間の中の「民衆」は考える。根本においては、人は無意識のずっとはるかに深い意図に応じているのである。人が古い状態と新しい状態のどちらも望むような状況は終わりにしなくてはならない。さてこれまでのままの人間でいるのか、あるいは新しい自我になるのか。本当に変化が起こるのであろうか。この薪の山の判決を甘受することの中に、新しい自我への連帯感から自分が燃やされることへの覚悟が、絶対に見える。たとえそれが、人に何ももたらさなかったとしても。

しかし、まさにこの連帯感への固執が救済を引き起こす。そしてその結果、自分自身の中のこの本質的で自然な側面に適切な態度をとることによって、女性は母性の成長と衰え、愛情、豊かさ、育み、そして死と取り組むことができ、それを受け入れることができるようになるのである。大きな葛藤、大きな脅威の瞬間に、大きな変化、大きな再生が生じる。子どもたちは彼女のところに戻って来る。彼女が自分の存在を犠牲にして、たとえそれが彼女を殺すことになっても、自分の中の女性的、神的なこの側面に対して真剣であることを証明した瞬間に、彼女にとって実りあるものが生じる。そこで緑の乙女は救済される。明らかに、未成熟の状態から成熟した状態へと移行したのである。それはまた、鹿をも救済する。

しかし、鹿は彼女の夫であった。つまりこのことは、この関係が今「救われた」ということを意味している。すなわち一方では、緑の乙女によって象徴される、これまで無意識で、また、女性性、彼女自身の中にあり、これまで彼女が関係の中に持ち込んできた女性性からの救済であり、他方では男性性の側面も共に救済されたのである。女性性の救済と、男性性の救済とは明らかに互いに分かつことはできない。

この際この鹿は、彼女〈自身〉の男性性の側面であるが、また、メルヘンを普遍的な出来事として解釈すれば、男性性の一般的な問題の側面も意味しうる。すなわち、この緑の乙女への固着は、男性にとっては心的去勢を意味しうるが、また同時にこの固着の裏には、黄金がほのめかしているように、何かとても本質的なものが隠されているということも意味する。

メルヘンをもう一度概観してみるならば、おそらく思春期のメルヘンとして見ることができる。しかも、意識の世界が凍りついているような、そういう状況における思春期のメルヘンである。しかしそれは、〈非常に〉広い、〈普遍的〉に重要な思春期メルヘンでもある。つまり、ある世代すべての女性、いやおそらくはいろいろな世代にわたる女性が、このメルヘンが予知する方向へと行かねばならないという意味においてである。それは、新しいアイデンティティの発見の方向である。ここでは単に季節的に「寒い」だけではない。若い男性性がまだグレートマザーの領域におり、しかもそれは人間の形ではなく「黄金の鹿」の姿をしている。意識はなるほど自然に対するあり方を革新する何らかの必要性に気づいてはいるが、積極的に動いたのは無意識の側面としての緑の乙女であった。ある元型が布置され、女性たちを彼女の魔力へと引き寄せる。私が思うに、これは今日にとてもよくあてはまる。女性が魔女と同一化しているような、極端な女性運動に、おそらく最も際立って見ることができる。魔女の家にいっしょに住めるよう準備するならば、当然それが適当なのか、そして魔女元型の変化に役立つのかどうかが問題となる。このメルヘンでは、次のことがとても強く表現されているように見える。すなわち、自分が元型の家の中にいるということを知り、元型の中にある価値を見なければならないが、これまでのその家との関係を失わずにそこから出てこなければならない。そこに布置されている新しい世代にとっての運命となるような元型との連帯を失うことなしに、そこから再び出てこなければならない。緑の乙女が魚の尻尾をもっているということが示す問題は、女性性はさしあたり無意識のままでいなければ〈ならない〉ということ、そしてそれと結びついている創造性もまた、いっしょに凍りついているということである。緑の乙女――固執とは対照的な成長と消滅――は共に生きていこうとする。アニムスはこの状況においては鹿に姿を変えられている。なるほど黄金色ではあるが、まだ鹿であり、人間ではないので、現実に影響を及ぼすことはできず、むしろ魅惑しながら不合理の中へと導きうるものである。これらすべては、緑の乙女が生から遠ざけられた結果である。

私たちはメルヘンをもっと〈個人的〉な見地からも考察できる。父との結びつきによって女性への成長が妨げられている。そこでは、さしあたり娘は何らかの確かな利益を得ることはできないものの、魅惑的なアニムスである黄金の鹿が一歩一歩現実の中へと育っていくかどうかが問題となっている。このことは、個人的なアニムスがグレートマザーの中から成長していかねばならないということを意味している。それによって関与するものすべてが変わるのである。そして娘は関係をもつことが可能になる。

個人的なアニムスが成長しないかぎり、すべてはいつも緑の乙女によって奪い返される。それゆえ人格の成長には、集合的アニムスではなく個人的アニムスが絶対に必要なのであり、個人的アニムスの成長につれ、人格はそのつど必要なだけ母親元型から解放されうる。

この個人的な解釈は比較的〈普遍的〉なものへと移しやすい。つまり今日、非常に多くの男性が母親コンプレックスをもっているということはよく知られている。「魔法のかかった鹿」は、現代の現実の中にいる。それが黄金であるかどうかは別の問題である。メルヘンの示している関係が、男女間の関係の型を示しうると仮定してみよう。共に、グレートマザーの布置のもとにあり、両者が全世界を互いに投影し合い、満たそうと望んでいる。この意味において、メルヘンはまず男性についてではなく、女性について述べる。女性にとってこの状況では、アニムスを成長させ、それによって独立し、そうして母親から成長していき、少なくとも男性との関係に母性が必要でなくなることが重要である。個人的なアニムスは保護も提供してくれる。そうであるから、男女のパートナーシップは、一人の人間が相手に与えることができ、与えねばならない保護〈以上〉の保護を与える必要はないのである。結婚は保護施設ではなく、真のパートナーシップであるべきである。

女性は元型への義務を負っていることを知っており、またそれと距離をとり、そしてその上、自分の命をかけてこの元型との連帯を失わないようにする。というのは、彼女はそうすることによってこそ、この元型の成長プロセスに関与するからである。同時に、彼女は元型との間に一線を引きもする。それによって男性もまた、より自由になるのである。

明らかに、主な仕事を引き受けねばならないのは女性であると思われる。グレートマザーとの対決には男性よりも女性のほうがずっと近い。それは彼女の元型であり、彼女のアイデンティティの背後にある元型だからである。

私はこのメルヘンは、魔法をかけられた姫のメルヘンとは対照的だと思う。すなわち後者では〈男性〉が成長を始めねばならないということが明らかに示されている。

物語の語り方が示しているように、明らかにこのメルヘンは、ロマン主義に由来していると思われる。それにもかかわらず、今日の私たちの普遍的な問題にぴったりとあてはまるというのは特異であり、注目すべきである。私の考えでは、その理由は第一にはよく似た布置が繰り返し登場するからで、それを当然私たちは、現在布置されている――私にもだが――元型の意味において解釈するからであると思われる。そしてまた、ロマン主義の中でかつて起こった解放への衝動から今日までずっと成長してきたものも当然、今一度吟味されるべきであるからだ。

注1　Harzmärchenbuch（ハルツ地方のメルヘン）, August Ey（編）, Stade, 1962. メルヘン解釈への最初の刺激は、マリー - ルイーズ・フォン・フランツの『黒い女のもとで』という論文が与えてくれた。Laiblin（編）, Märchenforschung und Tiefenpsychologie（メルヘン研究と深層心理学研究の方法）, S. 324 f.

注2　Die schwarze Frau（黒い女）. 以下の文献に所収。Mdw：Märchen aus dem Donaulande（ドナウ地方のメルヘン）.

注3　「ドイツ民間信仰事典」（Handwörterbuch des deutschen Aberglaubens）によればシラカバの緑は生命の技とされており、明らかに生き生きとさせる機能をもつ。

注4　K. Kerényi：Die Mythologie der Griechen, Bd. 1, S. 69, dtV, 1968.（K・ケレーニイ『ギリシアの神話』植田兼義訳、中公文庫、一九八五年）

注5　Jung, Symbole der Wandlung, S. 318（C・G・ユング『変容の象徴』上・下、野村美紀子訳、ちくま学芸文庫、一九九二年）参照。

第8章

沈黙を心得た鍛冶屋の娘
――受難の問題について

イングリット・リーデル

【はじめに】

このメルヘンの中では、自殺しようとした父親がグレートマザーと出会い、それによって初めて立ち直ることができる。個人的レベルにおいては父親のために傷ついた少女のコンプレックスとして表現されるものが、集合的レベルになると、キリスト教の影響下にある私たちの文化の全体的なコンプレックスとして現われてくる。自然でありまた暗黒でもある女性性の側面が切り離され、それとともに、芸術や宗教の体験を含む男性の感情という側面も切り離されているというコンプレックスである。このメルヘンが示すのは、大いなる女性性という領域における意味ある変容であり、これこそが男性性の中で生き埋めにされた価値をも解放してくれるはずである。このメルヘンを、ヨーロッパ文化圏全体に分布している類話と比較するとき、この変容はいっそう深い印象を与える。このメルヘンでも変容過程の担い手は女性の主人公であるが、それはその過程が女性性の元型から出たものだからである。

　このメルヘンは、前章のメルヘンと筋がよく似ているが、出発状況はまるきり違う。つまり心的問題の布置はまったく別物なのだ。だから、筋は似ていても、その背後の成長過程は異なる。一つの象徴の背後にたった一つの解釈しか認められないのではない。それでは、他の解釈ではなくなぜこの解釈なのかということは、その象徴を問題にする人による。それと同様にメルヘンも、非常によく似て見えたとしても、解釈の仕方が一つしかないわけではないし、すでに述べたように、語り手次第、解釈する人次第である。

沈黙を心得た鍛冶屋の娘（注1）

昔あるところに貧しい鍛冶屋がいた。持ち物といえば、荒れ果てた古い小屋と、おかみさんと、お腹をすかせた大勢の子どもたちだけだった。最後に残った七ゾウスで鍛冶屋は縄を買った。それで首を吊ろうと思ったのだ。鍛冶屋は森の中に行き、丈夫な枝を選び、縄を結びつけた。首に縄をかけたとたん、黒い女が、まるで地の底から立ちのぼったかのように彼の目の前に現われ、こう言った。「鍛冶屋よ、やめなさい！」

鍛冶屋が不安に駆られて縄をほどくと、黒い女は消えた。女が行ってしまうと、鍛冶屋はすぐにまた枝に縄を結びつけ始めた。

だが今度もすぐに黒い女が現われ、指を立てて鍛冶屋を脅した。「鍛冶屋よ、言っただろうが。やめなさいと！」

鍛冶屋は再び縄をほどいて家に向かった。だがその途中でこう独り言を言った。「家には食物は何もない。やはり首をくくることにしよう」。

鍛冶屋はもう一度、一番丈夫な枝を探し、新たに縄を結びつけ始めた。

だがまた今度も黒い女が彼の目の前に、まるで地の底から立ちのぼったかのように現われた。女は鍛冶屋に強い調子で尋ねた。「鍛冶屋よ、どうしておまえは私の言うことをきけないのです？」

「あんたの言うことをきいたところで何になると言うんだ？　どのみち俺たちは皆飢え死にしなきゃならんのだから」。

すると黒い女は、「おまえたちは飢え死にしたりはしないよ」と答えた。「私がおまえの欲しいだけのお金をあげる。ただし、おまえの家にあって、それがあることをおまえがまだまったく知らないものを、私にくれるという条件つきだけど」。

鍛冶屋はこの奇妙なことばに驚いたが、金貨がいっぱいに詰まった大きな袋を黒い女が差し出すと、感激して礼を言い、これ以上ないくらいの早足で家へと歩き始めた。

「でも約束を忘れてはいけないよ」と黒い女は繰り返した。「おまえのところにあって、おまえが知らないもの、それは私のものだ。七年たったらそれをもらいに戻って来るからね」。

「自分の家に何があるかはよーく知ってるさ」と鍛冶屋は笑いながら言った。「万が一おれのまだ知らないものがあったなら、どうぞ取ってくれたらいい」。鍛冶屋は家に着くと念入りに金貨を積み上げた。すると金貨はでっかい山になった。鍛冶屋の喜びも同じようにでっかくなった。

すると、鍛冶屋のおかみさんは「わたしらのかわいい金髪っ子が幸運を運んできてくれたんだね」と言い、すばらしくきれいな女の赤ちゃんを夫に見せた。その子の髪は金髪で、額に金の星があった。それは生まれたばかりの鍛冶屋の末娘だったのだ。

鍛冶屋は急に落ち込んだ。黒い女が何を言おうとしていたかが今やっとわかったのだ。

年月は過ぎ去り、金髪っ子はとてもかわいらしい女の子になった。そのことは両親の幸福でもあり、また不幸でもあった。

女の子が七歳になったとき、黒い馬車が家の前に止まり、中から黒い女が降りてきた。

「おまえの小さな娘をもらいにきたよ」と女は鍛冶屋に言った。女は娘の手を取り、馬車に乗せた。

両親、兄、姉たちは泣いて頼んだが無駄なことだった。黒い女は決して気を変えなかったのだ。黒い御者が鞭を打つやいなや、黒い馬車は走りだした。

馬車は長い長い間走って行った。寂しい荒れ果てた地方を過ぎ、たいそう暗い森を抜け、そうしてとうとう黒い城の前で止まった。

「この城はおまえのものだよ」と黒い女は金髪っ子に言った。「この城には百の部屋がある。そのどれも見ていいけれど、最後の部屋だけはいけない。もしその中に無理に入ったなら、良くないことがおまえに起こるだろう。私は七年後にまたおまえを訪ねてくるからね」。そうして女は黒い馬車に乗って再び旅立った。

金髪っ子は不幸ではなかった。何と言っても九十九個の部屋の主だったのだから。百番目の部屋はただの一度ものぞかなかった。

気がついたら思いがけなくも七年が過ぎていた。

ある日黒い女が馬車に乗って現われ、娘に尋ねた。「最後の部屋に入ったかね？」

「いいえ」と金髪っ子は、うそではなしにそう答えた。

「私の言うことをよく守ったね。七年後また私は戻って来る。今度も言うことを聞いたら、おまえをとても幸せな娘にしてあげよう。でももし百番目の部屋をのぞいたなら、死ぬよりも悪いことが起こると覚悟せねばならないよ」。黒い女はこの脅しのことばを言い放つと、再び黒い馬車に乗りこみ、七年間は姿を見せなかった。

この七年間も矢のように過ぎ、黒い女が帰って来る日が来た。金髪っ子はとても幸せだった。黒い女はきっと祝いのことばを述べてほうびをくれるだろう。でも金髪っ子の耳に突然不思議な音楽が聞こえてきた。「この城の中で誰がこんなに美しい音楽を奏でているのかしら」と金髪っ子は考えた。音楽の聞こえてくる方向に歩いていくと、百番目の部屋の前に来た。金髪っ子は自分がそうしていることに気づかないで戸を開け、敷居のところであっけにとられて立ち止まった。そこでは十二人の黒い男がテーブルの周りに座っており、十三人目が立っていたのだ。

「金髪っ子よ、小さな金髪っ子よ。何ということをしたのだ！」と十三人目が叫んだ。

金髪っ子は怖くなって、心臓がもう少しで止まりそうなくらいだった。「私は今どうしなくちゃいけないの？」と金髪っ子はつぶやいた。

「どんなことが起ころうとも、ここで見たことについては誰にも一言も言ってはいけないよ。それで初めて、おまえの犯した過ちは許されるのだ」。

金髪っ子は部屋の戸を閉めた。と同時に、黒い馬車が城の前に走って来るのが聞こえた。

「百番目の部屋の中でおまえは何を見たのだ？」黒い女は何が起こったかすぐさま知って、そう尋ねた。

金髪っ子は黙って首を振った。

「よろしい。言わないつもりなら、これからずっと口がきけなくなるがいい。おまえは私としか話せなくなるからね」と女は非難し、女の子を城から追い出した。

金髪っ子は歩いていったが、とうとう疲労のあまり倒れてしまった。たどりついた場所は美しく、一面緑の牧場だった。金髪っ子は草の上に突っ伏して泣きに泣き、やがて眠りに落ちた。するとそこへ、その国の若い王様がやって来た。王様はそのあたりで狩りをしていて牧場を通りかかり、この娘が眠っているのを見つけた。娘はとても美しかったので、王様はたちまち好きでたまらなくなった。そして、娘は口がきけなかったけれども、王様は娘を馬に乗せ、城へと連れていった。まもなく王様は娘と結婚し、娘は王妃となった。

金髪っ子は城で幸せに暮らし、一年後息子を産んだ。この王子は金髪で、額に金の星があった。城中が王子の誕生を喜び祝った。

ところが最初の晩が明けないうちに黒い女が若い王妃を訪ねてきて、こんなことばで王妃を脅した。「百番目の部屋で見たことをすぐに言わなければ、おまえの息子を殺してしまうよ」。

金髪っ子は絶望の極みに立ったが、それでも、十三人目の男が、もし黙っていたら許されると彼女に約束したことを思い出した。金髪っ子は首を振って黙っていた。

黒い女は生まれたばかりの赤ん坊を揺りかごからひったくって殺し、子どもの血を金髪っ子の口に塗りつけた。

そうして黒い女は死んだ子どもを連れて姿を消した。

翌朝、王妃の口に血がついているのを見て誰もが驚いた。

「王妃様が子どもを食べてしまったなんてことがありうるだろうか？」皆驚きでいっぱいになっ

て考えた。だがそのような非難をあえて口にする人はいなかった。王様ですら何も言わなかった。そして金髪っ子も相変わらず黙ったままだった。

一年後、金髪っ子は女の赤ん坊を産んだ。その子の髪は金色で、額に星があった。城の人たちはたいへん喜んだけれども、一年前に消えた兄同様、この女の子も消えてしまうかもしれないと皆恐れた。そこで王様は金髪っ子の部屋の前に見張りを立たせた。でもそれは無駄だった。夜のうちにまた黒い女がやって来た。

「城の百番目の部屋の中で見たことを言わなければ、おまえの子どもを殺してしまうよ」と女は声に脅しを聞かせて言った。

金髪っ子は激しく泣き、首を振って黙っていた。

黒い女は小さな女の子を取り上げて殺し、子どもの血を金髪っ子の口に塗りつけ、小さなきがらを抱いて消え去った。

翌朝この知らせを聞いて城の人々は皆恐怖に襲われ、王様は王妃を城の前で火あぶりの刑に処するように命じた。

金髪っ子は激しく泣いたが、口がきけないままでは抵抗することもできず、また誰も彼女に哀れみをかけなかった。

死刑執行人が町外れに積み上げた薪の山のそばに金髪っ子が姿を見せたとき、再び黒い女がやって来た。「百番目の部屋で何を見たのか、今度こそ話すか?」と女は尋ねた。「言わないなら、おまえは生きながら焼かれることになるよ」。

しかし今度も金髪っ子は首を振り、黙っていた。

死刑執行人が薪の山の上に金髪っ子を縛り付け、火をつけた。ところが炎が金髪っ子の足元に近づいたとき、黒い女は突然真っ白に変わり、激しく叫んだのだ。「火を消せ、火を消しなさい！」

誰もが不安を覚え、執行人は火を消した。白い女は小さな男の子と小さな女の子を馬車から降ろした。二人とも金髪で額に星があった。女は二人を金髪っ子に差し出し、こう言った。「おまえはずっと黙り通したから、私とおまえ、どちらにも幸運をもたらした。おまえは私たちみんなを救ったのです」。そしてすぐに女は消えた。

王様はすべてのことを目で見、金髪っ子が今まで起こったことを説明するのを聞いたが、わが目もわが耳もほとんど信じられないほどだった。王様は度を失うほどに喜んだ。そして妻を城に連れていき、さらには鍛冶屋とその妻と子どもたち全部を呼び寄せた。

こうして彼らは皆、死ぬまで幸せに暮らした。

1　物語の前段——鍛冶屋の視点から

鍛冶屋像には、心の中の男性的な要素が映し出されている。この要素はとりわけ身体的・外的な力、有能性、重労働（しかも「変容物質」である火と金属にかかわる）、そして素朴でくじけない生命力（大家族）をよりどころにして人生の仕事を成し遂げる。「貧しい」鍛冶屋というとき私たちが思い浮かべるのは、たぶん、ヘパイストス（訳注1）やヴィーラント（訳注2）のような繊細な鍛冶屋や細工師よりは、たとえば馬の蹄鉄を打つような荒っぽい鍛冶屋のほうだろう。しかしながらヘパイストスと同じように彼は、「からだが萎えて」いる。そしてこのことはたいへん深刻な問題だ。なぜなら鍛冶屋という仕事は本質的に創造的な仕事の一つであり、したがって創造力に属するからである。

鍛冶屋として表わされている、どちらかというと原始的な意識状態は、ここでは「破産状態」と表わされている。つまり、まだ残っていたただ一つの「持ち物」は「古い荒れ果てた小屋」でしかない。このことの心理学的な意味は、生き方を支えてきたこれまでの入れ物が、今では古くなってしまったということである。どのようにしてにせよ、鍛冶屋は入れ物を惨めな状態にしてしまったのである。

鍛冶屋には妻がいる。妻は彼を見捨てておらず、少なくとも「お腹をすかせた大勢の子どもたち」を通じて、彼と結びついている。したがってそこには子どもたち、すなわち若い力があるのだが、これまでの状態と気分では鍛冶屋はもう子どもたちを養っていくことはできなくなっている。それどころか、深いあきらめとうつの状態の中にいる彼は、子どもたちは皆餓死する運命にあると信じている。

だが、ここで記憶にとどめておかねばならないのは、鍛冶屋の貧しさは彼自身の過ちによって生じたのではなく――メルヘンにそれをにおわせる箇所はない――、むしろ一般的な生活環境のためであろうということである。彼はもうこれ以上、自分と身内が食べる物を工面することができない。つまり彼は、男性・父親として身内を守り世話をする――それは同時に母親の義務でもあるが――責任を果たせない。こういう状況こそが、鍛冶屋を極端なあきらめ、というよりもうつ状態へと追いやったのだ。彼は最後の七枚の硬貨（これは同時に、彼の最後の力をも表わす）を、縄を買って首をくくる決心をするために使ってしまう。ここでは七という数字を象徴的に解釈することはやめて、このメルヘンの中でこの数字が、少女の成長を指し示す七年間と関係があるということだけを示唆するに留めよう。となるとこの七枚の硬貨は、単純に言えば、古い態度の最終段階を表現していると言えるだろう。この態度を規定したのは鍛冶屋像であるが、次の態度を規定するのは、成熟しつつある少女と暗黒の女性という、二人の女性である。

今日までの人生に終止符を打とうという決心が、鍛冶屋を森へと駆り立てる。そこで彼は、運命の糸、すなわち縄を結びつけることのできる「支えになる」枝を探す。内的には彼は「地の底」、つまり存在の最も深い地点にいる。そのとき奇妙な「共時性」が生じる。縄を結びつけたとき、「まるで地の底から立ちのぼったかのように」、目の前に黒い女が現われた。停滞状態という「地の底」から新しい心的エネルギーが補償的に生じたのである。これは、対立するエネルギーである。というのはそれは、それまでの一面的かつ男性的で日常とつながった鍛冶屋の態度とは対照的な、女性的なエネルギーだからである。そしてまさにこのエネルギーが、自己を否定しようという彼の決心をいったん停止するように命じた。不思議なことに、非日常的なことが起こってもしかしたら救われるかもしれないという予感が、彼に停止を命じたのである。その予感はこの黒い女という人物の登場と結びついており、それによって心理的に現実化した。もっとも彼は、女が「鍛冶屋よ、どうしておまえは私の言うことを聞けないのです？」と三度目に尋ねてようやく、その予感に納得するのである。（ここで、語り手は同時に聞き手にも、鍛冶屋がそれまでは暗黒の女性性の声に耳を傾けようとしなかったということ、その声が彼にとって未知のものであったということに気づかせる。また彼は良心に呼びかけられただけでは気を変えない。）「あんたの言うことを聞いたところで何になると言うんだ？　どのみち俺たちは皆飢え死にしなきゃならんのだから」。

飢えをしのぐものを女が約束し、実際にすぐに何らかのもの――黄金！――をくれ、それによって母性性を示したとき、ようやく彼は彼女に応じ、彼の抑うつは「大きな喜び」に道を譲るのである。ここには興味深い転回点が生じている。しかし、深い抑うつから激しい喜びへとこのように早く変わるということには、むしろ子どもじみた性格構造が表われているのではないだろうか。

黒い女は、その黒さゆえに大地に近く、地下の特徴をもっている。地下の住人としての彼女は、同時に、大地の宝物である黄金を意のままにすることができる。ずばり「黒い女」という特徴が挙げられているのは、このメルヘン以外ではドナウ地方の類話『黒い女のもとで』(注2)のみである。多くの類話では――たとえば『緑の乙女』――、彼女は緑であり、それゆえ植物の領域に近い(注3)。

黒色と黄金色という二つの対照色がこのメルヘン全体を貫いている。この二つの色の周辺にはかなりの数の関連語が見られる。黄金は、「黄金のいっぱい詰まった袋」の中に登場するし、金髪っ子にも、金色の髪にも、金髪っ子と子どもたちの額の金の星にも出てくる。それと同時に黄金色は比喩的な意味である「幸運」とつねに結びついているから、この概念も「黄金」の関連語の中に入れなければならない。

黒という色はその関連語グループの中では、「黒い女」、黒い馬車、黒い御者、黒い車、黒い城、黒い十二人の男たちに現われているし、また少し黒からは遠いが、車が通っていった暗い森、黒い婦人が産婦のもとに現われた夜、といった語も、含まれている。「黒」と「黄金」の二つの関連語グループは、ひそかに結びつき合っている。すでに最初のシーンで鍛冶屋に当面の生活を救う金を与えるのは黒い女なのだから。抑制と憂うつを象徴する色である「黒」を帯びた女は、同時に、抑うつを具現化してもおり、その抑うつは心理療法過程においてはしばしば、「黄金をもたらす」内向状態として経験されるものである。「黒」の関連語グループから「黄金」の関連語グループにかけては、黒い女自身の救済欲求、救済の過程が通じている。というのは黒は単に大地に属するということを意味するだけでなく、彼女が呪われており、影があり、悪であるということも意味するからである。イタリアの類話の中で黒い女に相当する人物は「悪い女」という名を与えられている(注4)し、『白状するか？』の中では「魔女」と称される。本論のメルヘンでは、類話『黒い女のもとで』と同様、黒い女は救済されなければならない。彼女はいわばニグレドからアルベドへの錬金術的変容(訳注3)によって白くならねばならない。ただし、変容の媒体として少女が必要なのである。

　黒い女は両価的な存在ではあるが、鍛冶屋が出会ったときは、ともかくも与え、助ける人物であった。心的な力としての「黒い女」は、最初に登場したときは、鍛冶屋を死に至る抑うつから守ることができる。だが同時に、「黒い女」という要因を将来の計算に入れておかねばならないことも明らかになる。彼女は最初に現われたとき、黄金と幸運、新しい生きる可能性を立て替えて彼の命を救った。その「立て替え」への責任を彼女は彼に問う。彼が縄を手にしたということが、同時に彼を彼女に「結びつける」こととなったのである。

第二のシーン——鍛冶屋の帰宅から娘が連れ去られるまで——でも、鍛冶屋は非常に無意識的な人物として描かれている。鍛冶屋が家に帰ろうとするとき、すぐに黒い女が約束を思い出させてやらねばならないということが、すでにそのことを語っている。と同時に、「おまえのところにあって、おまえが知らないもの、それは私のものだ」という条件の表現は、自分のところにあるもの、自分の中にあるものについて鍛冶屋はまったく情報をもっていないということを表わしている。この無意識のイメージには、自分の家の中についてよくわかっていると信じている無邪気な確信も含まれている。「自分の家に何があるかはよーく知ってるさ。万が一おれのまだ知らないものがあったなら、どうぞ取ってくれたらいい」と鍛冶屋は笑いながら言う。この笑いもまた、黒い女との運命的な関係に巻き込まれてしまったことを全然わかっていないということを示す。始め、素朴にも抑うつのとりこになっていたのと同様、今彼は黄金の山に対する喜びのとりこになっており、それにかかった心的な「費用」を隠し、さしあたり抑圧しているのである。

鍛冶屋の黄金についての素朴な喜びを、語り手は実に巧みに、驚くべき文脈へと移していく。聞き手も鍛冶屋同様、この家の中の秘密の場所に何が隠れているのかまだまったく知らない。そのとき思いがけなくも、「私たちの小さな金髪っ子」という名前が呼ばれる。ここでは同時に、解釈の新しい文脈、つまり鍛冶屋の妻、母親という文脈において、このことばが発せられるのだ。「私たちの金髪っ子が私たちに幸運を運んできてくれましたよ」。そこで私たちは「髪は金髪で、額に金の星」がある鍛冶屋の末娘が生まれたことを知る。この描写により聞き手も鍛冶屋の驚きと驚愕を共有する。ここには、私たちが今初めて知ることになった「共時性」、つまり前景にある現実的な文脈と背景の文脈との、時の一致がある。鍛冶屋が死のうとしたのと、黒い女が登場したのと、「小さな金髪っ子」が誕生したのが「時間的に」（これはメルヘンの時間の意味で、またおそらくは心理的経過の意味でも）一致しているのである。鍛冶屋の妻の視点に立てば、彼女が言っていることは正しい。金髪っ子の誕生は、鍛冶屋に幸運をもたらす知られざる新しい可能性なのである。

　心理的にはこういう意味になるだろう。鍛冶屋は、「奇跡」を期待しない古い生き方に終止符を打とうとすることによって、無意識に沈み込んでいた恩人の黒い女をそこから解放し、同時にこの女の登場によって新しい可能性、金髪っ子の誕生が導き入れられた。

　心的エネルギーは、機械仕掛けの神《デュース・エクス・マクシナ》（訳注4）のように無から現われるのではなく、ある一定の心的エネルギーの緊張領域の内部で、繰り返し作用しているものである。このメルヘンにおけるその領域は、明るくて若い女性性の可能性を秘めた存在である金髪っ子が、当分の間、鍛冶屋の暗い行為によって布置された暗い女性性、つまり（暗い女性性の立場から言うと）救済されるべきものと結ばれているという構造をもつ。金髪っ子は、暗黒の女性性を（暗黒の男性性と共に）救済して初めて、自分自身の生を生きる自由を得る。心の中の鍛冶屋という要素は、自己破壊から一時的に助け出されただけであって、まだ救済されたわけではない。この要素はさしあたり、その創造的可能性すなわち金髪っ子を「犠牲」にせねばならない。すなわち暗黒の女のもとに奉公に出さねばならないのである。心の中の鍛冶屋という要素にとって、それは新たな抑うつ段階を意味する。というのは、そのことが本当にはまだ理解されても意識化されてもいないからである。「両親、兄、姉たちは泣いて頼んだが、無駄なことだった。黒い女は決して気を変えなかったのだ」。

『白状するか？』の中の少女と比較してみよう。この少女は、十五歳になったとき、早熟で超自然的な力によって、また自発的に魔女に目覚めることによって、真の魔女の娘として魔女に同一化する。それに比べると金髪っ子は、まったく自然な人間の子どもとして描かれており、まだ子どものうちに、受動的に、黒い女が迎えにやって来るのに出会う。しかし彼女が特別なのは、金髪であり、額に黄金の星を頂いていることである。父親が死のうという暗い決意をしたとき黒い女と出会った、それと「同時に」生まれたこの子は、格別に明るいほうへ方向づけられている。神話の中の金髪といえば、バルドュル(訳注5)のような光の神や、ジークフリート(訳注6)のような英雄がいる。西洋絵画には黄金色の巻き毛をもった幼子イエスが描かれ、その頭上にはクリスマスの運命の星が光っている。このメルヘンでは黄金の星は額にある。ここは意識の座、つまりヒンズー教や仏教で高次の意識が置かれるところである。バラモン(訳注7)は高貴のしるしをここにつけているし、第三の目、すなわち精神の目はここに置かれる。したがってこの子どもは運命の「星」により、高次の意識へと召されていることになる。あの粗雑で無意識的な父、鍛冶屋の子でありながら。メルヘンの経過を見ればわかることだが、この子どもはあまりにも明るさによって強く規定されているため、暗黒への敷居を越えて踏み出すためには、他の類話の女主人公と比べてより長く（七年×三＝二十一年）、より強い（不思議な音楽に導かれる）誘惑を必要とする。暗黒に身を浸すことが必要なのであり、それが暗黒の女と暗黒の父親の両方を救済できるようになることにつながるのである。

2　主要部――金髪っ子の視点から

ここまでかなり長く、父親すなわち鍛冶屋の立場から見てきたが、その後の語りの視点は、娘すなわち金髪っ子へと移る。出発点であった男性心理に留まるならば、ここからは鏡に映るアニマの視点から行動経過を見ていくことになる。

しかしまた、語り手と共に視点を変え、ここからメルヘンの流れを女性要素である「金髪っ子」の立場から見てもよい。その場合、父親をめぐる始まりの情景は、女性の自我のより意識的な行為と受難が始まる際の心的布置の発端として理解されるだろう。このような布置のもとで成長する幼い少女は、父親から支え守ってもらう経験を欠いている。このような少女はむしろ、自分は、父親が実現しようとして徒労に終わった、果たされるべき「父親の大きな希望」であると感じる。このような少女にとって男性性は「不安定で信用できない」ものとして映るに違いなく、「否定的父親コンプレックス」が存在するのは一目瞭然である。

いずれにせよ、ここからは、語り手が視点を変えた以上は、少女に感情移入するよりほかない。七歳になった少女は黒い女によって黒い馬車に乗せられる。馬についてはここでは、『白状するか？』のようには語られてはおらず、また『黒い女のもとで』のように馬車が馬なしで幽霊のように走ると明言されてもいない。ここで述べられているのは黒い御者のことであり、この御者が鞭を打ち、それに従って黒い馬車はすぐに「走り」出す。この御者は神話の中の、たとえばカロン(訳注8)のように、境界区域を越えて暗い地下世界へと乗り物を導いていく渡守りや御者を思い起こさせる。この御者と共通する運命をもっているのが、「私はまだ止まっていたいのに馬車が走るのだ」という黄色い馬車の歌の「前方の御者」（その背後に御者クロノス(訳注9)が隠れている）である。このように、この少女の運命は止まることなく「走りだ」したのである。引き続く二文にわたって rollen（走る）ということばが二度用いられていることが、そのことを強調している。そしてここで「馬車は長い長い間走って行った。寂しい荒れ果てた地方を過ぎ、たいそう暗い森を抜け、そうしてとうとう黒い城の前で止まった」と書かれているのは、それまでの意識領域から、それまではまったく意識されていなかった別の領域への移行が描かれているのである。ここで用いられた時空間のカテゴリー、すなわち「長い長い間」という時間カテゴリーと「寂しく荒れ果てた地方を過ぎ」「たいそう暗い森」という空間カテゴリーは、ここでは別の次元、意識からの隔離を暗示するのにぴったりの概念である。

「荒れ果てた」地方について言えば、森の中の草ぼうぼうの城というモティーフと同様に、ここでは以前、すなわちより古い文化段階、集合的無意識のより早期の段階においては、ある一つの生き方が支配的であったが、今はそれは意識下に逆戻りしてしまった、ということが暗示されていると考えられる。「荒れ果てた地方」という表現では、そこはまだ耕されていなかったということも意味されているかもしれない。

小さな少女個人の心理から言えば、つまるところ彼女は、七歳という年齢の意識発達のレベルでは触れようもない集合的な女性性（もっとも母親イマーゴ（訳注10）に関しては別であるが）という非常に元型的な領域に導き入れられたということになる。個人的な母すなわち鍛冶屋の妻は「私たちの小さな金髪っ子」の例外的な運命をおそらく予感しており――というのは、そのことについて最初に発言した人物であったからである――、泣いて懇願することでそれを邪魔しようとする。しかしながら、彼女は女性性の暗い領域との本質的な接触をもった経験はないようである。というのは、彼女がそばにいたにもかかわらず鍛冶屋は絶望していたのだし、暗い側面すなわち黒い女が登場して始めて鍛冶屋は、奇妙な気分にさせられつつもそれによって救われるのだから。というわけで、この妻はまったく受動的で精彩を欠いているように思われる。

したがって金髪っ子にとっては、黒い女と出会い、城へと誘われたことは、同時に、強くて暗い母親イマーゴとの出会いを意味する。

シンボルとしての城は、黒い女自身と類似している。城の黒い色は、城が黒い女に属していると同時に、女と共に呪われていることをも示す。類話と比較すると違いがはっきりするが、黒い女は城を少女にすぐに全面的に引き渡す。「この城はおまえのものです」。この家政権の譲渡に際し、普通なら手にするにしてもあくまで「試しに」であるはずのもの、非常に苛酷な課題に打ち勝って初めて所有を認められるはずのものが、このメルヘンではすぐに与えられる。父親の場合と同様、少女にとっても黒い女は始めは、太っ腹で贈り物をくれる人物として登場する。すなわちそれはグレートマザーの、ものを与える面である。女の黒い色だけが、その後少女がどのように巻き込まれていくかを暗示している。七歳の少女に城をまるごと与えたということは、まだ可能性を秘めているにすぎない存在が、女性的な自己全体をすでに与えられ、手中にしているということを表わす（「所有するためにはまず手に入れよ」のことばの意味で）。しかしその自己全体はまだ探索されておらず、暗闇におおわれている。それは魔力のもとにあるようなものだ。これに一致するのが、黒い女から少女になされた指示、百ある部屋を順番に見ていってよいが百番目すなわち最後の部屋だけは除くという指示である。少女はその内的領域のすべてを知ることができるし、またそうせねばならない。最後の部屋だけ見ないでおけば、いい目を見るだろう。ちょうどその後に出てくる対照的なことばからそう推論できる。「もしその中に無理に入ったなら、良くないことがおまえに起こるだろう」。不幸と苦しみが生じるという脅かしが、この部屋を取り巻いている。少女が城の中で最初の探索をするうちに七年が過ぎたが、それは七歳から十四歳までという、女性性の発達にとっては決定的な時間であった。この期間、彼女は、黒い女からも黒い馬車からも、そっとしておかれる。これはつまり、女性性の暗黒面が、この段階にいる彼女をいたわっているということ、まずは安らかな成長が始まらなければならないということであろう。最初の七年間、すなわち黒い女の黄金の贈り物のおかげで両親と兄弟のもと何不自由なく暮らした子ども時代の後、今度は元型的女性性の影響下にある第二の七年間がやって来る。この時期はどちらかというと少女は孤独であるが——これはこの段階の発達心理学的特徴である——、「不幸ではなかった」。彼女は彼女なりに「豊か」

である。何しろ「九十九個の部屋の主」なのだから。この段階はあてのないファンタジーの段階であり、ほとんどすべての少女が「空中楼閣」を建て、自身の内的世界がどのくらいの広さなのかを歩測するが、自身の女性としての本質の暗黒面と必ずしもかかわりにならなくともよい。母親イマーゴによって設定されたタブーをまだ破らないし、まだ破ってはならないのである。

他方、黒い女の中に隠された、まだ解放されていない前進のエネルギー、すなわち少女が具現化している成長の傾向は、少女のタブー侵犯を待ち伏せし、タブー侵犯をせきたてる。そのことは少女が第二の七年間を過ごした後、すなわち十四歳のとき（思春期にあたり、たいていのメルヘンで女性主人公がタブーを破るのはこのときである）、百番目の部屋に入ったかと黒い女が試すように尋ねるという事実の中に現われている。あるいはこのように予測しては間違っているだろうか。黒い女は非常に無意識的で、結果を点検するという、一見非常に母性的に見える面の両価性を見通せていないのではないだろうか。つまり、心的な潜在力である「黒い女」を考える場合、自分が救いを必要としているということにまったく気がついていない。それとも――『黒い女のもとで』という類話の場合のように――この必要性を注意深く隠しているのだと考えるべきだろうか。

この問いへの答えはテキストの中にはないので、もう一度、語り手の実に巧みで戦略的な語り口を見てみることにしよう。語り手は、黒い女が心の中で何を思っているかについては何も語らない。そのようにするとしたら、それはメルヘンの語りのスタイルには一致しないだろう。メルヘンでは人物像の内界をのぞきこむスタイルではなく、人物像同士を非常に機能的に関係づけるというスタイルをとるからである。しかしながら語り手は、たとえば「『いいえ』と金髪っ子は、うそではなしに答えた」と述べることによって、少女が禁を犯し、その結果うそをつかなければならなくなる可能性を示唆する。聞き手は何よりも、七年ごとに婦人が帰還することにより、試練の状況に気づく。聞き手自身に好奇心、禁を破りたいという気持ちが生じてくる。このような箇所には、語り手が聞き手を共同行為者、協力者に仕立て、最終的には聞き手をも心的に解放してくれるような心理的な現象が、特にはっきりと見られる。

ここで、黒い女の禁の意味が今一度はっきりと把握できる。少女には、さらに七年間タブーを守ったなら、ただちに幸運がやって来ることが約束されている。そのことは「私の言うことをよく守ったね」ということばで強調されている。また、聞き手の頭の中には、物語の冒頭で父親が「鍛冶屋よ、どうしておまえは私の言うことを聞けないのです?」とたいへん厳しく問われたことが印象に残っていることだろう。黒い女の言うことを聞くことは、鍛冶屋にとっては命が助かることであった。だから、聞かざる者、従わざる者への「でももし百番目の部屋をのぞいたなら、死ぬよりも悪いことが起こると覚悟せねばならないよ」という脅かしは、ちょうどそれと論理的に裏表の関係にあるように思われる。

少女・金髪っ子はまだ正直であることを誇りに思っており、その点では、もうかれこれ二十一歳になっているにしては、子どもっぽく、無邪気すぎる。(その点に成長の遅れが暗示されているのではないだろうか。)やがて三回目の七年間が過ぎ、黒い女が戻る日がやって来る。「金髪っ子はとても幸せだった。黒い女はきっと祝いのことばを述べてほうびをくれるだろう」。このようにいい気分でいる最中に、ゴールが目前に迫っているのに、この静かで荒れ果てていると思い込んでいた城の中で、彼女は思いもかけないものに出会う。すばらしい音楽が聞こえてきたのだ。ここでの音楽は、夢に出てくるときと同様に、感情の息吹と関係がある。これまでまったく感じられなかった感情機能の兆しが見え出す。この機能はまだなじみが薄く未熟だが、これまでとってきた方向性をもつれさせる可能性をもっている。だからこそ、たとえばアイルランドのメルヘンでは妖精の墓から音楽がもれてきて、主人公を墓の中へと誘い込み、そこで彼は時間も空間も忘れて「無為に過ごす」し、ローレライは船乗りたちを歌で誘って水中に沈めてしまうのである。

ここでも少女は、聞いたはずのない音楽の魔力（「この城の中で誰がこんなに美しい音楽を奏でているのかしら」）と、彼女自身の感情の息吹のために、それまでの方向性を失い、それゆえ秘密めいた新しい方向へと踏み出す。他のメルヘンの女主人公たちが自分自身の適切な好奇心に従ったのとは違い、彼女は思わず、――「自分がそうしていることに気づかないで」――最後の部屋の戸を開け、ぎょっとしてというよりは不思議そうにドアの敷居に立ち尽くす。（テキストには、「あっけにとられて」と書いてある。この点は『灰色のマント』での口も聞けないほどの恐怖、『白状するか？』でのさらにそれ以上の恐怖と異なる。）ここには死体はない。それどころか「そこでは十二人の黒い男がテーブルの周りに座っており、十三人目が立っていた」のである。城の中に途方もなく驚くべきイメージが存在した。今までこの城には自分一人しかおらず、自分がこの家の女主人だと思っていたのだ。これはちょうど彼女の父親が自分の小屋において経験したことと似ている。内的な家に意識が感づいていない同居人がいるという心理的モティーフが、ここでも繰り返されているのである。このイメージは秘密めいており、一目見ただけでは見通せない。今度もみんな黒い服を着ていることが目を引く。この少女は父親と黒い女の契約により七歳のときからこの城に住んでいるのだから、それ以来男性的なものはいっさい目にしていないのだと、暗黙のうちに語り手はほのめかしている。少女からは男性性の世界が完全に剝離していたのだ。何はさておき、タブー視された男性たちの反応は驚くべきものである。立っている十三人目の男が、まるで夢遊病者に呼びかけるように金髪っ子の名を呼ぶ。「金髪っ子よ、小さな金髪っ子よ。何ということをしたのだ！」このことばは悪の響きがあるというよりは、共に驚いているふうに聞こえる。彼女の名前を知っているということから、十三人目の男――というより、この男たち全員――と金髪っ子との間の、隠された接触がほのめかされており、今それがはっきり表に出されたのである。そして金髪っ子は今になってやっと自分の行為と、黒い女の定めた禁との関係に気づき、縮み上がる。そして彼女の恐れは他のメルヘンの女主人公が禁じられた部屋を開けたときの恐れと同じになる。「金髪っ子は怖くなって、心臓がもう少しで止まりなくらいだった」。ほとんど死にそうなくらいに、彼女は驚いたのである。

それはタブー侵犯そのものであったという以上に、こういうことであった。暗黒の人物に話しかけられ、その人物が彼女をすでに知ってもいたということがこれほども彼女を驚かせたのである。他の類話には出てこない最も注目すべき箇所は、彼女が驚きつつも、彼女をそんなにも驚かせたもののほうに向き合うという事実である。「私は今どうしなくちゃいけないの？」。この少女の特質についてはこれまでのところ私たちは、明るさのほうに向いているということと、子どもらしい無邪気さ、経験のなさ以外にはほとんど何も知りえていなかったが、ここにその本質が現われてきた。自分が暗黒によって知られており、見抜かれているということがわかった後、彼女はこの暗黒に信頼を寄せるのである。そうして彼女はこの発見された暗黒の男たちの仲間であることを公言し、黒い女にではなくこの男たちに「どうしなくちゃいけないの」と尋ねるのである。この暗黒の十三人目の男、いわば十二人の男たちの代弁者のことばを無条件に信用するということの中に、このメルヘンのその後の経過が示されている。十三人目の男は彼女に忠告する。「どんなことが起ころうとも、ここで見たことについては誰にも一言も言ってはいけないよ。それで初めて、おまえの犯した過ちは許されるのだ」。このようやく訪れた、少女と暗黒との出会いにおいては、単なる、許されるべき過ち以上のものが賭けられている。ここで問題になっているのは、すべての関与者を変化させる可能性をもつ、欠くべからざる成長の一歩である。そのことはまもなく判明するが、少女もそれを知らない。彼女は黒い女に対する罪過を意識しているにすぎない。彼女は、彼女の名前を知っていた十三人目の男のことばを信用し、再発見された男たち（これは分裂したコンプレックスの特徴を男性集団という形で表わしている）の秘密を、黒い女から守る。名前で呼ばれるということは、秘密の目印としての効果がある。「あなたは私のもの。私はあなたの名を呼ぶ」(訳注11)とヤハーウェの神は預言者たちに言う。そうはいっても、この少女がこうも易々と暗黒の男たちに信頼を向けるというのは了解しがたいが、そのことは同時に、男たちの部屋から聞こえてきた音楽とも関係があると思われる。音楽という秘密、感情という秘密、それについてはことばでは表わせないし、またその必要もない。この秘密が彼女をこの男たちに結びつけているようである。ここで初めて少女は黒い女の表面的な命令に従うのをやめ、自分自身の感情に従うのである。この感情は、黒い女と少女とを区別するものであるが、同時に、暗黒の呪いから救済されたいという黒い女自身の深奥の意図に沿うはずのものである。「心は、理性があずかり知らぬ、それ自身の根拠をもっている」（パスカル）。黒い女への隷属から初めて抜け出て、自分自身の一歩をしるし、自分の足で立ったということが、少女のこの一歩の重要な点であると思われる。同時にこの一歩は彼女を、これまで呪いのかかっていた男たちとの秘密の連帯へと導くことになる。これが、同一の布置の別の面である。

ここに再び注目すべき「共時性」がある。あまりにも明るさに属していた少女は、黒い女がすでに帰途についた最後の日になって初めてタブーを破ることができた。この「黒い女」という心的な潜在力がもつ力そのものが実は、一見方向を失わしめるように見える感情への一歩を許すのである。同時にそれは、娘‐アニマが、これまで巻き込まれていた母親から離れて独立することを可能にする統合的な力なのである。

3　禁じられた部屋

十二人の黒い男たちが、テーブルを囲んでおり、十三人目が立っていたという、百番目の部屋の奇妙な「中身」については特に考察する必要がある。

ヨーロッパのメルヘンの中でよく似たものを探すなら、まず思い浮かぶのは、いばら姫の中のよい妖精たちが十二人であり、そこに余りもの、招かれざるもの、十三番目のものが付随するということである。この妖精はのけものにされた――メルヘンの描写によると――ために、いばら姫にとって悪い妖精となる。まさにこの機能においてこの妖精は、メルヘンの筋全体を動き出させるのである。

他に類似したものとしては、十三番目の部屋の機能が思い出される。この部屋は多くのメルヘンで百番目の部屋の代わりにタブーの部屋となっている。このメルヘンでは、タブーの部屋の特徴としての十三番目の意味は、明らかに部屋の中身に移っている。十三という部屋番号は一般的な意識の中で今日までタブー視されており、近代ホテルでもしばしば〈13〉という番号を使わず、それに相当する部屋を〈12ａ〉という番号で客に提供するほどである。

タブーの部屋の中身が十二人ないし十三人の男であるというのは、私のよく知っているヨーロッパの類話（ボルテとポリーヴカを参照のこと）(注5)の中ではこれ以外にはないので、明らかに、基本メルヘン（たとえば『灰色のマント』(訳注12)や『白状するか？』のタイプ）の上に後の集合的な内容が積み重なったものと考えられる。この文脈においては、ヨーロッパ諸民族の集合的無意識の上に深い作用を及ぼしたキリスト教の伝統の内容を吟味することが示唆的であることが多い。この箇所にはキリスト教的伝統の中心的モティーフ、つまり、イエスが十二人の弟子といっしょにテーブルについた最後の晩餐のモティーフがぴったり合い、細部に至るまで再現されているように思われる。その上、後になってイエスを裏切るユダが「しようとしていることを、今すぐ、しなさい」(訳注13)と言われ、出ていくように命じられるシーンのその瞬間が、メルヘンの中にくっきりと浮き彫りになっている。

そうするとユダは、立っていた十三人目の男ということになる。余り者であり、排除された者であり、つまりは悪い弟子である。これは『いばら姫』の悪い妖精に類似する。

　とはいえ、このような拡充はあまりにこじつけめいているかもしれない。ただし、かなり綿密につながりを見ていけば、こじつけでないことがわかるだろう。ユダは裏切りの後、首をくくって死ぬ弟子である。そこには、メルヘンの始まりの状況との間に見過ごせない関係がある。鍛冶屋自身首をくくろうとしたのである。モティーフの類似したメルヘン『白状するか？』の中では、父親の試みた行為が、タブーの部屋の中で少女の目の前で再現される。タブーの部屋で女主人公は死体を見つけ、その首筋には銅の針金が巻かれているのである。父親が冒頭の状況で、縄を買うために使った最後の硬貨と同じ銅である。ここでは、タブーの部屋の中身が、始めの父親の状況に少女を直面させようとしていることが明らかである。

　この死体と私たちのメルヘンの十三人目の男との間には、さらに驚くべき類似点がある。この死体は十三人目の男と同様、ここで起きた出来事について一言も漏らさぬようにと援助的な助言をするのである。「決してそれを白状してはいけない」。そしてその話においても少女は助言を信用し、最後までそれを守る。

　メルヘンの結末としてはあまりないことだが、どちらのメルヘンでも少女は父親ともう一度連絡をとる。まるで、そうすることで環を閉じ、父親との関係が最後に解決されたということを確認しなければならないとでも言うように。

　十三人目の男の中にも、父親の暗い側面、首吊りのモティーフとの出会いが明白に見られるとしても、それが示すのは、この非常に複雑なシーンの理解のための最初の鍵でしかない。父親は、家族への裏切り、首吊りによって、メルヘンの始まりにおける我慢ならない状況に終止符を打とうとし、それによってメルヘンの救済劇を引き起こすのであり、ユダは裏切りと首吊りによってキリスト教の救済劇を始動させるのである。

まずはっきりしているのは、十三番目はこのメルヘン以外でも両価的な像であるということである。ユダヤ－セム族文化圏の伝承、たとえばカバラによれば、十三は悪霊を具現化している。（注6）黙示録の十三章では反キリストと悪について描写されている。ユダはここでは、キリスト教の中の伝承と同様、はっきりと悪として特徴づけられている。のちにユダの代わりに十二弟子の新しい十二番目が選ばれる。その結果ユダは決定的に余り者になり、排除されたものとなる。彼自身が選んだ死に方はキリスト教会によって拒絶された。自殺者はその死後数百年間はキリスト教による埋葬をしてもらえないのである。

アレンディによる数象徴学（注7）によれば、十三は活動的な原理を表わす。これは、このメルヘンの中で十二人が座っているのに対し、十三人目は立っているということにぴったり一致する。十三という数は、たとえ裏切りとなろうとも、ものごとの開始に関与しているのだ。裏切りではあるが、キリスト教の救済劇をその決定的な段階において始動させるのである。近代のキリスト教解釈学者の中には、ユダは単にイエスを否定したのではなく、イエスが最終的な行為を遂行し、全権を持って顕現できるように刺激し、そうさせようとしただけだと考える人たちがいる。ユダの目には救済劇の経過が行き詰まって見えたのである。このような見方と、十三人目としてのユダの行為に、活動的な数字としての十三の意味についてアレンディが述べていることは一致する。それによれば、十二が表わす宇宙の法に合わない生物の行動が、そのつど、問題になっているのだと言う。となると、まさに個人的な心理からすれば、疑いなく生物の自主的な行動であるユダの行為について、次のような問いが生じる。悪い妖精や魔女やメフィストらの行動と同様ユダも、メフィストが『ファウスト』の中で自らの行動を特徴づけたことばどおり、「あるときは悪を、あるときは善を行なうあの力の一部」として、宇宙の法に奉仕する義務をもっていたのではないだろうか。

まさにこのテーマを、私たちのメルヘンは独自のやり方で提出しているのではないだろうか。最終的に首吊りに至るユダの行為は、集合的意識によってタブー化された。だからここでは、このシーン全体が黒の中に沈み込んでしまっているのである。

十二人の男たちの食卓の共有、彼らの聖餐、聖性における結束も、共にこのタブーの支配下に陥ってしまっている。明らかに、この深くてもろい次元、すなわち男たちのこの精神的・情動的な結束から、――メルヘンのことばで言うならば――少女をここに侵入するようにとそそのかした不思議な音楽が出てきたのである。ただし、この結束の中には、女性的なものがまったく欠如しているようである。それはちょうどキリスト教会の聖職から女性が長い間排除されていたこと、そしてそもそもキリスト教では女性には「形而上の代表になること」（ユング）が欠けていたということに等しい。他方、コミュニオ（結束、食事を共にする、ということ。これは女性的な象徴の領域に属する）という現実の中には女性性が現われている。後になって「母なる教会」という形姿における結束が、再び、マリアの中に具現化され、キリスト教徒の女性的要素として一般に認められるようになったことと類似する。鍛冶屋にとって、とりわけ、この次元全体が欠けていたから、彼は首を吊らなければならなかったのである。彼に結束《コミュニオ》があったなら、孤独のあまり絶望的な行為に走るようなことはなかっただろう。

このように解釈してもなお、このシーンの直接的な印象が伝えるものを表現しきれない。とにもかくにも私たちの目の前には除外された男性集団があるのだ。具体的な女性性、つまり女性は、侵入者として登場し、男性たちはそれについて知ってはいるのだが、それでもやはり驚きの反応を示す。

この関係を見ていっそう目を引くのは、男性集団、より正確に言うならば、十三人目の男と少女との間に秘密の連帯が成就したということである。男性の心理（鍛冶屋）から言えば、感情に色づけられ（音楽！）、かつ分裂している中心的コンプレックス——裏切られた聖なる男性共同体というコンプレックス、精神的・霊的な領域における結束《コミュニオ》というコンプレックス——が、アニマの侵入により突然あらわになったのである。この隠された心の全体性（十二という数）は、そのうちの一人の首吊りをしたものによって裏切られ、売り渡されたのだが、それが今再び見い出されたのである。そして裏切り者当人もそのことを知っているに違いない。というのは、タブーを犯した後、彼自身が絶望に襲われていたからである。その彼が今アニマに助言を行なう。「ここで見たことについては誰にも一言も言ってはいけない」。この男たちはこの家の主人ではなく、分裂した状況の中にいるから、女性的なアニマがする仕事に頼らざるをえない。明らかに彼女は、断固として沈黙を守ることによって、男たちをタブー領域に連れ込むことになった裏切りをもう一度やり直さねばならない。

女性心理から見るならば、金髪っ子という少女は、自分の城、すなわち自分の内的領域の中にこの暗黒の男性という秘密が隠されていたことを知ったのである。彼女自身とて自分の女性的領域を支配しきっているわけではないのだ。なぜなら、彼女の百番目の部屋に男性たちという未解決の集合的な問題が「出没」しているからである。

いずれにせよ、男性性は女性の心の中で始めは多少とも分離しているが、女性が全体性の発達へ徐々に成熟していく中で、いつかは必要になる。そのような男性性との接触を見い出すことは、現実の男性との関係を築くのに不可欠である。否定的な父親コンプレックス（それを表わすのはもちろん黒い男性集団である）をもっている娘にとっては、なおさらである。このような男性性との接触は、精神的なもの、つまりアニムスのさまざまな面との独自の関係を発達させるための前提である。

さて、女性の自我がさしあたり、私たちの文化における女性の性役割を身につけようとするとき、そのために男性的な可能性を抑圧せねばならないというタブーが生まれる。しかしこのメルヘンでのタブーは、明らかにもっと広い範囲に及び、根も深い。むしろこの部屋の中身は、その集合的な面において、男性性の領域でも何かこれまで解決されずにきたものが残っているということを指し示している。ここで再び、テーブルに座っている十二人は宗教的な中心像、すなわちキリストを囲む男性たちの結束《コミュニオ》を表わしているということから考えてみよう。それとよく似た宗教的・聖職的な男性共同体を、ヨーロッパ文化は数百年にわたり支えてきた。しかしユダは、最後の晩餐ですでに潜在的に、この共同体を打ち破っていた。それは、この光に方向づけられた共同体に暗黒が入り込むための突破口を開けることであった。彼は今メルヘンの中に再登場してきたが、ひょっとすると今度は、明るく神聖であり閉鎖的でもある男性共同体に再び突破口が開けられたということを暗示するためかもしれない。また今こそ、今まで禁じられていたものを認めるときであり、また、ユダをも共に救い、拡大され複雑になったキリスト教的意識の中に受け入れるべきときなのだということを暗示するためかもしれない。

十三人目の男性が、部屋の中身の代表として、タブー領域に突き進んできた少女に話しかける。タブーを侵犯した男性がタブーを侵犯した女性と結びつき、それによって、呪われた領域――それとともに、やはりタブーを侵犯した男性である父親も――が救われることになる。

男性性によって規定されたキリスト教文化領域において集合的に見られる悪および暗黒の分離は、女性心理の中では、すでに内在化された規範という姿で見いだされ、克服されなければならない。そうしなければ女性は自分自身になれないのである。彼女自身の中の一番奥の最後の部屋を、この男性的なものの見方が支配している。彼女自身の中で、悪はユダとともに（同時に女性性の暗い側面も）抑圧されている。しかし、彼女の中の男性性があまりにも萎縮し脇へやられているかぎりは、その男性性は黒い女の城の中で魔法にかけられたままである。グレートマザーのとりこになっていて、暗い面が分離されているために、グレートマザーに対抗するべく成長してはいないのである。少女もまたグレートマザーに対抗できるほどには成長していない。この悪のタブーに関して無知であり、対抗できないでいるかぎりは、少女は無意識的にグレートマザーと癒着したままである。

メルヘンの禁じられた部屋においては、暗闇、すなわちキリスト教的・父性的な中心文化によって分離されたものがつねに問題となる。いずれの禁じられた部屋でも集合的無意識の補償的かつ前進的な力が、解放を生み出す対抗力（たいてい女性的な性質のもの）を登場させる。中心的な文化によって分離されたこれらの価値のさまざまな段階を一望するためには、他でもないメルヘンの女主人公や主人公たちといっしょに、禁じられた部屋をのぞきさえすればよい。（注8）

そこには分離された自然領域がある。それはたとえば三匹の蛇のいる檻や、緑のガチョウや、緑のとかげとして描かれる。また、三本の釘で、まるで十字架に磔にされたかのようなカラスもまた、ここに属する。このカラスはこの世の世界樹の上に王女を連れ去り、（注9）これはちょうどキリストの逆のアナロジーである。また、半人半魚の緑の乙女と彼女と結びついた黄金の鹿は、おそらくエロス的・性的な領域に魅了されることがタブー視されているということを具現化するものである。分離された女性性は、とりわけこの世の姿としては、黒い女たち、魔女たちの中に浮かび上がる。グレートマザーの危険な呑み込む面は、たとえば、禁じられた部屋が隠している死体に現われる。また、あまりにも明るいキリスト教的母親像であるマリアも、たとえば火のブランコに乗って揺れている『呪われしマリア』として、あるいは、『マリアの子ども』やロシアにおけるその類話において、信じがたいほど残酷で、子どもを母親から奪い、あるいはそれを切り刻みさえしてしまうようなマリア像として登場するとき、彼女の中の、キリスト教的意識によってタブー視された暗い側面を見せている。

私たちの文化の中で抑圧された女性の知恵、ゲルマン人やケルト人が巫女の中に引き継いできた予知の能力、しばしば魔術的である女性の能力というものが、これらのメルヘンの中には補償的に反映している。たとえばあるメルヘンには本に読みふける四人の黒い乙女たちが出てくる。

いよいよ最後に、タブーとされた部屋の中に、私たちの文化の中で全体性を奪われた男性が、救済を必要とする者として現われる。救われるべきアニムス像はしばしば、メルヘンの女主人公の未来の花婿と同一視される。（『灰色のマント』もそうだし、緑の乙女のメルヘン『黄金の牡鹿』もそうである。）このような内的連関は『灰色のマント』から本論のメルヘンの十三人目の男にまで続いている。この連関はその時々で、具体的なアニムス像から、複雑な精神的・宗教的内容（最後の晩餐のシーン）の描写まで幅がある。

そもそも始めから、西欧的・キリスト教文化およびそのタブーと聖書の堕落の物語は深くもつれあっており、この物語自体、根本的に、たくさんの類話をもつ禁断の木のメルヘンの一つである。この木はタブー視されており、「知識」を与えるものである。何よりもそのことがエバを抵抗しがたいほどに誘惑する。この知識は、メルヘンの禁じられた部屋でも繰り返されているように、善悪の知識、性についての知識、死についての知識、という三重の形をもつ。これらすべてが次の蛇の約束の中に総括される。「神のように善悪を知るものとなる」(訳注14)。私の考えでは、メルヘンの中のすべての誘惑物語――本論のメルヘンもそれに属する――において重要なのは、悪を知り、悪を統合することである。

暗黒の母神のカーリーとドゥルガ(訳注15)がそうであるように、黒い女は今、すべてを呑み込んでしまう母の特徴を帯びる。彼女自ら子どもを殺す。別の版（カッセルのグレートヘン・ヴィルド(注10)による）では、子どもを殺すのは悪い継母になっているが、本論の話ではそうではない。そして黒い女は金髪っ子に子殺しの嫌疑がかかるように、彼女の口に血を塗る。上述の類話では王妃に血がはねかかる。つまり、王妃の沈黙に対し口を打つという判決が下され、その結果、「血がほとばしりでる」のである。おそらく、本論のメルヘンに出てくる血のついた口、という特徴が別の形に移し変えられたのだろう。しかし殺人に関する不利な痕跡を王妃に加えるというモティーフが見られるのは、本論のメルヘンだけではない。たとえばロシアの『マリューシュカ・メルヘン』(注11)では、子どもの足が王妃の口に突っ込まれ、まるで彼女がそれを食べているかのように見える。『白状するか？』では骨が残される。『灰色のマント』ではその上椅子の周りに腸が巻きつけられる。これらの話の中では子どもは単に奪い去られるだけなのだが、本論のメルヘンのように子どもが殺されるのは、私の知っている話の中ではイタリア版のメルヘン『黙っている娘』(注12)のみである。この話では子どもは壁に打ち付けられる。これらの残酷な類話はすべて、おそらく、黒い女にかかった呪いと、彼女の救いの必要性に光を当てようとしているのであろう。と同時にこの残酷さは、王妃がこうむった実りある喪失、および黙り続ける頑固さを強調する。この段階ですでに黒い女は、いままさにこの若い男性的な力、すなわち王子を産んだばかりの王妃に対する支配がこのまま続くのかどうか心配しているようである。王妃は自立するにつれますます強くなっていく。それゆえ黒い女はそれに敵対する力を示すのである。一年後同じことが起こる。そのときの王妃はまるで自分の女性的な力を強めようとするかのように、同じブロンドの髪をし、額に星があり、完全に明るさに属している女の子を産む。金髪っ子が暗黒の男たちの秘密を守ったので、黒い女はこの子も殺し、奪う。類話では三人目の子どもが生まれるが、私たちのメルヘンでは生まれない。おそらくそれは、私たちの語り手は、何よりも男の子と女の子のペア、つまり同じように成長していく王妃の男性的な力と女性的な力を問題としているからだろう。

しかしここでとうとう、「人食い母」の嫌疑が金髪っ子にかけられる。城の人々は誰もが「恐ろしさに襲われ」る。類話では、人々の目の前で王が彼女を守ろうとするが（『黒い女のもとで』『白状するか？』）、私たちのメルヘンでの王の反応はもっと厳しくて、彼自身が「王妃を城の前で火あぶりの刑に処するように」と命じるのである。心の中の男性性、王という要素自体が、ここで妻を焼くことを命じる。というのは、子どもたち、つまり未来の成長を代表するものがすべて、彼女のために犠牲になったと思われたからである。上記のイメージは、ある種の全体性への到達がほぼなされかけているように思われた後、王という要素が、今、王妃に対抗することによって、もう一度心全体の深い分裂が迫っているということを予告している。王妃は城の外側で死刑に処せられることになる。彼女が全体性のシンボル領域から追い出されるのは、これが二度目である。

4　全体の変容

注目すべきことに、鍛冶屋の娘は今、鍛冶という技の要素、つまり火へと引き渡される。火の浄化力、変容を生じさせる力は、魔女を火あぶりにした人たちも意識していた。当時の解釈によれば、火あぶりの中で魔女の「黒い」魂が浄化されるという。それが錬金術のオプスの解釈（訳注16）へのアナロジーであることは見落とすことができない。積み上げられた材木を目の前にして百番目の部屋で見たことについての最後の尋問がなされるが、金髪っ子は黒い女に対して黙り続ける。すぐさま火がつけられる。「しかし、炎が彼女の足元に近づいたとき」――それは注目すべきことに、二重に解釈されうる意味をもっている。すなわち、火は黒い女の足元にもほとんど同時に近寄っているかのように理解できるのである――「黒い女は突然白く変わった」。火が直接近づいたことが、ショックのようなもの、ある種の突然変異を引き起こしたようである。黒い女は白くなり、突然、偉大なるとりなしのマリアの職務を引き受ける。「火を消せ、火を消しなさい！」と彼女は叫ぶのである。黙ることによって引き起こされた少女の受難の意味が何であったかが、突然明らかになる。黒い女の変容、すなわち、偉大なる両価的な母の、ニグレドからアルベドへの変容であったのだ。呑み込む母は、再び与える者となる。彼女は子どもたちを返し、さらに、今や金髪っ子の生命をとりなす者となる。

ここまで最も際立っているのは『黒い女のもとで』というメルヘンとの類似性である。その話の中では婦人は禁じられた部屋の中ですでに変容しかかっているところを見られ、その時点では足の指だけがまだ黒い。言うまでもなくその話においては、救いは、城をきれいにすることと明瞭な関係がある。本論のメルヘンでは救いはむしろ、城の徹底探索――心理学的に見れば自己探究――と関係がある。その探究には、それまでは意識されなかったアニムスの視点で暗黒の男性の部屋を暴き出すことも含まれる。その少女の仕事、すなわち黙っていることとそのための受難が、黒い女の救いと密接な関係があるということを報告しているのは、私の知っている類話の中ではイタリアの『黙っている娘』だけである。これは、生きているとき悪であり横柄であった女性が死霊となり、懺悔の苦痛から救われなければならないという話である。もちろん「苦しんでいる」ところを少女に見られた緑の乙女も、少女が秘密を守ろうとする連帯責任によって、最終的に救われる。

その点は『白状するか？』は違う。その他の点では私たちのメルヘンに非常によく似ているのだが、百番目の部屋では女ではなく死者が発見される。その話では確かに少女は黒い女にかまわずにいたからこそ、黒い女から最終的に解放されるが、黒い女自身の変容については何も述べられていない。

一方、『灰色のマント』、すなわち呪われた男は、最後に少女によって救われる。

本論のメルヘンはどちらのモティーフも同時に取り上げている。暗い男性性と暗い女性性は共に少女・金髪っ子によって救われるのである。それは、彼女が両方の元型的な力に対して適当な共同責任と距離、すなわち沈黙（それが変容を可能にする）を守ることができたからである。

「黒い女」という心の潜在力は、最後にやっと、金髪っ子にとって危険であった、呑み込む面から解放された。それというのも、黒い男たちの秘密を共同責任として守ることによって、まさに金髪っ子が自立することができたからである。物語の最後に王が、鍛冶屋もその妻子も共に死ぬまで王宮に迎えたというほどの大きな喜びを示したことから、男性性の暗い面も共に救われたということが推論される。

注1　Slawische Märchen（スイスのメルヘン）, Werner Dausin（訳）, Hanau/Main, 1975より。

注2　Märchen aus dem Donaulande（ドナウ河地方のメルヘン）, MAW, S. 29 ff., Jena, 1926より。それへの

比較として下記の文献所収の、『黒い女のもとで』についてのマリー－ルイーズ・フォン・フランツの解釈を参照せよ。Laiblin（編）Märchenforschung und Tiefenpsychologie（メルヘン研究と深層心理学研究の方法），Wege der Forschung, Band CII.

注3 『緑の乙女』；August Ey : Hatz-Märchen oder Sagen und Märchen aus dem Oberharz（ハルツメルヘン すなわちハルツ山地上部の伝説とメルヘン），S. 176 ff., Stade, 1862 より。

注4 『黙っている少女』；Märchen aus der europäischen Völker（ヨーロッパ民族のメルヘン：未刊行），unveröffentlichte Quellen,herausgegeben von Karl Schulte-Kemminghausen und Georg Hülle, Jahresgabe 1963 der Gesellschaft zur Pflege des Märchenkultus der europäischen Völker e. V., Schloß Bentlage bei Rheine i Westfl, S. 159 ff., Aschendorff, Münster/Westf., 1963 より。

注5 J. Bolte, G. Polivka : Anmerkungen zu den Kinder- und Hausmärchen der Brüder Grimm（グリム兄弟の子どもと家庭のためのメルヘンについての所見），5 Bände, Band I, S. 13 ff., Leipzig 1913 ff.

注6 13という数について：Dictionnaire des Symboles（象徴事典）。

注7 Allendyが以下に引用されている：Dictionnaire. 注10を参照せよ。

注8 注5を参照せよ（Bolte-Polivka）。

注9 『木の上の王女様』：Deutsche Märchen seit Grimm（グリム以降のドイツメルヘン），S. 1 ff., MdW, 1912 所収。それに対する比較として以下を参照せよ。C. G. Jung : Zur Phänomenologie des Geistes im Märchen（メルヘンの中の精霊の現象学）（Jung : Bewußstes und Unbewußstes（意識と無意識），S. 92 ff., Fischer-Taschenbuch Nr. 6058, Frankfurt/Main, 1957 所収）.

注10　注5を参照せよ（Bolte-Polivka）。

注11　MdW 所収。

注12　注4を参照せよ。Märchen der eruropäischen Völker（ヨーロッパ民族のメルヘン）, S. 159 ff.

訳注1　ギリシア神話においてゼウスとヘラの間に生まれた鍛冶屋の神。

訳注2　ドイツ神話における妖精の王で、鍛冶の名人。

訳注3　ユングは、錬金術を象徴という観点から、無意識研究の先駆的なものとみなした。黒化（ニグレド）は重要なことが今にも起こりそうなことを示唆する、諸要素が黒くなる錬金術プロセスの一段階。分析では、展開の生じる直前の抑うつ状態や、最初の蜜月期の終局、といった形態をとる（『ユング心理学事典』創元社）。白化（アルベド）は、錬金術のプロセスの最終段階。詳細はC・G・ユング『心理学と錬金術』I・II（人文書院）を参照のこと。

訳注4　古代ギリシア劇で、突如舞台に出現して難局を打開する劇中人物。

訳注5　北欧神話における、主神オーディンと妻フリッグの息子。神々の中で最も美しく賢いものとされる。

訳注6　十三世紀初頭の南ドイツの叙事詩ニーベルンゲンの歌で、大竜を退治して宝物を奪った英雄。

訳注7　インドのカーストにおける最高階級である司祭者層。

訳注8　ギリシア神話における、冥土の川の渡し守。

訳注9　「駆者クロノスに」というゲーテの詩を暗示していると思われる。この詩では、人を駆りたてる時（クロノス）を、馬車を急ぎで走らせる駆者に見たてている。（山口四郎ら訳『ゲーテ全集1』一九七九、潮出版

に収められている）

訳注10　イマーゴは他者を知覚する際の期待やフィルターとして作用するものである。他者へのイメージ、ことに両親へのイメージは現実の親との個人的な経験から生じるのではなく、無意識的なファンタジーもしくは元型の活動に由来するものであるということから、イメージではなくイマーゴということばをユングは使った。

訳注11　旧約聖書「イザヤ書」四十三章一節。

訳注12　ヨハネス・ボルテとゲオルク・ポリーヴカによる『グリム兄弟の子どもと家庭のための昔話注解』。始めの3巻は、グリムの昔話集の一つ一つについて注釈を加えたもの。多くの類話を挙げ、モティーフを分析し、モティーフの配列を明らかにしている。あとの2巻は昔話の歴史、各国の昔話、昔話の研究を扱っている。（M・リューティ『昔話の本質』（福音館書店）における訳者野村泫による解説より抜粋。）

訳注13　新約聖書「ヨハネによる福音書」十三章二十七節。

訳注14　旧約聖書「創世記」三章五節。

訳注15　カーリーはヒンズー神話における暗黒の死の女神。主神シヴァの妻。ドゥルガもカーリーとほぼ同一視される。

訳注16　錬金術プロセスとその作業のこと。ユングの考えでは、象徴的に個性化を指し示す。

第3部

心理療法におけるメルヘン・モティーフ

──実践例──

第9章

かけられた魔法を解くこと

——メルヘン・モティーフとの心理療法的なかかわりについて

マリオ・ヤコービ

【はじめに】

クライエントの夢、コンプレックス、行動のタイプにおいて、闇や悪の元型的な布置が明らかになることがある。私たちはよく似たメルヘンからそれを知ることができるし、また布置の意味や変容の可能性を学ぶことができる。謎かけ姫トゥーランドットや、近づいたら命がないような、いばら姫にかけられた眠りの呪いや、グライフ鳥のもつ秘密の知のような、メルヘン・モティーフが、夢や元型的に特徴づけられたクライエントの転移の中に自然発生的に現われたとき、私たちはそのメルヘンの経過から、心理療法の可能性をも解明することができる。

ある女性クライエントは、面接のときに私の発言や解釈をすべて批判する癖をもっていた。どうせ私は彼女のことを理解していないし、ひどい夢分析者なのだから、私に夢を語ったり書きつけてもしようがない、私のところでの分析すべてに価値がない、もう二度と来るまいと彼女は思っている。それにもかかわらず、何度も何度も彼女はやって来た。

分析者はしばしばこのようなことに直面する。自分のクライエントからいつもいつも好かれ、尊敬されると思うのは間違っている。そのような状況において、分析家が自分のクライエントを本当に理解しているかどうか、そしてどこまで理解しているか、あまり不安にならないで自問することは、もちろんとても大切なことである。さて、私とクライエントの場合、次のようなことが明らかになった。彼女は、私が言ったことほとんどすべてを価値下げするだけでなく、自分自身の思いつきや考えや衝動をも価値下げしていた。彼女は学位論文を書いている最中で、そのことで絶望的な気分になっていた。彼女は八方塞がりだと感じていた。

彼女に浮かんだ考えはどれも、彼女がいざ書こうとすると無価値にされる。「それは何の意味もない、それはあまりにも浅薄だ、それは私が本来言いたいこととは違う」。そのような批判がすぐに現われて彼女の力を奪い、落胆させた。自分自身に対して、また親しい人々に対しての破壊的な批判は、いわば彼女が支配することもコントロールすることもできない自律的な機制であった。分析によって彼女は、自分が実際この価値下げの傾向を非常に恐れているという洞察を得た。数回の面接の後、彼女は次のようなことを語ることができた。「先生は私のことをわかっていない」と責めて、私を価値下げして、批判してしまいそうになる不安に何度も苦しんでいたのだ。その後、私の頭にふっと次のような解釈が浮かんだ。それを私は彼女に次のように簡潔に表現した。「あなたの問題は〈トゥーランドット姫〉や、ノルウェーのメルヘン『旅の道連れ』（どちらのメルヘンについても、ヴェレーナ・カーストによって詳細に解釈されている類話『魔法をかけられた姫』を参照）に出てくる姫の問題に似ているように思えます。求婚者を滅ぼしうるように、あなたは解けない謎をかけねばならない。そのためにあなたは、よそよそしい態度をとることになるのです。しかもあなたは心の一番深いところで解かれることを望んでいるのです」。トゥーランドットの物語をクライエントはすでに知っており、ノルウェーのメルヘンもその日の晩に読んだ。私がここで書いていることからはっきりわかるように、クライエントはよそよそしくふるまう努力をしていた。「危険な」近さを予告するものは、すべて殺されねばならなかった。彼女自身の思いつきや、接近欲求もその一つであったし、とりわけ私と私の解釈がその一つであった。それは「抵抗」という専門用語では十分には表現しきれない、非常に困難な心理療法上の問題である。姫が解けない謎を出すメルヘンでは、しばしばその背後に、求婚者に姫を渡そうとしない悪魔的な父親像がある。ノルウェーのメルヘン『旅の道連れ』[注1]では、姫は〈山の精〉であるトロールの恋人である。最後の試練として姫は求婚者に、自分の考えているものを翌朝までに調達することを課した。主人公は魔法の力を意のままにする道連れの助けで、姫の考えで愛するトロールの首を姫に差し出すことに成功する。こうして姫は結婚するが、姫のもっているトロールのころもを姫自身がすっかり脱ぎ捨ててしまうまで、危険を乗り越えたことにはならない。この難しい課題が私のクライエントの場合にも布置されていた。その「首を切り落とす」ために、つまりそれを少しは効力のないものにするために、私のクライエントがどのような「精」のとりこになっているかを見つけ出すことが大事なのである。私や親しい人々の価値下げをせずにはいられないという不安について、私と話すことができた時点で、彼女はもう完全にはこの精と自分自身を同一視してはいなかった。そうして私たちはいっしょに、その不可思議なものを探索することができた。そこには、人間と呼ばれるもの、人間として生きることすべてから彼女を遠ざけておこうとする精がいた。「匂いがする、人間の匂いがする。」そう精は脅して言う。そして困ったことに、その際、彼女の中で生きることが許されない人間らしさが問題となった。身体とともに生きることは、自分の肉体に制限されて、自分の肉体から離れることができないということである。身体は汗もかくし、臭いもある。快楽的な身体の欲求は吐き気をもよおすものであり、同時に恥ずべきものでもある。人間の存在は、限りがあること、不完全であること、避けがたい妥協があること、そして影を経験することを意味する。自分自身と自分の人生には、正しいこともうまくいくことも何もないのだということを、私のクライエントはその精によって、何度も何度も納得させられていた。彼女は自分自身について何も肯定できないし、受け入れることもできなかった。根本的には、平凡であること、限りがあること、妥協することは、彼女にとって我慢ならないことであった。全知全能を求め、哀れな奴――彼女自身も自分のことをかわいそうな哀れな奴と感じていた――の神経を逆撫でし、踏みつぶそうとする精が彼女の中にいた。かくして彼女は文字どおり、人間から遠ざからねばならなかった。人間的な結びつきをもつことは踏みつぶされることを意味するし、不完全な論文を書くことは人間的な行為なので許されないことになる。

この心理状態に対しては、種々の心理療法の学派のモデルに応じて専門用語がある。ユング心理学ならば、アニムスにとりつかれたと言うだろうし、ハインツ・コフートの精神分析のナルシシズム理論ならば、早期幼児期の肥大化した自己に固着があったと言うだろう。また、人間に近づくことへの彼女の恐れについては、シゾイド・パーソナリティーも問題になる。しかしメルヘンは、この上なく具体的に感情移入できる形で彼女の状態を描写しているので、クライエントに「ああ、そうかという反応」を呼び起こした。

もちろん、このメルヘンの例はクライエントの夢やファンタジーから直接に生じたものではなくて、治療者である私が自発的に思いついたと言うべきである。私はまるでこのクライエントが父なる山の精に捕まっているかのように感じた。そのイメージはクライエントの状況を最も適切に表現しており、それが彼女に訴えかけることが最も重要である。それは私同様、彼女が治療の中で何が重要な歩みなのかを知り、彼女の問題をよりよく理解するのを助けてくれる。彼女の体験の基本型、元型的なテーマが明らかとなり、それがさらに患者の個人史的つながりにおいて分析され、徹底操作される必要があった。メルヘン・モティーフは治療においても、解釈の重要な助けとなりうる。そのことをこの例によって示そうとした。

さて、次はクライエントの資料によるメルヘン・モティーフの例に移ろう。二十七歳の男性が約九か月の分析の後に、私のところに次の夢をもってきた。「私は上のほうにある森に行こうと思う。雪におおわれた草原があり、森へと続いている。森自体にはその先に道はない。私はナイトガウンを着ている。突然私の母がやって来るのが見える。母もナイトガウンを着ている。私たちは今いっしょに道を下り、一軒の家に来た。奥の部屋で私のガールフレンドが眠っている。私はすべての部屋を通り彼女のところまで行き、彼女にキスすると、彼女は目覚めた」。

眠り〈姫〉である〈いばら姫〉がこの夢の中でキスされて目覚めた――あるいはこの解釈はあまりにもわざとらしく聞こえるだろうか（次章のマリオ・ヤコービによるいばら姫のメルヘンの解釈を参照）。青年が言うには、ガールフレンドと結婚する決心がつかないという理由でやってきたのだった。彼はあきらめることもできなかったし、彼女と結婚すると決めることもできなかった。もっとも、ガールフレンドは彼からのプロポーズを望んでいるのだが。この葛藤は彼をひどく悩まし、明らかに不安を呼び起こした。かなり後になって、その青年は何に対しても本当にかかわることができないことが、私に明らかになった。彼は眠り込んだかのように見えた。彼の内面を強烈に動かすことができるようなものは、ほとんど何もなかった。

夢が示しているように、たとえ彼のそばでないにせよ、彼には確かに奥の部屋で寝ているガールフレンドがいた。現実のガールフレンドはむしろ活動的で要求的であるようだった。しかし彼にとって彼女は眠っており、ただ一人で奥の部屋にいた。〈彼において〉、彼自身の体験様式において、状況はそのように見えるのである。特に気持ちや感情の面で敏感になることによって、彼の中の何かが目覚めなけれねばならない。そうなることで初めて責任をもってかかわることができる。「敏感になる」という表現を私はついここで使ってしまったが、私から見れば正しいと思う。彼の中で眠っているものはまさに彼の感じやすさであり、また生物学的表象から言えば、おそらく女性的兆候というカテゴリーに分類される何かである。よく知られているように、C・G・ユングは女性像で象徴される「女主人の魂」、男性の〈アニマ〉について語った。アニマは生命の元型ともみなされうる。活気づけられるということは情緒的に生き生きと感じることである。

このクライエントにおいて話題になっていなかったのは、まさにこのことである。彼は自分のことを疲れて活気がないと感じていた。自分の人生にかけられた呪いは、八歳のときにすでに父を亡くしたということだと彼はよく繰り返した。――いばら姫のことを考えてみよう、そこでの〈眠り〉は運命を決定する〈妖精〉の運命の呪いに基づいている。――彼の父の死後、彼は母と二人の姉のいる家族の中で唯一の男性だった。父が死んで女性ばかりになったとき、彼がしたことは、一種のことばのストライキだった。彼はほとんどしゃべらず、閉じこもってしまった。母はかわいい息子のこの「妙な考え」を取り除くためにあらゆることをした。思いやりをこめて説得したり、脅したり、殴打したり、再び元気づけたり。――メルヘンでは悪い妖精の呪いのせいで、糸を紡ぐことは危険とされたので、王国中のすべての糸車は燃やされねばならなかった。――この青年はこれまで母に対して、家族に対して、そして周りの世界に対して、従順な態度をとっていた。ただ頭の中ではひそかに、糸車はさらにくるくる回っていたのである――あのこっくりこっくりする老婆のもとで。錆びた鍵の差し込まれた鍵穴の向こうにある自律的なファンタジーは、全能願望や破壊的な危惧を含んでいた。それで彼は、たとえば自分は本来世界中に同時に存在しなければならないと話した。自分がいないところで何かが起きることを、彼は好まない。だから彼はいつも落ち着かないのだ。とりわけ彼は飛行機の音を聞くと、いっしょに飛びたくなる。その後、海外へ飛ぶ憧れに襲われる。実際すでに彼は海外に飛んだことがある。しかしそれも彼を満足させなかった。というのは、彼がそこにいるとき、彼はやはり〈一つの〉場所にしかいないことになり、ここで生じている事件には居合わせることができないことになるからである。そのような不安に襲われないから、眠るのが一番好きだと話した。

たとえ彼の感情と生命力、つまり彼のアニマが眠っているように見えても、絶えずそのような非現実的な幻想が永続的に繰り返し動いている。塔の上でこっくりこっくりしながら糸を紡いでいる老婆は、その適切なシンボルである。彼の生き生きしたかかわりはあの〈錘〉で傷ついた。というのは、彼がガールフレンドのそばにいるとき、彼女は真のパートナーなのだろうかという疑いが彼に起こったからである。彼が彼女と婚約したら、彼の言うように、よりよい女性と出会う千の可能性すべてを手放すことになる。しかし彼は、千の可能性を何らかのやり方で求めるには、あまりにも受動的であった。それらすべては不毛のファンタジーのままであり、そのことはこのガールフレンドが彼にとって真のパートナーかどうかという問いを考えるのに、少しもプラスにならなかった。私のクライエントは決して精神病的な意味において「気が狂って」いたのではないと付け加えておかねばならない。彼は非現実的な幻想が問題となっていることを理解しており、分析によってそれを何とかしたいと思っていた。

前述の夢を見てみると、野原の上にあるのは、老婆の塔の部屋ではなく、道もない雪におおわれた森である。事実、クライエントは内面の空虚さを感じないように自分を守っていた。とりわけ、見通しがきく距離から人生を観察して賢く考えにふけっている、つまり、山の上や高い見張り台にいることによって、自分を守ろうとしていた。彼は生き生きとはしていないが、少なくとも賢明であろうとした。意識的ではないが、そうすることで自尊心をしゃんと保とうとした。夢の中では、彼はナイトガウンをまとっている。夢からはっきりわかることは、上に向かう道がそれ以上は続いていないということとともに、彼が心理的に寒いと感じているということである。そして母親がナイトガウンを着て、上のほうにいる彼を連れ、下にいるガールフレンドの家まで送り届ける。もちろんナイトガウンを着た母親には、さまざまの意味がある。確かにその際、エディプス的な近親相姦のファンタジーを考えることも不適切ではない。しかし母親が自分のナイトガウンを着て、彼に気持ちを合わせたことは明らかであり、それは彼の、実際の母親との体験と矛盾する。実際の母親はどちらかといえばヒステリックで、絶えず過剰な活動で周囲の人を支配しようとしていたし、不機嫌で、彼を叱責した。夢の中では母親は変化していた。それは内的な母親像の変容を示していて、夢の通りの好意的な変化が生じており、母親は彼をガールフレンドの家まで導く。

経験的に、分析における両親像の変容は、私たちが転移と名づけている経験を通じて広範囲に起こる。多くのクライエントが転移の中で、両親や同胞関係で生じた早期の経験や葛藤を、無意識的な世界の構造の中で思い描き、分析家との関係に再び生き返らせるという事実を、私たちは知っている。同時に両親の与えてくれたなかで欠けていたもの、たいていはそれが心理的障害を引き起こしたのだが、それが分析家の中に求められる。たいていの人は、このクライエントの場合、幼い時期に亡くなった父親を再び私の中に見いだそうとしているのだと気づくだろう。事実、彼は父親を喪失したことは大きな欠陥だと思っていたので、男性の分析家を選んだのである。確かに私たちの間で、このレベルの多くのことが進行した。にもかかわらず、彼の魂を目覚めさせたのは父親ではなく、母親であった。きっと母親的なものがより深く、より決定的に私たちの間に布置されていたのだろう。私は可能なかぎり彼や彼のリズム、そして彼のあきらめのメロディーに同調しようとした。また彼の眠そうな様子は、彼の母親がするように要求的になったり、つついたり、過度に元気づけたりする反応を引き起こしそうになるけれども、私はなるべくこのようなことをしなかった。

理解ある形で同調されるということは、彼にとって新しい経験であり、元型的に見れば、母性的で共鳴する養育態度に相応する。元型的な良い母親は『いばら姫』の中では親切な妖精たちによって象徴されており、彼女たちすべてにとって大事なことは、世話すべき子どもに豊かであふれんばかりの生命《いのち》を与えることなのである。つまるところ彼女たちは、自然と自然の中の心身の成熟プロセスを示しており、役立ちたいと望んでいる。確かに愛する能力も、天賦の才能、生まれつきの才能と同じで、自然を通して開かれるのかもしれない。それは人間らしい自然の願いである。

いずれにせよ、私のクライエントは、その一年後にガールフレンドと結婚し、後に父親となることができた。ときどきはまだ小さな再発があり、塔の老婆が再び糸車を回し始め、彼の内的な生き生きしたものを眠り込ませる。しかし全体としては、感情と関係性は目覚めていた。

　次の夢に移ろう。夢を見たのは四十五歳の女性で、芸術的な才能のある婦人である。彼女は再度大学で勉学するために、働いて生活費を得ねばならなかった。その夢を見た頃の彼女は、教授から課された勉強で忙しく、多すぎる課題を成し遂げねばならなかった。夢は次のような内容である。「私はガラスの円塔の中にいた。教授が入って来て、二羽の鳥に話しかたを教えたと私に言う。彼は鳥を一羽連れて、ガラスのあずまやの周りを回る。彼が何かしゃべっているのがぼんやり聞こえてくる。それから彼は中に入り、鳥を私のところに連れて来る。この鳥は日本人か朝鮮人のように見え、燕尾服を着ていた。鳥は黄色い肌をしており、やや性急に少しオウムのようにドイツ語を話す。二番目の鳥に関してもまったく同じことが起こった。私はまるでグライフという鳥の家にいるような、何か不思議な感じがした。けれども私は教授に感心する。ともかく鳥たちは少しは彼の言うことを聞く。鳥人間の一人が私に言う。『私のしゃべり方は不明瞭なところがありましたか？　そのうちよくなるでしょう』」。

　クライエントは夢の中で、まるで〈グライフ鳥〉の家にいるかのような感じをもった。彼女はグリム童話集に入っている、スイスドイツ語で書かれたグライフ鳥のメルヘンを知っていた（注2）。このメルヘンでは、グライフ鳥は、一面ではすべてを知っているものとして、他の面ではキリスト教徒を食べるものとして表現されている。「キリスト教徒はその鳥と話し合わない。鳥はキリスト教徒を食べる」。そのメルヘン全体は細部に至るまで、別のグリム童話『三本の黄金の毛の悪魔』と同じである（注3）。グライフ鳥はいろいろな神話上の存在が混ざり合った姿をしている。ワシの頭とライオンのような身体と四本の足、二枚の力強い翼をもっている。それは魔力をもった動物であり、車を引っ張って空中を飛ぶことができ、フェニックスと同じく、太陽のシンボルである。それは黄金を守っているし、その尾の羽を使って、魔法をかけることができる。元来グライフは古代オリエントの生き物が混合した存在で、それについての描写がバビロン、エジプト、ミケーネ文化にある。(注4) グリムのメルヘンでは、主人公は王の命令でグライフ鳥の尾羽をとって来なければならない。彼はこれに成功すれば、王女を妻にすることができる。よく似た課題が『三本の黄金の毛の悪魔』のメルヘンにも出ている。そこでは王女を手に入れるために、悪魔の三本の黄金の毛をむしりとらねばならない。さて、どちらのメルヘンでも重要なのは羽や悪魔の黄金の毛ではなくて、それと結びついた知であることが興味深い。『三本の黄金の毛の悪魔』では、悪魔は、以前は葡萄酒がわいていた広場の泉が、なぜ乾いてしまい二度と水が出なくなったのか、以前は黄金のリンゴの実をつけていた木が、なぜ二度と花をつけなくなったのかなどを知っている。すなわち泉のそばの石の下にヒキガエルがいて、それを殺さねばならない。またねずみが木の根をかじっているので、木が枯れるのだ。グライフ版では、王女がなぜ不治の病にかかっているのかを鳥は知っている。ヒキガエルが彼女の髪の毛で巣を作っていたのである。よりにもよってキリスト教徒を食べるグライフや悪魔が、なぜ地上のものが実を結ばなかったり、病になったりするのかを知っている。そのことは何を意味するのだろうか。このテーマについて心理学的観点から一つのまとまった文化史を書くことができるだろう。特に初期教会の歴史において、キリスト教はネオプラトニズムの思想と融合して以来、自然の価値を大いに貶めた。それに伴って、人間の中の生物としての特性も価値を切り下げられた。初期の教義上の学説を決定するにあたって、原罪が性的なものと強く結びつけられ、パウロによれば、独身を通すことは結婚よりも完全に神の御心にかなうとされる。「肉欲的」であることは、神に対する敵であり、死を意味する（ローマの信徒への手紙八章五、六節）。精神と自然の対立は、精神にとって有利な結果になるよう強調された。オリエントの豊穣を祈願するアシュトレトやイシュタルの儀式は、聖娼による魔術的・性的な方法で行なわれており、すでにユダヤ教徒とその神から嫌悪されていた。それゆえ旧約聖書の預言者の永遠の敵は、バアルの儀式である。バアルは植物の神であり、自然とともに死に、再びよみがえる。バアルは牡牛や牝豚の姿で崇拝されることもあった。豊穣のシンボルとしての豚もバアルの仲間に属し、それゆえ豚もユダヤ人にとって汚れた動物なのである。(注5) わけても重要なのは、悪魔がよく山羊の足と角をもつもの、すなわち古代の自然神との混交として表現されていることである。古代の人間が神から贈られた自然本能的なものは、キリスト教徒にとっては悪であり反神的なものとなった。かくして人間は自然の生殖行為によって生まれるので、始めから原罪に属しており、生まれながらにして罪深く、悪い。たとえば修道院における中世の教育は、子どもたちからできるだけ悪魔をたたき出すことであった。(注6) オーギュスト・ヘルマン・フランクによって基礎が置かれた十八世紀の宗教敬虔主義の方法は、子どもは監視され、罰されなければならないという考えに由来する。放任すれば、子どもはただ悪いことをするだけである。子どもの「生まれながらのわがまま」は破壊されねばならないし、本当のキリスト教的従順と服従がこれに取って代わらねばならない。子どもの遊びはただ無為なだけであり、子どもにとって「世俗的な精神」への誘惑を意味する。(注7)

悪魔や〈グライフ鳥〉は、無意識に抑圧され、価値を切り下げられた自然衝動と本能のイメージである。安易にそれらと接触しようとすれば、キリスト教徒は食べられてしまう。つまり、こんなふうにわべだけを繕うキリスト教にとって、その補償として、絶えず自然の衝動に圧倒される危険がある。キリスト教の歴史はそんな例に満ちている。異端者の火刑や宗教裁判は攻撃性を、そして魔女裁判はファンタジーを伴う性衝動を過剰にエスカレートさせてしまう。この種の自然に対立するオプスは、キリスト教にとってふさわしい精神性を手に入れるために、確かに必要なことであった。しかし時代とともにこの一面的な努力は実りのないものとなった。なぜなら、それは魂の全体性への欲求と矛盾するように思われるし、魂の変化はただ本来の道に向かおうとするからである。すでにルネッサンスは、古代の自然や生きる楽しみを取り戻そうとする試みであった。近世においてはまず哲学の立場から、伝統的なキリスト教を補償しようとする試みが多数行なわれた。ここでは、人間は生まれつき善であり、それゆえ自分の自然と自分を取り巻く自然にできるかぎり自分を委ねるべきだと言明したルソーを挙げておこう。ニーチェは悪魔の姿と親密な関係にあるディオニソスを目覚めさせようとしたし、クラーゲスにとって精神は魂の敵となった。

現代の心理療法は大部分、このメルヘンの見方、つまりキリスト教徒を食らうグライフ鳥や悪魔が、精神的・霊的な不毛を取り除くために伝えるべき知の宝庫をもっているという考えに基づいている。フロイトの精神分析は何を企てようとしたのだろうか。それは衝動の抑圧を取り除き、衝動を意識の意のままに従属させようとしたのである。「エスが存在したところに自我を生ぜしめよ」(注8) とフロイトは言う。

衝動を処理することによって、神経症的な分離という不毛から、愛する力や働く力、楽しむ力を生ぜしめるのである。ユング心理学でも無意識からの分離を止めようとする。しかしユングによれば、無意識は生活史的な抑圧や衝動だけでなく、ユングが元型と名づけた意味深い秩序可能性から構成されている。無意識には同時に、本能の中に存在する精神発展の萌芽、創造的な表象可能性が与えられている。ある関係において無意識は意識より多くのことを知っている。そのとき私たちは、「無意識の知」というパラドックスにたどりつく。私たちの意識の知以外に、さらに別の知がある。人間の身体の極度に複雑な生理は、いかに生命を保全しながら機能しなければいけないかを「知っている」。生理は、自然科学のような人間の知がこの経過を調べ、その法則性を研究することができるずっと前に、そのことを知っていた。胃はいつ満たされたらよいのかを知っているように思われるし、このことを私たちに空腹という形で伝える。性衝動がどのようにして私たちに生じればよいのかを知っているのは、性衝動である。そうでなければ人間はずっと前に死滅してしまっただろう。人間の意識と反省する能力さえも、人類に属する特殊なものとして私たちの中に備わっている。だから自然の中には、意識することを人間に最初に付与する知が存在していたはずである。それゆえ人間が意識することは自然現象であり、自然の中の知の表われである。それに関して、聖書の中ではこう言われている。神はご自分にかたどって人を創造されたと。私たちのメルヘンにおいて、悪魔やキリスト教徒を食らうグライフ鳥の中に、なぜこの無意識の知がシンボル化されているのかについては、すでに示した。さて私たちが意識で考えてものごとがうまくいかなくなるとき、私たちにとってすべてのこと、人生全体、私たちの考えや感情が味気なく生気なく見えるとき、うつやその他の症状が私たちを苦しめるときに、生きているものをむしばむものは何か、あるいはどこでヒキガエルが生の流れを塞いでいるのかを知るために、たとえば夢という表現で私たちは無意識へ向かう。私たちは「私たち自身の自然に戻ろう」とする。空虚な多忙や気晴らし、身体の病気など、何かの形で内的な困難から逃げる代わりに、私たちは内的な悪魔に立ち向かおうとする。私たちにとって最も不道徳なもの、最も下劣なもの、最も嫌悪すべきものと思われるもの（たいていそれは狭められた意識の立場から評価されたものだが）、それに私たちは立ち向かわねばならない。まさしく生きられていない、あるいは抑圧された生としての、その時々の悪魔に。しかしメルヘンのどちらの版においても、グライフ鳥あるいは悪魔と、直接的な対決がないことは興味深いことである。悪魔には〈おばあさん〉が、グライフには妻がいて、二人は主人公に同情する。主人公を隠し、悪魔やグライフに対して策略をめぐらす。これらの女性像は、まず無意識というものが女性的徴侯をもつ母なる自然として現われ、グレートマザーの象徴的な姿をとるという事実に一致する。悪魔やグライフ鳥は、自然・植物の内に備わった精神的観点、まさに自然の中の精神、本能的な自然の知恵なのだろうか。

この拡充的な議論を終えて、もう一度前述の夢に戻ろう。夢見手がグライフ鳥のそばにいるような感情をもったにもかかわらず、状況は根本的にメルヘンと異なっているように見える。悪魔のしらみを取るおばあさんの代わりに、ここでは鳥を手なずける教授がいる。鳥はたとえ外国人の特徴をもっているにせよ、擬人化されており、オウムのようにドイツ語を話す。それで夢見手は教授に感心する。メルヘンとはまるであべこべである。ここでは学者ぶった教授という形で「発展するための助け」が与えられ、深い自然の知の代わりに擬人化された鳥は、オウムのようにドイツ語を話すことができる。教授のやっている芸当は非常にいかがわしい。つまり彼は、無意識を手なずけてその独立性を奪い取ろうとする。すべてのことがガラスのあずまやで起こっているのも独特である。たぶんガラスを通して周りの生活を見たり、観察することができるだろうが、同時に周りの生活から隔離されている。この夢は、よく知られたメルヘンを夢見手が皮肉って変形させたもののように思われる。生き生きしたものを犠牲にして、教授つまり行きすぎた知的野心を過剰に称賛することが、いかにオウムに似て不毛であるかを、夢は彼女に告げている。彼女は自分を過度に訓練しようと望んでいて、そうすることで彼女が彼女自身の自然と彼女の内的な深みとの葛藤に陥っているのは明らかである。この夢ほどうまく彼女の行動を皮肉ることはできないだろう。それゆえ、私が先程の議論で試みてきたような意味で、彼女とともにグライフ鳥のメルヘンの心理学的意味を論ずることは必要なことであった。彼女の夢とメルヘンとの間の不一致を、できるかぎり徹底的に、彼女に明らかにすることが必要であった。内的な自然の知が、夢を通じて、いかに適切に自分のメッセージを伝えようとするか、いつもいつも驚かされる。彼女の人格の心的バランスにとって何がよいのか、本能的にこの夢見手も知っているように思われる。そこから彼女の一面的な間違った態度が皮肉にもするどく批判されている。C・G・ユングは周知の通り、夢は心的バランスの保持のための補償作用を果たすという見解をもっていた。この夢はそのよい例であった。

　心理療法の実践において、メルヘンがどのようにして重要な役割を果たすことができるかについて、いくつかの例を示そうと試みた。ただ一つのメルヘンを綿密に解釈するのでなく、あるモティーフがいかに実践から生じているかを明らかにしようとした。そのようなやり方がどの程度まで許されるのかという問いが、まだ残っている。私たちがある種の葛藤や解決のモデルをメルヘンの中に見ようとするとき、メルヘンに対して暴力を振るっていないだろうか。それは「職業的歪曲」ではないのだろうか。メルヘンの中の見事な城の代わりに、私の眠たげなクライエントの人格の一部として、突然美しいいばら姫を思い浮かべることは許されるのだろうか。

メルヘンは人間の空想が生み出したものであり、また、独自のプロセスをもつ魂の自己表現である。それゆえ、特にC・G・ユングが普遍的無意識の元型の仮説を出して、解釈の決定的な手がかりを提供して以来、当然のこととしてメルヘンは心理学的に解釈されてきた。私の考えでは、メルヘンと心理学的につきあうことは、得ると同時に何かを失うこともある。明らかに得るものとは、具体的な経験とすることができる可能性である。いばら姫が王の城で祝福されたり、呪いにかけられたり、また生きたり眠ったりするかぎりでは、いばら姫は彼女の世界の中で生きている。母親が語ったり、子ども劇場でしばしばクリスマスのメルヘンとして上演されたりして、子ども時代の思い出のイメージの中に、いばら姫は不変の場所をもっている。その一方で、いばら姫は、眠たげな不活発のシンボルとして、直接体験に訴えて、人の心を動かす。それでもやはりこのやり方で失うものがあることは、仕方がないといつも思う。つまり、それはメルヘンの世界がもっている詩情や独特の雰囲気を失うことである。メルヘンと心理学的にかかわる一方で、私たちの中にあるその不思議な詩情に対する率直なナイーブさを失ってしまったら、当然それは「職業的歪曲」と言えるだろう。しかし実際そのような悲しむべき損失は、心理学による場合でもそうでない場合でも生じうることなのである。

注1　Der Kamerad（『道連れ』）．ノルウェーの民話。MdW Nr. 27, Diederichs, 1967.

注2　Kinder-und Hausmärchen, ges. durch die Brüder Grimm（グリム童話集）．MdW Nr. 84, Diederichs 1922.

注3　Kinder-und Hausmärchen, ges. durch die Brüder Grimm（グリム童話集）．MdW Nr. 83, Diederichs, 1922.

注4　H. Bächtold-Stäubli：Handwörterbuch des deutschen Aberglaubens（ドイツ民間信仰事典）『グライフ（Greif）』の項, de Gruyter, Berlin, 1930/31.

注5　V. Maag：Syrien-Palästina（シリア－パレスチナ）．以下の文献に所収。Schmökel, Kulturgeschichte des alten Orients（古代オリエントの文化史）, S. 595 ff., Kröner, Stuttgart, 1961.

注6　H. Reble：Geschichte der Pädagogik（教育学史）, S. 44 ff., Klett, Stuttgart 1962.

注7　H. Reble：Geschichte der Pädagogik（教育学史）, S. 117 ff., Klett, Stuttgart 1962.

注8　S. Freud：Ges. Werke（フロイト全集）, Bd. 15, S. 86, Fischer, Frankfurt, 1969.

第10章

いばら姫と悪い妖精

――閉め出された悪の問題

マリオ・ヤコービ

【はじめに】

思春期やせ症の一事例をもとに、いばら姫の布置が、その少女の個人的な生の問題にとって何を意味するかを、心理療法が――まさにいばらの垣根に引っかかったままになって――失敗に終わるまでをたどりながら示したい。主として転移－逆転移の中にいばら姫問題が映し出される様を考察する。

すでに述べたように、メルヘンは皆、あからさまに、あるいは多くは隠された形で、冒頭に欠如、ないしは危機がある。始めに描写される不満足な状態は、心理的には苦しみとして解釈できる。苦しみは確かに大いに気持ちを萎えさせる効果を及ぼすが、よく知られているように、同時に葛藤や危機における苦しみなしには、意識の発達も成熟も考えられない。したがって苦しみは、意識化のプロセスを開始させるための重要なエネルギー源であるということができる。苦しみに満ちた葛藤の中からこそ、現存在の意味についての問いが生まれてくるのである。最良にして最も価値ある創造行為が成立するためには、それが精神的なものであれ、学問的なものであれ、芸術的なものであれ、まず人間存在が苦しみの経験へと引き渡されなければならない(注1)。

したがってメルヘンを心理学的に理解するためには、始めの危機の意味を問うことがつねに重要なのである。メルヘンはいつでも、人間の経験にありがちな典型的な危機や葛藤を解決する可能性、またはそこから救済される可能性を空想的に描く。『いばら姫』における危機は、王と王妃に子どもがないということであり、この状況は不毛である。子どもがないということは、象徴的には、生が更新されないということを意味する。生き生きとした魂のプロセスが阻害され、そのことが空虚感、退屈感、耐えがたい無意味感といった基本的感情を生む。このような感情を動機として心理療法を申し込む人が多く、この感情こそが、心理療法を進めるのにどうしても必要な「圧迫する苦しみ」を形成するのである。

このようなメルヘンの始まりをもっと正確に理解するためには、王と王妃の心理学的な意味を探らなければならない。あらゆるメルヘンの登場人物はいずれも、個人的な人間としてではなく、出来事全体の中で一定の位置を占める象徴の担い手として理解する必要がある。〈王〉という人物の心理学的理解についての本質的なことはすでに述べた（第1部の「C・G・ユングの観点から見たメルヘン解釈」参照）。王が象徴するのは、価値のヒエラルキーを伴った、その時点で「支配的」な世界観であり、それゆえ規範、すなわち人間の行動を方向づける神聖な影響力をもつ手本を表わす。王はもともと、神の力の地上における具現であるとみなされる。だから王によって具現化される規範は、元来、生き生きとした、文化を創造する意味内容をもっているはずである。しかし、すでに述べたように、創造というものは、宗教的なものであれ、世界観に関するものであれ、政治的なものであれ、いったん確立され組織化され制度化されたが最後、直接的で生き生きとした影響力を失ってしまう。たとえば原始キリスト教においては、宗教体験は自然に生まれ出たものであった。これらの宗教体験は新しい宗教的出発を意味し、現存在の新しい意味づけを与え、多くの人々に、拷問にも死にも揺るがないほどの、この上なく生き生きとした内的な確信の力を与えた。時が移るにつれ、個人の原体験から離れ、制度が生まれ、キリスト教は国家宗教として認められるに至った。これは大勝利ではあったが、同時に決定的な喪失でもあった。「この世のものではない」キリストの王国が、まさに「この世」の権力構造の中に持ち込まれ、さまざまな次元において矮小化されてしまったのである。言うまでもなく、さまざまな歪曲と悪用にさらされることになった。最初の百年間にすでに、宗教的内容・表象のうち、何がキリスト教に属し何が属さないかということが、教会会議によって決定された。一方ではそれは確かに必要なことであったが、他方、それによって束縛的な教義規範が生じ、その規範はますます大きな絶対性を要求するようになっていった。そしてそれによって、個人が聖霊の啓示へと招かれるという、原始キリスト教の本質的な原理が捨てられてしまった。教条主義が生まれ、哲学的、法的、政治権力的に保全を図るシステムが確立され、硬直化が生じた。ただしそれについては、今日まで問うことが許されなかった。頂点に立つのは教皇であり、そこに連なる「王」を広く具現化している。その後ルターが現われ、福音すなわち、よき知らせにおいて告げ知らされる「神のことば」が、再び直接の感動の源泉となった。個人と神との直接的な出会い、「神のことば」の内的経験こそが初期プロテスタンティズムの新しい関心事となった。ところが、この新しくて非常に意味深い原宗教的な飛躍も、まもなくドイツ領邦教会(訳注1)ができ、正統主義ハイデルベルグ信仰問答(訳注2)が作られると、硬直化してしまった。つまり「王」が不毛化したのである。

このような一連の動きは元型的な法則に一致している。すなわち生は、生物学的面と心的・精神的面において、繰り返し新しくされなければならない。

今の時代、支配的な価値カテゴリーとしての「王」は、久しく退位したままである。しかしそこに、唐突に、夢にも思わなかった新たな「王」が、再び居座ってしまった。たとえば、十九世紀このかた、反体制教育、体制による抑圧からの解放、不公平な社会に対する革命を求める声が聞かれるようになったが、そこに、絶対的な「王」が再びこっそりと巣くってしまった。反体制、社会正義と自由という、それ自体は価値ある観念が、それにとらえられた人々を狂熱的で偏狭にしてしまっている。

「王」を退位させることは重要である。しかし王が象徴する内容を取り除くことはできない。なぜなら、それは人間の本質の構成要素だからである。ただ、内的な王が無制限に、絶対的に支配するままにしてはならない。もし私たちがその支配性を意識せず、私たちの内的な支配的価値を問わなくなるならば、たちまち王に支配を許してしまうことになる。そうなったら、私たちは王に隷属することになる。つまり集合的規範の執行機関に成り下がってしまうのである。そうなれば個人的な倫理観を失い、ハイデガーのことばを借りて言えば「ひとへの頽落(訳注3)」をこうむることになる。そのような隷属に長く耐えていられる人は少ない。神経症的影響が生じるし、個性化過程も妨害されるからである。だから、治療的分析は主に、破壊的になった内的な支配的価値、すなわち内的な「王」の性質と影響力を被分析者に意識化させ、同時に「王」を変化させることである。この問題は、メルヘンの中では、しばしば王の交代として描かれる。

一方〈王妃〉の意味は何だろうか。王妃は、王を通じて支配を行なう価値体系の内部にある女性的な対立物である。王すなわち「太陽の息子(注2)」とは対照的に、女性原理としての王妃は月と関係がある。(注3)たとえばモーツァルトの『魔笛』にも「夜の女王」が登場する。夜の天体としての月は、ものをはっきりと色鮮やかに照らすことはできないが、銀の光で照らし、予感を目覚めさせる。この世で、月、そして月がもつ魔力に刺激されて生まれた詩ほど美しい詩はない。太陽の光は対象一つ一つに明確な境界づけを行なう。そして昼間の覚醒、および意識を象徴する。それに対し月の光は、ある種の気分をもっている。たとえば憧れ、喜び、信心、憂愁。王がその時点で支配的な、輪郭を明確に示す世界観の規範とそれに基づく評価を表わすのに対し、王妃は、地下世界の気分と感情への、予感めいた感受性、あるいは無意識と非合理に対して開かれていることを意味する。また、王のシステム内における「相対的に弱い位置」でもあるが、多くのメルヘンの経過の中では、未来をはらむものという実体が明らかになる。女性性のみが、自然および心的なものを進んで受け入れ、それらと結びつくことによって、新しいものを生み出すことができるのである。

本論のメルヘンでは、王夫妻に子がない。つまり二人の関係は実を結ばない。何かが自然な流れを妨げている。そして特徴的なことに、危機を乗り越えるための課題を引き受けるのは王妃である。それは沐浴《バーデン》（Baden）である。

沐浴および水に浸かるということは、非常に豊かな象徴表現である。ギリシアでは、神秘的な行為の前には必ず沐浴しなければならなかった。ユダヤ教では、ヨム・キップルという贖罪日に、祭司長はからだ全体を水の中に五回浸け、手足を十回洗わねばならなかった。キリスト教の洗礼も、元はからだ全体を水に浸けるものであった。ギリシア正教では、洗礼によって新しく生まれ変わる者は、今でも完全に水の中に浸けられる。「沐浴する王と王妃」は、ユングが何度も触れているように（注4）、錬金術の象徴において大きな役割を果たす。沐浴はもちろん、プリフィカチオ（purificatio）すなわち内と外の浄化と関係がある。同時に、洗礼式や秘儀で明らかなように、より深い変容の出来事も始まる。メルヘンでは、沐浴はしばしば救済のモティーフとしての役割を果たす。沐浴することで、動物に姿を変えられた人物が本来の人間としての姿に戻ることができる。生命に欠くべからざる原要素としての水は、創造的無意識の象徴である。水と接触をもつこと、水に浸かることは、この要素によって洗い直されるということであり、自分自身の中の生と関係をもつということである。

メルヘンの王妃も沐浴をする。心理学的には、ここではある状態を徹底的に洗いきる《アウスバーデン》（ausbaden）ということが問題になっていると考えられる。つまり「空っぽで不毛」というコンプレックスの周りに集まっているあらゆる感情、ファンタジー、連想を、真摯に受け止めるということである。それが清めの効果、つまり心のカタルシス的効果を生む。ともかく沐浴は、何らかのプロセスを開始させる。

このメルヘンでは、すぐさまカエルが現われる。カエルが水の中から陸に上がってきて、娘の誕生を王妃に告知するのである。ここには新約聖書の受胎告知のモティーフの注目すべき変形が描かれる。異端的な考えを抑圧しきることは不可能なのである。処女マリアには主の御使いが現われたが、メルヘンではカエルが現われる。拡充法の助けを借りて、この文脈におけるカエルの心理学的な意味を考えてみよう。まずカエルは、湿り気を帯び、粘液を分泌するむき出しの皮膚を特徴とし、それはしばしば吐き気をもよおさせる。カエルはつねに水のそばにおり、カエルの生活は夕暮れのたそがれ時に始まる。中世にはカエルは、愛の魔法に用いられた。カエルは豊饒と性を象徴する。春のカエルの鳴き声は、民間信仰では、胎内の子どもの泣き声とも結びつけられる(注5)。だから心理学的にはカエルは、生まれること、すなわち強く意識化へと向かう特徴と内容を象徴していると言えよう(注6)。精神的で明るい天国に属する主の御使いとは対照的に、カエルは原初的な、沼地と夜の生き物である。カエルを通じてものを言おうとする者は、暗黒のグレートマザーという自然(注7)であろう。この母は、明るいキリスト教に対抗して、民間信仰の中に、人間の魂の中に、そしてメルヘンの中に座を占めている。次のように仮定することができよう――もちろん、思弁的にであるが――、自然と敵対し、一面的・精神的にのみ方向づけられ、「キリスト教的」色彩の強い規範と、王という意識態度の不毛は関係があり、その結果メルヘンの中では、暗く衝動的で本能的な自然の支配による補償が暗示されているのだと。一般的にメルヘンは魔術的であり、民間信仰に類似した内容をもつから、キリスト教的ではなく、キリスト教的な公的意識の態度を補償するのである。だからこそグレートマザーという自然の暗い生命力の領域から、新しい内容、すなわちこのメルヘンの女主人公が生まれるのである。

美しい娘が生まれたときの王の喜びは限りなく、賢女たち、つまり妖精たちを祝宴に招くことになる。ここに新たに王国の中の欠如が示される。祝いの席に置かれた黄金の皿は十二枚だけで、そのため十三人の賢女のうちの一人は、家に残らなくてはならない。ここから、生まれたばかりの赤ん坊への威嚇が生じる。主人公である赤ん坊に対する威嚇は、非常に広く分布する神話モティーフである。赤ん坊のモーゼは川に捨てられたし、赤ん坊のゼウスはむさぼり食おうとする父クロノスから隠されねばならなかった、などなど。心理学的な観点から見てこの文脈で特に際立っているのは、発生時の状態（status nascendi）において顕在化した内容が、古いものの見方によって脅かされるということである。それはたとえば、うつ病がだんだん良くなってきて新しい生の感情が現われ始めたとき、顕著に見られる。経験的に言って、このときの患者は自殺の危険が最も大きいので、最大の注意を払わねばならない。

〈妖精〉が何を意味するかを理解するためには、妖精という名前の語源をたどることが役立つだろう。妖精（Fee）はフランスからきたことばで、元は運命の女神を意味するラテン語のFataから派生した。

中世高地ドイツ語においてそのことばが転用されてFeiとなったが、今もfeien［訳注：魔力を与えるの意］、gefeit sein［訳注：feienの受動態］という動詞の中にその影響が残っている。gefeit seinは、安心している、または守られていると感じるという意味である。このように妖精は、モイラやパルカと同様に、運命と結びついており、運命の糸を紡いでは好きなときにそれを切り離す。しかし一般的に、妖精について強調されるのは親切であり、厳しくはないという点である。良い妖精たちは贈り物をくれる。彼らに適切な態度をとった人間にものを与えてくれるのである。ヨーロッパ東部や東南部には今も、子どもが誕生すると、三人の賢女または誕生の女神が現われ、子どもに運命のくじを割り当てるという古い信仰が残っている。これらの女性たちには、ちょうど家の妖精にするのと同じように、食べ物、飲み物を与えて友好的な気分になってもらわねばならない。（注8）そうすれば、子どもは供物のおかげで守られる。洗礼式の食事に代父と代母が陪席するという習慣にも、キリスト教的な色彩を帯びて変形はしているものの、同じ信仰の名残が見られる。

神話やメルヘンの中で、なぜ運命はたいてい女性の姿をしているのかは、興味深い問いである。ギリシア神話では、神々の父であるゼウスですら、運命を紡ぐモイラには何の力も及ぼすことができない。モイラはゼウスの影響圏の外に置かれているのである。自然というグレートマザーは、人間一人一人に運命を割り当て、自然の潜在力をもたせてくれる。運命はこのグレートマザーの闇の中に隠れているのである。早期の子ども時代は運命に左右されやすいものである。乳児がうまくやっていけるかどうかは、完全に母とその態度にかかっている。乳児の将来の世界の見取り図の中に、信頼と自信という基本的感情が含まれることになるのか、あるいは不信と不安という基本的感情が含まれることになるかは、ここ、すなわち原関係において、その大部分が決定されるのである。乳児にとって母は、自分から区別された別個の存在ではない。しかし乳児は、養われ世話される快感、あるいは見捨てられること、〈不安といった〉強い不快を実存的に経験する。母親は確かに、わが子と個人としての関係をもつが、同時に、自然の母性本能、母性的経験、態度が、直接彼女の中で動き始める。つまりこの母子の状態全体が元型的なのであり、象徴的な言い方をすれば、グレートマザーの支配下にある。となると、個人としての母が自分自身の母性および乳児とどのような関係をもっているのかが、決定的に重要である。意識的にせよ無意識的にせよ、子どもと自分の母性を拒絶すれば、それは同時に母なる女神を怒らせることになり、子どもの成長にその報いを受けることになる。だからこそエーリッヒ・ノイマンはこう書いているのである。「原関係におけるグレートマザーは運命神としての性質をもっているから、子どもが生きるか死ぬか、肯定的な成長となるか否定的な成長となるかを、好意・悪意で決めるだけではない。彼女の態度は神託そのものであり、至高の判決なのである（注９）」。こう述べることでノイマンは、非常に混乱した原関係体験をもつ人の中に見られる、しばしば計り知れないほど深い罪悪感を示唆している。

このように考えると、なぜ運命が女性の手に握られているかが理解されよう。しかし妖精は親切な母の姿をしており、全体として、人間からの影響力すなわち意識的態度を受け入れてくれる。礼を尽くし、招き入れ、気配りをすれば、ありがたい働きをしてくれる。結局は、無意識のこの内容に対して意識がどのような関係をもつか次第である。C・G・ユングの治療的原則は、ここにもあてはまる。「無意識の内容の働きと属性を、実用的に獲得することができるかどうかという可能性は唯一、無意識が敵対ではなく協力することを許す態度を意識に与えようと努力することの中にある（注10）」。

『いばら姫』では、呪いのことばを吐くのは十三人目の妖精である。ここで注目すべきは、いばら姫物語の類話によって妖精の数が異なっていることである。いくつかの類話では招かれた妖精は七人で、八人目が何かの理由により招かれなかったとされる。また、三人の妖精が招かれ一人が怒るというのもある（注11）。しかしここで私はグリム版を採用し、十二と十三という〈数の象徴〉の心理学的内容を追及してみたい［十三についての象徴的解釈については、第2部第8章のリーデル「沈黙を心得た鍛冶屋の娘──受難の問題について」を参照のこと］。十三という数は、迷信の中では悪評高い不幸の数である。しかしそもそもそれは、どこから来たのか。十二は、元型的な数である三と四によって秩序づけられる完全数、ダースである。古代神秘主義ではたいてい、十二という数は十二の夜時間あるいは昼時間という意味と、一年が完成するには十二か月が必要であり、また三か月ごとの四つの季節が必要である。古代神秘主義ではたいてい、十二という数は十二の夜時間あるいは昼時間という意味と、変容の十二段階という意味をもっており、それはしばしば十二の衣装によって表わされる。ここでは十三番目の衣装は最高かつ最終的な段階であり、到達された神秘的目標として「太陽になること」(solificatio) を表わす（注12）。この十三番目の段階にはそれまでの十二の段階が含まれており、それゆえ本質的に、全体としての十二を意味し、それは「第五の本質」(quinta essentia) が四という数を全体として、すなわち「本質」として含むのとよく似ている。しかしまた別な面では、十三は秩序の数としての十二からこぼれ落ちたものであり、添え物であり、余分であり、十二で表わされる宇宙に不必要なものである。十三という数があると、宇宙の秩序は混沌とした非合理の中に落ち込んでしまい、ものごとはコントロール不能となり、それゆえしばしば不安と不快が生まれる。このコントロール不能の領域からすべてが、つまり幸福と不幸が生じる。それゆえ十三は幸福の数字であることも多い。十三という数字は、一方では十二の本質、他方では混沌と解釈できるが、この二通りの解釈が、メルヘンの中で起こった出来事を説明する際に役に立ってくれそうである。混沌・暗黒・非合理を受け入れる可能性は王国にはない。個人の意識的態度で言えば、つねに何か顧みられないものがあり、全体性への見渡しがない。メルヘンの場合、十三人目の妖精が、一方では自然の中の暗く非合理な要素を表わし、他方では自然・大地にかかわるすべての出来事の全体、さまざまな姿をとる母なる自然の本質を表わしている。この妖精を招かなかったり顧みなかったりすると、ものごとの均衡が崩れる。それはたとえば、さまざまな神経症や文明のひずみといったことの中に見受けられる。そうなると無意識は敵対的な様相を呈し、自閉的な症状を引き起こし、無視されたことへの復讐を行なう。それはちょうど、身体がその欲求を無視されたとき病気を起こして復讐するのと同様である。本論のメルヘンの出来事においては、十三人目の妖精が十二人目といわば位置を交換したため、状況全体が緩和されたことが、意味深い。十三番目が十二の序列に割り込んできたため、否定的なものが最後の瞬間に、構造化された意識の可能性の中に否応無しに取り入れられる。それによって十三という数の中に象徴される全体の状況が、破壊性を失う。自分自身の中の破壊的側面を意識化するようになっても、それが解釈によって片づけられたり一掃されたりするわけではない。ただ場合によっては、意識化によってその破壊的側面が少しは自律的になり、予測不能ではなくなり、不意打ちを食らわずにすむようになるだろう。いずれにせよこれは、多くの経験を通じて固められるに至った、心理治療における希望である。ただし、決して呪いが取り消されるわけではない。十二の完成を意味する十三によって緩和されるだけである。呪いにしても祝福にしても、それを取り消すことはできない。ひとたび口に出されたら最後、効力を発揮するのである。旧約聖書のイサクの物語を考えてみるとよいだろう。イサクは長男エサウの代わりに次男ヤコブを、それと知らず祝福してしまう。この過ちは正すことができない。なぜならイサク本人ですら、祝福も呪いも思うように変えることはできないからである。

つまり人間は、自分の中のどこかにある破壊性とつきあわざるをえない、ということだ。このメルヘンの王は、それとつきあわない方法、つまり抑圧の典型例を示している。王は「国中の〈紡錘《つむ》〉を焼き払え」と命ずる。しかし錆びた鍵のかかった古い塔のてっぺんにいる謎の老婆には、王の命令はどうやら届かなかったらしい。抑圧によって問題が解決することはほとんどない。とりわけ糸紡ぎのような重要なことに関連しているならば、問題はどこかてっぺんに出没し続ける。〈糸紡ぎ〉と〈機織り〉は、典型的な女性の仕事であり、神話やメルヘンの中には頻繁に登場する。これと関連して興味深いのは、中世では刀が男性のしるしであったのに対し、糸車はまさにきちんとしたドイツ女性であることの証明であったということである。そこから、父方の親戚は Schwertmagen［訳注：Schwert は刀の意］、母方の親戚は Spindelmagen［訳注：Spindeln は紡錘の意］と呼ばれた(注13)。刀は、積極的に対決し、分け、決定し、区別する「ロゴス」を象徴する。それに対し紡錘は、結合すること、関係づけること、すなわち

「エロス」を表わす。ファンタジーの活動――これもエロス的なものである――は、口承文芸ではしばしば「糸紡ぎ」という名で呼ばれる。「糸紡ぎのグレーテちゃん」という最も美しい愛の物語の一つが思い出される。(注14)

もちろん「ロゴス」と男性性、「エロス」と女性性の同一視は、具体的な個人としての男性・女性の上にそのまま移されるわけではない。むしろ「ロゴス」も「エロス」も、男性にも女性にも働いている心的生活の基本原理である。(注15)

王国中のすべての紡錘が焼き払われ、それとともに糸紡ぎの仕事も禁止されてしまうなら、それは心理学的なことばで言えば、ファンタジーとエロスの抑圧を意味する。あるいは、子どもは子ども自身の自発的なファンタジーと衝動から守られねばならないということでもある。たとえば敬虔主義では、人間の本性は悪であるから、子どもが自然的・自発的であること、遊び半分にファンタジーを形作ることを防がねばならないという見方が支配的であり、できるかぎり子どもを閉じ込め、勉強と祈りをするよう絶えず監視した。(注16)子どもがファンタジーの糸を紡ぐことを許されたのは、せいぜい夢の中だけであった。夢の中では、塔のてっぺんの老いた糸紡ぎ女の小部屋は、コントロールを受けないわけである。

このメルヘンが描くように、十五歳になって、糸を紡ぎたいというやむにやまれぬ心の動きが次第に強くなってくるということは、意味あることである。この年齢は性的な成熟が生じる年齢である。性が目覚め、それに伴って性的ファンタジーが生じるとき、何の準備もなくその始まりに少女が出会うならば、それは毒素のように効きはじめる。こういう場合の塔のてっぺんの糸紡ぎ老婆は、呪いをかけた後、それが実現するかどうか気にしている悪い妖精の現われと解釈することができるであろう。心理学的には、ここでは「否定的な母親コンプレックス」を問題にすることができよう。こういう場合には、それはしばしば急に激しくなるものである。若い女性の、目覚めつつある女性性を内的に拒絶せずにおれないという強迫性、それを否定し殺したいという強迫性の背後にしばしばあるのは、何よりもこの否定的な母親コンプレックスである。このコンプレックスは、特定の人間に向けられた「幻想」(Hirngespinst)［文字どおりには頭（Hirn）の中にはりめぐらされた糸の意］や、自分自身の劣等性に対する自律的で情緒的負荷のかかったファンタジーを引き起こす。そうすると彼女は、自然に花開いていくはずの自分本来の本質を肯定することができない。そうすると、パートナーから肯定してもらっている、心から気遣ってもらっているとは感じられなくなってしまう。紡錘で指を刺すということは、いつか成熟した女性となって男性へ「糸を紡」いでいく可能性が、トラウマとなるという意味である。紡錘による傷つきは、心理学的には、突然沸き起こったエロス的なファンタジーと衝動が、気持ちを萎えさせるほどの不安を呼び起こすということを意味する。いばら姫の眠りの状態は、このような布置にとらえられている女性の、まだ目覚めていない状態と孤独感とに関係があると思われる。しかしながら彼女に情緒的に近づこうとすれば、必ず攻撃的な防衛で妨げられてしまう。男性が彼女にあえて近づこうとすれば、いばらの刺が男性の肉を刺す。たとえば彼女は、その男性について、その男らしさについて、皮肉っぽく茶化した意見を述べる。そうすることで彼女は、その男性と親しくなる恐怖から自分を守るのである。確かにバラは愛と感情のシンボルである。しかしよく知られているように、刺のないバラはない。刺は、愛情深い献身の裏側、すなわち他者を傷つける防衛を象徴する。心理臨床の実践の中から私は確信したのだが、この種の問題をもつ女性たち自身が、自らの刺に苦しんでいる。不安は彼女たち自身よりも強い。すべての紡錘を焼き捨てさせる父・王が、感情を生じさせることは危険だという、圧倒的な世界観をもって彼女たちの中にまだ生き続けているのである。このように関係をもつ能力が眠り込んでしまった場合、それはしばしば優れた職業能力によって補償される。しかし、いばらの垣根を茂らせれば茂らせるほど、我慢できないほどの大きな空虚と孤独とが、ますます広がっていく。

このくらいの年齢の女性に典型的で、しばしば非常に重篤な神経症のタイプは、思春期やせ症、アノレクシア・ネルヴォーザである。少女たちは食べることを拒み、無理に食べさせられるとまた全部吐いてしまう。月経も止まる。最も重篤な症状としては、虚言、否定的「幻想」(Hirngespinst）の拡大が知られている。さて、今から示す思春期やせ症の例には、背後にいばら姫的布置が見られる。つまりこのメルヘンは、さまざまな個人的問題の基礎に共通する元型的な背景を、象徴的な形式で描いているのである。

ここで語られる十五歳の少女は、精神科に入院せねばならなかった。彼女のことを仮にハンナと呼んでおこう。ハンナは、もうまったく食べることができなかった。確かに食べようとはするのだが、打ち勝ちがたい抵抗があって、つねに食欲不振であった。無理に食べさせられるたびに、彼女はそれをまた吐き出さずにはおれなかった。入院時にはすでに生命の危険にかかわるほどの状態であったが、病院で初めて人工的に栄養が与えられた。数週間後、彼女は少し力を取り戻したので、私との心理療法を始めることができるようになった。ハンナは一見友好的だったが、治療上の必要から少しでも近づこうとすると、すぐに私は「いばらの垣根」に出くわすことになった。彼女は、針のようにとがった攻撃的な非難をすることで防衛しており、その非難は病院、母親、妹、祖母、そして機会があればすぐさま私へも向けられた。非難する声は小さかったが、刺すような不満のこもったものであった。彼女の針もしくは刺は、何度も繰り返し感じられた。同時に彼女は、お城の地下牢の中で植物のように生きなければならないと夢想していた。このことは、いばら姫モティーフが強化されたことを意味する。

生育歴の中では、以下のことが重要であった。両親の結婚生活は初めからずっとうまくいっておらず、非常にアンビバレントなものだった。母はつねにその母、つまり患者の祖母との結びつきが非常に強かった。祖母はハンナの父親を決して受け入れようとせず、娘の結婚を壊そうとした。逆に父親のほうも、どうしたら義母を味方につけられるかがわからなかった。逃げ道として彼は、外の女性との関係を求めた。そのため離婚することになり、母親は患者とその妹とを連れ、祖母の家に移った。かくして強大な母‐祖母世界が父親を除外するのに成功したのである。祖母はたいへん裕福で、大いに子どもを甘やかした。ただし、それはあくまで、子どもがつねにありがたみを感じ、つねに祖母を愛し、祖母の言いなりになるという条件のもとでのことであった。母親も祖母に支配されており、さらには仕事のために、子どもと接する時間が少なかった。さて成長するにつれ、患者が、母と祖母が嫌った父の特徴を多く受け継いでいることが、だんだんはっきりしてきた。そのことで彼女は、折に触れ非難された。そのため彼女は次第に排斥されていると感じるようになり、母親そっくりの妹をひどく嫉妬するようになった。運命の邪悪な妖精が、悪を具現化したように見える父親、つねに攻撃的な口調でしか語られない父親の特徴を引き継がねばならないという呪いをかけたわけだ。同時にハンナは、父親についてのファンタジーを紡ぐようになった。遠くにいる見知らぬ父親が、彼女のひそかな憧れの対象となった――こんなに似ているのなら、きっと私を愛してくれるはずだ、と。しかしこのような空想は、同時に繰り返し罪悪感を引き起こした。だからこの空想は禁じられた。そのことを彼女は誰にも言えなかった。言えば母親と祖母は怒って、さらには彼女を追い出してしまうだろうからである。この家族の中の「王」は、かくも大事な家族の団結を維持するために、このような空想を抱いてはならないという不文律であった。だから紡錘は王国からすべて焼き払われねばならなかった。患者が十二歳になったとき、母親は再婚し、子どもを連れて祖母の家を出た。しかし祖母はその権力者としての地位を放棄せず、相変わらずたくさんの贈り物をし、自宅に呼んで甘やかすことによって、注意を引き続けた。母の新しい夫はあまり収入が多くなかったので、祖母はその機会をとらえて家計のなにがしかを援助し続けた。そうすることによって彼女は感謝と愛情を獲得し、排除されることはないだろうと思ったのである。こういうわけで、ハンナたちはつねに祖母に依存しているという気持ちを抱くことになった。ここでもう一つ留意しておかねばならないことだが、なんと祖母は、患者の入院費と心理治療費をも払っていたのである！　ハンナは新しい父親ととてもうまが合った。ひそかに彼女は彼を愛していたが、それは父親への憧れをもつ彼女としてはもっともなことである。同時に祖母は、義父は家族を食べさせることができないと言って厳しく批判した。もっともそれは事実と合っていなかったが。そういうわけで、義父すなわち母の夫を愛することとは、それがいかに子どもらしい、娘としての愛し方であっても、両刃の剣であったわけである。

さて思春期にさしかかり、彼女の女性的な魅力が増してくると、義父はそれに平気でいられなくなった。ある日彼は、あからさまに性的に彼女に近づこうとし、それが彼女にトラウマを呼び起こした。彼女は自らの空想という紡錘に傷ついたのだ。この空想はそれ自体は無理からぬことなのだが、義父を無意識的に挑発したのも確かであった。具体的な祖母という人間を介して活性化した「こっくりこっくりする老婆」が、当然ながら、彼女の男性拒否を引き起こした。それ以来ハンナは食欲を失い、女性らしい胸を恥じた。そして、この病気に特徴的なことだが、月経が止まった。彼女の女性的な本能世界全体がいばら姫の眠りに陥り、それは同時に抑うつと危険な生命否定という結果に至った。

数か月間、精神科で継続的な治療と集中的な心理治療が行なわれた後、最初のいばらの垣《かき》は退くかに見えた。月経が再び始まり、体重も増え出した。彼女の夢からも私は新しい生命の芽生えを見い出すことができた。ところが祖母がやってきて、「親切な」口ぶりで、この目覚めを無意識的に妨害しようとした。見舞いにくるたびに祖母は、このような入院と心理治療とがいくらかかるかを勘定してみせ、かくも献身的な祖母にどれほど感謝しなければならないかを示した。それはそのたびに、ハンナに治療的抵抗を引き起こした。これ以上おばあさんの親切に頼りたくないという、それ自体は健康な解放の衝動であった。しかしその結果、あまりにも早く退院を望むという形で、この衝動は非生産的に働いた。喜んで彼女は家族に連れて帰ってもらった。入院期間のすべてのことは、やはり彼女にとって汚点を意味したのである。確かにそれ以降も彼女は、外来で心理療法に通ってきたが、以前と変わらぬ家族環境の中で症状は悪化した。この状況は、母と祖母が、心理療法など何の役にも立たないということをたびたび彼女に教える絶好の機会となった。そして、この強力な母 - 祖母世界は、彼女の中にほんの少しだが治療者に対して芽生え始めていた信頼のかけらを再び一掃してしまうために、あらゆることを企てた。その上、しばらくして私が新しい住まいに引っ越すと、そこまでの道のりが娘にとって遠すぎるということになった。つまり、否定的な母たちによって、ハンナの父や継父がかつてそうであったと同様に私も、心理治療者としての機能とともに、まさに排除されたのである。それとともに、心理治療の救済の試みは、いばらの垣に引っかかったまま、メルヘンの語る通り、「無残な死を遂げ」たのである。救済のときはまだ訪れてはいなかったようである。［いばら姫モティーフが男性の精神生活の中でどのような効果を及ぼすかについては、既出の「かけられた魔法を解くこと――心理療法実践におけるメルヘン」（第3部9章）に記されている。］

だが、いばらが問題となっているかぎり、バラが花咲く可能性は続いている。百年の呪いが終わりを告げるちょうどよいときに、彼女に接近できる幸運をもつ王子のためにこそ、バラは花咲くのである。もちろんこの百年を普通の暦で数えることができないのは、終末論の「千年王国」[訳注5]と同様である。「千「千年王国」は苦難の十二年の後、灰燼《かいじん》の中に沈んでしまった。十、百、千というのは、全体性を象徴する数字である。民間信仰では百年という時間は、ほぼ、煉獄の霊魂が天国を待つ時間にあたる。また、霊の国や死者の国で人間が過ごすたったの一日が百年にあたる。[注17]人間の成長においては必ず――そもそも自然においてはつねにそうだが——、時という要素が決定的な役割を演じる。どんなものにも時間が必要だ。中国の伝説によると、農夫たちが、稲の自然な生長がのろいので、手を貸して早くしようと考え、稲の生長を促進するため毎日稲をつまんで引っ張ったため、とうとう稲は根を抜かれて枯れてしまった。(訳注6) 分析的治療についても、「のろい」「長ったらしい」といった苦情がよく言われる。しかし百年という時間も人によって、問題や個人のリズム次第で、異なる長さになるものである。時間を早めようとすれば、いばらの垣で血を流すことになる。時が熟さねばならないのだ。そして成熟のためには、自然はある一定の時間を必要とする。

分析家なら誰でも知っていることだが、解釈にはふさわしい「タイミング」、つまり分析の過程でどの解釈には時が熟していて、どの解釈には熟していないかという本能的な判断が必要である。それゆえ、心の障害や不安をもつ人たちが自分の決意から治療者を探したのではなく、親切な友人や親戚によって連れられてきた場合は、治療の実りは少ない。このような場合、被分析者と同様、分析家にとっても、本質的かつ内的な出来事への接近が閉ざされてしまうことが多く、自分を知るという困難な道を歩むための時は熟さなかったり、まだ熟していなかったりする。

全体を見れば、『いばら姫』はそれほど劇的なメルヘンではない。ヒロインは何といっても、受動的に運命を受け取っているだけだし、救いにくる王子も実際には英雄的な行為をする必要がない。彼のために働くのは時である。まるでいばらの垣がひとりでに開けていくように、王子はちょうどよい〈瞬間〉に、美しい王女に接近することができるのである。それはつまり、「結び目がほどける」までただ待つことを意味し、しばしばそれは、心のまだ成長していない部分を成長させる唯一の可能性である。

一見すると、傷つく以前の状態が百年たって取り戻されただけのように見える。この点についてメルヘンは、コックにいたるまでたいへん詳しく描写している。コックは、百年間ずっとしようと思っていた平手打ちをついに見習いの小僧に食らわし、「小僧は大声で泣き出しました」と。しかしながらメルヘンの結末は、単に旧い状態（status quo ante）を取り戻しただけではない。新しいものとして、王子が加わった。純粋に医学的な治療が、以前の健康状態を取り戻すことを目指すのとは対照的に、心理治療の本質は、新しい意識状態の中にこそ癒しが存在するということである。そしてそれはある程度、人格の成熟をも意味する。それゆえ心理治療においては元の状態を取り戻すことだけではなく、心的変容が強調されるのである。したがって、医学的な治療カテゴリーをそっくりそのまま心理治療に転用することはできない。そんなことをすれば、心理治療の自律性は踏みにじられてしまう。

いばら姫は王子のキスによって眠りの状態から救済される。しかし王子が彼女を救済できたのは、ただ、悪い妖精とその呪いの時が満ちて終わり、新しい時期が始まったからである。それは新しい態度の始まりである。いばらがあったところにバラが花盛りになった。愛の準備はすでに整えられたのである。王子の登場は同時に「王」の交代、すなわち今後「支配的」になる新しい意識態度の可能性をも意味する。

この出来事を心理治療のプロセスに置き換えるならば、そこに関係してくるのは、他者を愛しながら、自分自身の女性性の目覚めを感じるという新しい態度である。そしてこの女性性こそが結局、愛する能力の基盤である。このような「目覚め」がうまくいった場合というのは、治療者の側からの被分析者に対する真の援助と評価とが、被分析者自身の内的な態度になりえたときである。呪いがかかっている段階は、自分自身に向けられた否定的なファンタジーによって力を弱められ、孤立化させられるという特徴をもっていた。今こそ、良い妖精から贈られた贈り物が実るときであろう。与えられた生の可能性は開花し、もう妨げられることはない。

話の始めの王夫妻に子どもがないという状態に象徴されていた、生の流れの滞りが、今やっと克服された。王女は王子と結婚式を挙げ、「二人は終わりのときまで楽しく暮らしました」と言う。人間の現実の中では、このような「楽しい暮らし」はたいていあっという間に終わりがやってくるものだが、新しい次元では、かつての不毛は再び生じないはずである。というのは「成長が進んでいるかぎり、無意識の体験によって生が豊かになった人の喜びはつねに、解決された葛藤と将来の葛藤の間、人間を不穏と苦しみの中に置く問いと答えの間の息継ぎでしかないが、それは新しい洞察あるいはその人自身の変容が救済につながり、内的対象と外的対象が再び和解し合うときまで続く(注18)」からである。

注1　M. Jacoby : Sinn und Unsinn des Leidens（苦しみの意味と無意味）. 以下の文献に所収。Leiden, Publikationen aus dem C. G. Jung-Institut（苦しみ、C・Gユング研究所出版会）, Bd. 20, S. 36-53, Zürich, 1976.

注2　M. Jacoby : Märcheninterpretation aus der Sicht C. G. Jungs.（「C・G・ユングの観点から見たメルヘ

ン解釈」本書第1部1章）

注3 E. Neumann: Der Mond und das matriarchale Bewußtsein, in: Zur Psychologie des Weiblichen, S. 67 ff., Rascher, Zürich, 1953.（E・ノイマン『女性の深層』松代洋一・鎌田輝男訳、紀伊國屋書店、一九八〇年）

注4 C. G. Jung: Psychologie der Übertragung, Ges. Werke, Bd. 16, Seite 256 ff., Rascher, Zürich, 1958.（C・G・ユング『転移の心理学』林道義・磯上恵子訳、みすず書房、一九九四年）

注5 M. Jacoby: Das Tier im Traum（夢の中の動物）. 以下の文献に所収。Instinkte und Arechetypen im Verhalten der Tiere und im Erleben der Menschen（動物の行動および人間の体験における本能と元型）, S. 312, Wissenschaftl. Buchgesellschaft, Darmstadt, 1976.

注6 M.-L. v. Franz: Feminine in Fairytales, S. 24, Spring, Zürich, 1972.（M-L・フォン・フランツ『メルヘンと女性心理』秋山さと子・野村美紀子訳、海鳴社、一九七九年）

注7 E. Neumann: Die Große Mutter.（E・ノイマン『グレート・マザー』福島章ほか訳、ナツメ社、一九八二年）

注8 H. v. Beit: Symblik des Märchens（メルヘンの象徴）, Bd. 1, S. 695 Anmerkung, Francke, Bern, 1960.

注9 E. Neumann: Das Kind, S. 96, Rhein-Vewrlag, Zürich, 1963.（E・ノイマン『こども――人格形成の構造と力学』北村晋他訳、文化書房博文社、一九九三年）

注10 C. G. Jung: Ges. Werke（ユング全集）, Bd. 16, S. 189, Rascher, Züirich, 1963.

注11 J. Bolte, G. Polivka: Anmerkungen zu den Kinder- und Haus-märchen der Gebr. Grimm（グリム兄弟

の子どもと家庭のためのメルヘンへの所見), Bd. 16. 1, S. 435, Olms, Hildesheim, 1963.

注12　H. v. Beit : Symbolik des Märchens（メルヘンの象徴）, Bd.1, S. 699, Francke, Berun, 1960.

注13　H. Bächtold-Stäubli : Handwörterbuch des deutschen Aberglaubens（ドイツ民間信仰事典）, Bd. 8, S. 263, de Gruyter, Berlin und Leipzig, 1936.

注14　J. W. v. Goethe : Faust erster Teil.（J・W・ゲーテ『ファウスト』二冊組、池内紀訳、集英社、一九九九年、二〇〇〇年）

注15　M. Jacoby : Die Hexe in Märchen und Träumen.（「メルヘンと夢における魔女」におけるロゴスとエロスについての議論を参照せよ。）

注16　A. Reble : Geschichte der Pädagogik（教育学史）, S. 117 ff., Klett, Stuttgart, 1962.

注17　H. Bächtold-Stäubli : Handwörterbuch des deutschen Aberglaubens（ドイツ民間信仰事典）, Bd. 4, S. 598 ff., de Gruyter, Berlin und Leipzig, 1931.

注18　A. Jaffé : Der Mythus vom Sinn im Werk von C. G. Jung（C・G・ユングの著作における意味の神秘学）, S. 66, Rascher, Zürich und Stuttgart, 1967.

訳注1　アウグスブルグ国会で、一五三〇年に「アウグスブルグ信仰告白」が皇帝カール五世に上呈され、その結果、ルター派の教会が政治的には領主に保護される領邦教会となった。

訳注2　プロテスタント教会が、一五二九年のマールブルグの会議において「聖餐」の理解をめぐって、ルター派と改革派に分裂した後、事態を収捨するために皇帝フリードリヒ三世の命によって生まれた問答集。

訳注3　ハイデガーは、存在を了解しようとするにあたり、本質的な現存在、すなわち死と決断を求める現存在こそが解明を与えるとした。一般的な「ひと」に解明を求めることを「ひとへの頽落」、すなわち「ひと」の一般性の中に滑り落ちることとした。

訳注4　モイラはギリシア神話における運命の三女神、パルカはローマ神話における運命の三女神。両者はほぼ同一視される。

訳注5　『ヨハネの黙示録』二十章一～六節に描かれたキリストの千年統治のこと。世界は最後の千年の至福をもって終末を迎えるとされる。

訳注6　助長の教え。

第11章

夢，コンプレックス，メルヘンにおける魔女

――心理療法における暗い女性性

マリオ・ヤコービ

【はじめに】

若い男性の母親コンプレックスや、魔女が出てくる夢を見ると、魔女が布置されていることを、男性性、女性性の観点から心的にどのように見ればよいかが明らかになるであろう。男性の否定的な母親コンプレックスにおいては、魔女は非常に強い女性性として現われ、それは彼の自立への成長を呑み込み、関係をもてなくしてしまう。『魔女の槌《つち》』［魔女論の古典。魔女狩りの手引書とされた］のイメージと照らし合わせてみると、魔女狩りがなされていた間、いかに母親元型の否定的な側面が特定の女性たちに押しつけられたかということがわかる。こうした女性たちは、男性の不安の投影の担い手にされたのである。キリスト教では、母親元型の分裂が生じている。その暗い側面は押しのけられ、その代わりに補償的に、文化の底流として、メルヘンの中に現われている。あるクライエントの夢の中では元型が「動物の女主人」として現われ、それによってこの男性のアニマ像は引き裂かれる。母親イメージからいかにうまく、最終的にアニマを解放するか

を、メルヘンのモティーフを含む他のいくつかの夢が示している。

ある若い男性が、ひどく取り乱した様子で私のクリニックを訪ねてきた。彼は次のような問題で悩んでいた。「私は二年ほど前から、十歳くらい年上の女性とつきあっています。私には自宅があるのですが、ほとんどこの女性の家でいっしょに暮らしています。私は、自分の家に戻って彼女を一人にすると、必ず後ろめたさを感じてしまいます。ときどき一人になりたいと言うと、あなたは人とかかわれない人ね、と非難されてしまいます。そういうときは、彼女の家にいると自分の芸術の仕事が邪魔されているように感じて、絶望してしまうほどです。彼女の家では、彼女がそこにいると仕事ができないし、自分の家でも彼女を一人にしているという後ろめたさからやはり仕事ができないのです」。

すべてはあのよく知られた言い逃れ、いわゆる「妨害された天才」のように聞こえる。つまり、たとえばこの女さえ私の邪魔をしなければ、間違いなく天才になれるのに……というものだ。しかしこの若い男性の場合、それは根拠のない嫌疑であった。というのは、彼はすでにその領域で、確かに正真正銘の業績をあげていたからである。それだからこそ、彼は自分の天職である芸術を発展させることに目を向けたとき、実際に危機に陥り、パニックになり、不能になり、非生産的になった。彼はこう語った。「それはもちろん仕事に関してだけではなくて、性的にもインポテンツが気がかりなんです」。彼女は、彼に比べてはるかにしっかりと身体とつながっており、そのために彼は自分を強く抑制するようになり、不安も増す。そのことで彼は自分が間違っていると感じたり、彼女が、二人のかかわりの中で当然要求してもよいような何か重大な借りがずっとある、つまり自分は彼女に恩義があると感じてしまう。彼は、この借りを返せるような男ではないと感じている。その代償として、彼女が長く望んでいた仕事上の願いを満たしてあげると約束してしまう。親しい縁故があるので、それは可能と思われた。彼女はこの約束が果たされるのを待ちわび、仕事の将来のすべてをそこに賭けている。彼にとってこのことは、本当はこの女性から自由になりたいのに、人生にさらに彼女がまとわりつくということを意味している。彼はどんどん彼女をいやになっていたし、彼女を嫌う気持ちが彼の罪悪感をさらに強めてもいた。自分はなんと、人とかかわれない、弱い、だめな男なのか。そう自ら非難してしまう。どうしてもこの女性と離れたいし、また離れねばならない。そうでないと、自分の成功は妨げられてしまう。だが、そうできるけれどもしてはならない。彼女に話そうとするとき、必ず彼は負い目と無能を確信させられるのである。

　私は次のように考えた。彼はちょうど「魔法にかかっている」ようなもので、この女性はまるで魔女のように、彼に魔法をかけている。私は彼にはこう言った。「根本的な問題は、私には次のように思えます。あなたはこの女性がいると、自分自身とのかかわりを失うんですね。あなたは自分から遠くなったという感じになり、自分の考えや衝動や感情を本当に信用していいのかどうかが疑わしくなるのですね」。

結局、私は彼には「魔法にかかっている」という診断については何も伝えなかった。この診断は、確かに学問的にはおよそ上品なものではない。中世のものであるし、私たちの洗練された神経心理学的な診断学の中にはない。しかし私は、彼の説明へのこの素朴で具体的な反応を恥じるどころか、反対に「魔法にかかっている」という診断は、具象的で生き生きとしており、表現豊かだと思っている。しかしこのとき、この診断を彼に伝えることはしなかった。というのは、誤解を生む可能性があるからだ。「魔女」、あるいは「魔法にかかっている」というのは、今日でもまだたぶん情動的な連想を布置しうる。たとえば中国では、毛沢東未亡人の江青《こうせい》女史が魔女だと言いふらされ、後援者ともども「煮えたぎる油の中でゆでられ」ねばならないと糾弾されたのを思い起こしてみるとよい。また彼女の「犬のような頭は打ち砕かれ」ねばならないとも糾弾された。とにかく「魔法がかかっている」という表現の及ぼす影響力は、ラテン語の学問的な診断名を用いるときとはずいぶん異なる。そしてそれは、私にとって何よりも重要なことである。私は、この若い男性が――私に勇気づけられて――すぐに彼女のところへ行き、おまえは魔女だと言って彼女を非難するのは避けたい。彼女が彼を不能にし、自己疎外感をもつように魔法をかけているというのが事実であるとすれば、つまりそれは彼のほうが無意識に彼女にそういう力を与えているからに他ならないのである。すなわち彼女に魔女のようなものを投影しているということである。偉大なる女魔法使い、あるいは神秘的な魔女は、彼自身の中で効力を発揮している元型的なイメージなのである。彼女が、女性の本能的な確信でそのような弱みを突いてきたとしても、それはたいてい、二人のこのような関係をつなぎとめておくためには欠かせないものである。話を進めるうちにまもなく、彼女は彼の母親に非常に似ているということがわかってきた。彼の母親は、彼をひどく甘やかした——「お菓子の家」である。これは、彼女の愛する坊やを自分に結びつけておく必要から生じたことである。彼女は息子を自分の翼の下で守った。彼女は息子のあらゆる自立の一歩を阻止し、いつも彼より自分の考えが正しいと思い、彼のために人生を用意することによって、壮年になるまで彼を支配した。それと同時に彼の中には、自立の成長を呑み込み、男性性を去勢してしまう非常に強い女性性が布置されていた。こうして彼は三十歳という年齢で、知的には高いにもかかわらず、情緒的には子どものまま、母親の「かわいい息子」のままであった。(注1) また彼は、パートナーの女性にも母親を求め、彼女といっしょでも、彼女がいなくても、生きていけなくなっている。彼は実際魔法にかかっているのだ。

私は、心理的な領域でいかに魔女が影響をもたらしうるかということの、典型的な例としてこれを挙げたいと思う。すでに述べたように、心理学的に見れば、彼女は元型的なイメージとして理解できる。つまり彼女は、典型的な人間の経験の可能性を比喩化、象徴化している。それはまず、自我に敵対するものとして体験される、思いがけない情動によって圧倒されるという、不安を呼び起こす経験である。したがって自我は、たいてい圧倒的な情動や激情の無抵抗な犠牲者として自らを体験する。不自由だ、とりつかれている、あるいは空疎だ、自己と疎遠になっている、——神話学的に表現するなら——魔法をかけられていると感じるのである。古代から、私たちは多くの偉大な神的な女魔法使いを知っている。男たちを豚に変える太陽神ヘーリオスの娘である有名なキルケ(訳注2)がいる。ゴルゴンのことを考えてみてもよい。その中の一人、蛇の髪をもつメデューサは、人間が一目でも彼女を見ると、石にしてしまう。またアルテミスも、裸で沐浴中のところを見たと言うのでアクタイオンを鹿に変えてしまい、彼は自分の猟犬にズタズタに引き裂かれてしまった。つまりいつも非人間的なこと、残忍なこと、あるいは石化すること、つまり自我疎外やアイデンティティの喪失が生じているのである。私が次にさらに詳しく調べようとしている西洋に特異な魔女概念は、もちろん中世に由来するものである。その概念の特殊な意味は、激しい魔女狩りと魔女裁判の根拠を作り出した当時の神学によって生み出された。語源的には、魔女（Hexe）ということばは「垣根」（Hag）、同様に垣《かき》、囲い地、生け垣という名詞に基づくと信じられている。英語には、「醜い年とった女、化け物」という意味の「hag」ということばがある。したがって、魔女は垣根あるいは垣にいる不気味な生き物で、本来「垣根にまたがっている女」、垣根の女(注2)である。この派生は私には意味深いように思える。垣根も垣も境界を示すものである。そうであれば、魔女は人間と悪魔の間——心理学的には、意識と無意識の間——の境界領域の生き物ということになるであろう。一一七〇年頃のスウェーデンの法律に初めて、頭に何もかぶらず、垣の上にまたがるトロール(訳注3)の姿をした女性たちについての記述が現われる。後には、魔女はよく知られているようにほうきの柄にまたがってブロッケン山、つまりヴァルプルギスの夜(訳注4)の、魔女の宴会へと赴く。それはある領域から別の領域への魔法の旅である。魔女とその同族のものたちについての古い出典を見ると、明らかに次の三つとの関連が認められる。（1）人食い。（2）ふしだらな女。（3）ひょうきん者、道化師。道化師は早変わり芸人であり、自分自身と観客とに仮面で魔法をかけることができるということを考えれば、ここで述べている文脈では、三番目の意味が重要である。古代の人々にとって、悪魔を演じる俳優は同時に悪魔自身である。(注3) 一四八七年、つまり中世末期、悪名高い「malleus maleficorum」、つまり『魔女の槌』という、二人のドミニコ修道会修道士によって書かれた記録が世に出た。(注4) そこには序文としてイノセント八世の教皇大勅書が収められており、この書が宗教裁判による魔女迫害の根拠として用いられる上で不可欠の重みを与えた。この忌まわしい記録には、魔女の本質についてのさまざまなイメージが互いに結びついている。

1　魔女は悪魔と契約を結んでおり、〈恋愛の関係〉にある。
2　魔女は異端、つまり〈異端神の崇拝〉に従事している。
3　魔女は〈黒魔術〉を使う。
4　魔女は空を〈飛び〉、〈動物に姿を変える〉。

始めの二点が主に中世の神学に由来しているのに対し、第三点、第四点はいろいろな民族の古い民間信仰に端を発している。この記録で特に際立っているのは、極端な女性拒否と結びついた広範囲にわたる性的なテーマである。そこで『魔女の槌』における女性の本質について、たとえば次の部分を読んでみよう。「女は『私は、女というのは死よりもひどいものだと思う。善女でさえも、肉欲に屈服している』という表現どおりの肉欲と理解される。――女たちは男よりはるかに迷信深い。というのは、彼女たちは信じやすく、生まれつき流動的な体質であるため影響されやすく、もろもろの悪魔の刻印づけによる霊感を受け入れやすいからである。彼女たちの舌はすべりやすく、よこしまな術を使って見聞きした事柄を仲間に隠しておくことがほとんどできず、能力がないので、すぐに魔女のやり方でひそかに敵を討とうとする。彼女たちは、肉体的にも精神的にもあらゆる能力において欠陥があるので、張り合う者に対して悪行のやり放題であるとしても不思議ではない。また人類最初の女性が創造された際も、女性はあばら骨からできたのだから、この欠陥は明らかである。人類最初の女性に関しては、生まれつき信用できないということが明らかにされており、そのことばの語源もすべてを語っている。つまり、femina（ラテン語で女）ということばは、fe および fides つまり「信用」、minus つまり「より少ない」に由来している。それゆえに、femina というのは、より信用できないということである」(注5)。ご覧の通り、「語源学」に感情的な先入観が働いている！　さて、魔女の悪行についていくつか見てみよう。「彼女たちは、悪魔の情人であるインクブス(訳注5)と性的な狂宴にいそしむ。魔女にはインクブスが見えるが、周りの者には見えない。周りの者たちには、野原や森で魔女が恥部をあらわにして、腕や太股を動かしながら肢体を卑猥に置き、あおむけに横たわっているのが見えるが、インクブスのほうは周りの者には見えないように動く。また行為の終わりに魔女から人間の大きさくらいの真っ黒な煙が空中に飛び上がったこともあったが、それはまれであった(注6)」。もしこのような、いわゆる魔女の行動の描写が多少なりとも真実であるとすれば、それは前世紀末のパリの精神科医シャルコーによって診断され、記述された大ヒステリー発作にあてはまる。またオイゲン・ブロイラーも、精神医学の教科書の中で、有名な「ヒステリー弓」の際には、オルガスムスのようなぴくぴくという動きが生じると、（注7）この現象に注意を払っている。今日ではこの症状を伴う大ヒステリーは、ほとんど消滅してしまったようである。

その他、上記の書物には魔女に対して次のような非難がある。魔法を用いて人間の心に異常な情愛をかき立てる、他方では生殖能力を抑えてしまう、男性の性器を切り取ってしまう、魔法で人を動物に変えてしまう、早産を起こし、子どもを悪魔の捧げ物にしてしまうなど（注8）。「男性性器の除去は、上述のように悪魔たちがインチキな錯覚を用いてなす。つまり、感覚が作り上げたものが、想像上で変えられてしまうような視覚の障害によって生じる」（注9）。これは次のようなことを意味している。魔法で消されたペニスがまだ元の場所にあるように見えるのならば、それは目の錯覚で見えているということになる。

恐ろしい女神の元型と関連しているイメージ世界の集積のすべてが、見ればわかるように、気の毒な女性たちに個々に押しつけられている。彼女たちは、コントロールできない衝動に圧倒されたり、自我を喪失してしまったりすることに対する、男性の恐怖の投影の担い手である。また、フロイトによって今世紀に発見された去勢不安も、明らかに重要であり、魔女狩りの中にその補償を求めている。魔女は場合によっては、生殖、出産、そして子どもに対しても影響力をもっている。心理学的には、つまり象徴レベルでは、そのことは広義における創造性が妨げられ、不毛になっていることを意味する。つまり始めに述べた若い男性は、そのことで悩んでいるのである。

魔法に対する治療法として、『魔女の槌』は告解、巡礼の旅、十字を切る、信心深い祈り、聖体拝領、祝福、呪文、聖水、新たな洗礼などを勧めている。しかし、一般に魔女の撲滅は教会の最後の最後の手段であるとみなされ、そのために教会は神の掟に従ってそうする義務を負っているとしていた。

この恐ろしい集団妄想は、心理学的にはいかに理解すべきだろうか。一つの仮説は、おそらく次のようになるであろう。あらゆる元型と同様に、大いなる女性性の原イメージは、二重の側面をもっている。大いなる女性性あるいはグレートマザーには、いろいろな人間の経験がかかわっているので、その意味は論証的なことばではっきりと定義づけられない。おそらくこう言えるだろう。そこでは、結びつき、関係性、それに依存、さらに広義においては自然と呼べるものの体験が問題になっている。ユングはしばしば「ロゴス」的特徴をもつ老賢者あるいはデモーニッシュな父親という原イメージに対立するものとしてのグレートマザーの元型と関連して、「エロス」について語っている。つまり「エロス」は私たちの内と周りの自然の存在とのつながりを意味する。欲求、衝動、感情、予感はその心的機能である。「ロゴス」は、認識と思索的な洞察を目的として、客観と主観とを区別する能力である。私たちが何かを「客観的」に判断しようとするときは、周知のようにそれに対する感情的なかかわりが邪魔になる。憎悪と同じく愛情は、他人の本来の性質に盲目になる傾向がある。私たちの識別能力の中の「ロゴス」は、批判的な（kritisch）立場を意味している（von krinein：識別する）。自然の事物はあるがままがよいのか、変わりうるのか、いやむしろ変わらねばならないのか。自然を変え、利用する人間の技術は、結局はいわゆる倫理学の当為の法則のように、「ロゴス」に基づいている。その法則は人間の行動はいかにあるべきかについて判断し、判決を下す方針や規範であり、それはしばしば、自然に適合した実際のあり方と衝突する。

この広い意味での人間存在の二つの根本要素、父親元型と母親元型、「ロゴス」と「エロス」は、しばしば対立する。同時に、どちらもそれ自体の中にいろいろな対立する側面をもっている。いずれにせよ、肯定的‐否定的、上‐下、有益‐有害、善‐悪、明‐暗といった二重の側面がたいへん際立っている。象徴の現われ方は、太古的になればなるほど分化しておらず、曖昧な印象を与える。古代の聖母性は、守りであると同時に破壊的である。大きな危険を冒して、官能的・性的・放縦な経験を引き起こす女神が存在する。アフロディテ、イシュタル[訳注6]を考えてみるとよい。しかしまた知の神としてのソフィア、あるいは暗闇でも目が見えるアテネも存在する。キリスト教では元型の分裂が大きくなった。大いなる女性性の元型に唯一正当にあてはまるのは、聖母マリアである。しかし彼女は神々しい高められた愛のみを表わし、決してこの世の性とは関係をもたず、処女のままで息子を産む。もちろん神聖な子どもの神話には、いつでもこの不思議な誕生が欠かせない。たとえばエジプトのイシスも、奉納された男根像[訳注7]によって息子ホルスを受胎している。しかしそれでもやはり、マリアのイメージからは人間の本性である大地的‐肉体性と恍惚的‐欲情性とが、締め出されてしまっているというのが特異である。つまり大いなる女性性の元型は分裂してしまい、その際に暗い側面は、古代にはまだもっていた神の尊厳を失ってしまった。それにもかかわらず、暗い側面はさらに影響力を及ぼし続けている。しかも軽蔑され、呪われているがゆえに、よりいっそう魅惑的な領域で影響を与えている。それは魔女と悪魔の情婦へと堕落した。男性秘密結社的なもの——厳しい父性社会の秩序が時とともに生まれてきた源でもある——は、結局圧倒的な大いなる女性性に対する防衛を意味し、これが女性に投影されているというのは納得のいく一つの仮説である。その無意識化と抑圧が大きくなればなるほど、たいてい投影は強くなる。自我の意図と一致しない無意識からのすべての動きは、そうなると外界のせいにされる。魔女のせいだ！と。また、まったく実際的なことだが、どんな男性もかつては非常に強い女性性、つまり母親に依存したものとして自らを経験していることを忘れてはならない。しばしば否定されるが、結局のところ男性は自分自身の中の圧倒的な無意識に身を委ねていると感じている。情動が駆り立て、不安、衝動をもって自我の意図と尊厳を妨げる場合は、阻止されねばならない。自分の内なる家の主人になるという試みは、同時に投影された形で現われる。自らを男性的で強いと経験できるように、女性を支配と統制の対象にせねばならない。両性の間の真のパートナーシップは、無意識に対する防衛的態度がその硬さを失って初めて可能になるのだと思われる。それは広範で複雑な問題であり、深層心理学のいずれの学派も、それぞれの方法でこの問題と必死になって取り組んできたのである。

ともあれ、〈魔女〉は〈元型的イメージ〉として、自我意識とその発達への脅威を象徴する。現代的に表現するなら、それは発達を妨げる母親コンプレックスのイメージである。それゆえメルヘンでは、魔女はしばしば〈継母〉と関係づけられており、ときには継母と魔女とは同一人物のこともある。——私は『白雪姫』あるいは『兄と妹』を思いつく。魔女はよいおばあさん（Großmutter）と、同時にグレートマザー（Große Mutter）を呑み込んでしまう狼に化けている。——『赤ずきん』がそうである。

『いばら姫』では、魔女は運命の糸を塔の部屋で紡いでいる。魔女は、『ヘンゼルとグレーテル』を食べるために捕まえておき、『ラプンツェル』を高い塔の中に閉じ込め、『ヨリンデ』をナイチンゲール（小夜啼鳥）に変え、『黄金の子ども』では兄弟を石にする。魔女は毒を盛り、破滅をもたらそうとする。ロシアのメルヘンでは、魔女ババヤガは、非常に強大な力をもつと描かれている。家の垣根は人間の骨で作られ、杭の上にはしゃれこうべが突き刺さっている。城のちょうつがいは人間の足で、かんぬきが人間の手、鍵はするどい歯のついた人間の口である。ババヤガはほうきを持っており、それですぐに足跡を消すことができる。彼女には三人の騎士がいる。白日の騎士、赤い太陽の騎士、黒い夜の騎士で、彼女はその三人を自由に操れる。それにもかかわらず、彼女は一義的に悪であるとか破壊的とかいうことはなく、ときには、奥深い知恵者として行くべき道を示してくれるということが目を引く（たとえばロシアのメルヘン『カエル王女』のように）。『美しいヴァシリッサ』では、悪い継母とその娘を焼いてしまうのは、結局はババヤガの垣根に吊されたしゃれこうべの灯火であった。ロシアのババヤガは、〈単なる〉破壊的な魔女というより、暗闇の女性性の元型を包括的に代表しているように思える。ロシアのメルヘンの中でグリムのメルヘンと類似したモティーフにおいて魔女が現われる場面では、魔女はしばしば、魔法を使う、ただの悪い女として描かれているが。

もちろん魔女や、魔法のかかった状態は、夢の中でも程度の差こそあれ、はっきりとした形で大きな役割を演じている。その点に関して、ある三十歳の男性の分析の例がある。夢は次のようである。「私は、巨大な城のような家に住んでいます。そこには多くの召し使いと一人の女中にかしづかれた女主人がいます。その女性はすることがなく、のらくらと、トランプをしたりして日々を過ごしています。彼女は巨大な犬を飼い、それを厳しく仕込んでいて、その犬は彼女が言うことは何でもします。女中は、その家のある若い男性にしつこくつきまとっています。しかしこの男性は、どうやら女主人のお気に入りのようでもあります。女主人は女中に嫌がらせをし、不利な立場に追いやろうと幾度となく企てます。しかし、その女中はいつもうまく逃げています。そこで女主人は彼女を殺すことにします。女主人は犬を呼び、喉の一番奥まで指を突っ込み、犬を女中にけしかけます。私自身その犬がとても怖かったし、誤って私も襲うかもしれないと自分自身のことも心配しています。そこで私は女主人に、私のところにいてくれるようにと言います。彼女がいれば犬への守りになると思われたからです。しかし彼女は、犬は自分が命じたことしかしないと答えます。それから犬の鳴き声が聞こえ、電気が消え、私は大きな暗い部屋におり、この犬に追いかけられていると思います。しかしこのひどい恐怖の中で、同時に自分の運命に甘んじるしかないという気持ちもあるのです。そしてこのシーンは終わります。女主人は私を呼び、あの女中は犬に食いちぎられて死んだし、あの若い男ももう自分にとっては意味はないと冷たく言います。彼女は食事の間、犬が女中をどのように食いちぎったか詳しく話します。私はそれ以上聞いていられないので、話題を変えてほしいと頼みます。そんな蛮行のあったこの家からは出ていきたいと考えています。同時にまた、今度は彼女が犬に私を襲わせるのではないかという不安もあります。そのとき、下で門をたたく音がして、この女中の死について女主人と話したいんだがと言う男の声がします。私はほっとして、彼女だってそんなに全能ということはないだろうし、おそらく責任をとらなくてはいけないだろうと思っています」。

この夢で、破壊性-女性性は、動物の女主人として出現している。ケルベロス、すなわち地獄の犬のように、彼女の〈犬〉も、彼女の勢力範囲に誰も入ってこられないように監視しているように見える。犬は冥界の女神ヘカテの供でもあり、アルテミスの聖なる動物でもある。彼女のために――すでに述べたように――アクタイオンは犬に引き裂かれる。

夢見者は現実に、母親を家の中の嫉妬深い暴君として経験している。現在彼は、外的にはこの母親から独立しており、ごくたまにしか訪れることもないし、彼女に対しては批判的態度をとっている。しかし、内的には今なお彼女に自由を奪われている。というのは、彼女によって恐ろしい母親の元型的イメージが布置され、この若い男性の心の中の家は支配されたままだったからである。それゆえに、彼のそのときの魂の状態が、夢の中では元型的な様式で経験され、示されている。残念ながら紙面の都合で、私は夢の出来事のあらましにほんの少ししか立ち入ることができない。女主人と女中の間の嫉妬のモティーフがあるが、これは多くのメルヘンで重要な役割を果たしており、しばしば継母が継娘の美しさに嫉妬するという形をとる。典型的な例としては、白雪姫がそうである。またアプレイウスのアモールとプシケのメルヘンでの、プシケに対するヴィーナスの嫉妬が思い出されるだろう。たいてい次に、何かの魔法を使って継娘の殺害が起こる。上記の夢では、女中が女主人の犬に食いちぎられる。人間の経験としては、これは次のような意味をもちうる。ここでユング心理学の見地に立てば、この女中は、とりもなおさず〈アニマ像〉なのだ。ユングは男性の心の中の女性性のイメージを、アニマ、「たましい」

と名づけた。男性を刺激するのは「永遠の女性性」である。女性にアニマが投影されると、たいてい魅惑的な恋愛をもたらす。内的にはアニマは、生き生きとした状態になる可能性を意味するが、男性の自我発達の流れにおいては、女々しく、女性的で、男らしくないものとして否定され、抑圧されがちである。するとアニマは背後から、感傷、むら気、憑依状態として表面化する。ユングの時代には、女性性と男性性のイメージは比較的はっきりとしていて、それを疑ってみることもなかったので、彼は男性の女性的な特徴をアニマと名づけた。アニマとアニムスは、実際の性とは反対の特徴と傾向をもっており、社会的に前もって与えられた性の役割との完全な同一化を、ひそかに妨げている。

アニマは、もちろん早期の母親イメージから発達し、分化する。確かにユングはこの発達や分化についてはは綿密には追求せず、書いてもいない。エーリッヒ・ノイマンの場合は、この点についてのいくつかの手がかりを見い出すことができるが、全般的にはほとんど探求されていない。ともあれ、母親イメージへの固着がアニマの洗練を妨げているのは確かである。母親はいつまでも支配的で、どんな娘にも現実的なチャンスはない。上記の夢で示されたのはこの布置である。女主人は、嫉妬し、自分以外の誰も男性に気に入られないように監視している。このことは現実には、この若い男性にどのような影響を及ぼしていたであろうか。彼の女性関係は不安定だった。彼は何よりもまず、受け入れられ理解されたいという要求から、どちらかというと母親的な相手を求めた（夢の中でも女主人に守られようとしている）。彼の心の中のアニマが大いに活発になっている少しの間はうまくいった。しかし、青天の霹靂のように、突然恋人が彼の神経を恐ろしくいらいらさせるようになるのが常で、それと同時にしばしば性的不能になった。彼は抵抗し、恋人の否定的なところをすべて嗅ぎ出し、彼に対して彼女が意味していたものすべてを徹底的に食いちぎらねばならなかった。すると彼の女主人の〈犬〉が自分の仕事をした。彼の内的母親イメージは、いわゆる嫉妬深いもので、関係を破壊した。しかしまた心的には、女主人とその鋭敏な鼻とに監禁されることになったのである。彼はひどく気力がなく、受け身的な印象を与えていた。彼が何かを引き受け、自己の内的な力が刺激されるのを感じ出すやいなや、内面から「酷評」が出てきた。彼は自分自身の弱さと不完全さとを正確に嗅ぎ出し、必ず落胆と抑うつを伴う劣等感に陥った。また彼は猟犬を外界に投影し、つまり突然他人に見られているようないやな気がしたり、自分の弱さを見抜かれていると感じたりして、自分自身との関係がズタズタになって、不安で活力のない状態になった。彼自身の中の女主人の勢力範囲が、あらゆる方向に広げられていた。しかし夢の最後で、夢見者にとって未知の男の声で、彼女は責任を問われる。そこで分析家と分析の影響に思い至るのは当然であろう。しかしながら分析家が何かを生み出すことができるのは、クライエント自身の中でそれに対しての内的な覚悟があるとき、つまり分析的な関係によって役に立つ内的な動向が布置されうるときだけである。すなわちこの責任を問う男の声は、クライエントの中の父親元型の働きである。生育歴について言えば、クライエントの父親は、あまりに弱い人物で、同一化モデル、布置のモデルとしてはかなり特異であった。それに伴って、母性の勢力範囲が不釣り合いに肥大していた。分析において、彼の中でこれまで眠っていた父性の要素が生き始めていたのである。ともかくこの文脈で興味深いのは、このクライエントが約一年後に夢の中で、彼一人で力ずくで巧みに娘を母親から奪い、その後その娘といっしょに踊るということを経験したことである。母親イメージからのアニマの解放は、自我の強化とともに次第に成功していった。このモティーフも、メルヘンにしばしば描かれている。つまり、魔女である母親に捕まっている娘を王子の愛情が救い出すのである。たとえば、グリムでは『ラプンツェル』『ヨリンデとヨリンゲル』『白雪姫』である。

しかし女性の心の中でも、もちろん魔女はその役割を果たしている。そこで、その作用を示す適当な一つの例として、私はある夢を提示したい。それは二十五歳の女性クライエントの見た夢である。「そこは中世でした。私は一人の女の子といっしょに谷にいました。魔法のかかった雌牛たちがすべてを治めていて、私たち自身も魔法をかけられています。私は突然にそのように魔法のかかっている〈雌牛〉の一頭に襲われ、むりやり引っ張って連れていかれます。すべてが暗く、暗い谷が続いています。しかし私は、魔法のかかった雌牛にむりやり引っ張って連れていかれることが、救済への唯一の方法だということを知っているのです。雌牛は、私を舞台のある村へと引っ張っていきます。この舞台の上に私は引き上げられ、そこで雌牛は、感じのよい、非常に父性的な男性に姿を変えます。私は彼といっしょに踊らねばならなくて、彼は私にたくさんのダンスのステップを見せてくれます。私は全然踊れないのにと思います。音楽が聞こえてきます。それで私は思い切ってダンスのステップをやってみます。私は曲が終わればすぐに、救われることを知っているのです」。

ここでは、魔女自身はその姿では現われないが、魔法で姿を変えられた谷を統治している雌牛によって、その力を及ぼしている。生育歴について言えば、クライエントの母親は、まるで中世の頃のようなカトリックにとりつかれていて、そのため抑うつ的であり、またそのことを正当化していた。この世は涙の谷間であり、人間はその本能ゆえに原罪に陥り、償いと絶えざる祈りだけが神の意にかなう道であると言うのである。この態度で彼女はクライエントを教育した。クライエントの夢が中世を舞台にしているのは何も不思議ではない。つまり、クライエントには母性を与える本能的なミルクと暖かさ（雌牛に象徴されている）は魔法がかかっていると体験されている。自分の本能的な衝動を、満足させたり受け入れたりしてはならない。それらすべては、危険であり、瀆神なのである。このクライエントの基本的な問題は、ぼんやりとしていることが自分自身に許せず、自分の本性を拒まねばならず、自分を表出することはいかなることも恥ずかしく思い、罪深く、劣等だと思っていることであった。すなわち彼女は自らを「魔法がかかって」いると感じていた。魔法のかかった雌牛の谷で、彼女のそばにいた夢の中の女の子を、彼女はみんなから拒絶されていた学校の同級生——拒絶された存在のイメージ——と結びつけている。その上、母親は娘を所有することで自分に結びつけ、父親のほうへと向く温かい愛情の弱め方を知っていた。分析の初めには、クライエントは、まだすべてにおいて彼女よりもよくものを知っている母親に完全に依存していた。

夢の中では男性性 - 父性もまた魔法をかけられた雌牛として出現しているが、その後それは、その本当の姿に変わる。クライエントは不安であるにもかかわらず、「むりやりに連れていかれること」——最後には救いになるものとして——を受け入れることができるから、男性性 - 父性は変身する。このテーマは分析における出来事に目を向けてみて初めて理解できる。魔法をかけられた雌牛から正体を現わした父性的な男性は、クライエントに分析家である私を思い出させる。転移の現象は、ここでは治療的にきわめて重要であった。むりやり引っ張って連れていかれるということは、圧倒的に強力な出来事に、信じて身を委ねることである。分析において彼女は、始めはアンビバレントで、不安に満ち、母親といるときに経験したのと同じように、私が彼女を猛然と攻撃し、罵り、笑いものにすると思っていた。同時に私は、彼女のファンタジーの中では何でも知っている賢い父親であり、彼女が頼りにしたいと思う存在でもあった。このような衝動は彼女の目には忌まわしく、魔法めいた悪いものであった。――母親は父親へ向かう彼女の温かい愛情を弱めることができた。父性‐男性性のイメージも、そういうわけで魔法をかけられていたのである。分析では、たとえどんな小さな衝動でも私への気持ちが動くと、彼女は後から自分を罰しなければならなかった。罰はそのつど私のことを考えてはいけないと禁止することであり、このことは彼女を恐ろしく孤立させ、分析の効果はこのような切断によっていつも「去勢」されていた。それに加えて、私が彼女のしゃべったことの多くを理解し、受け入れることができるのを彼女は恐れていたが、根本においては何と自分は滑稽で劣っているのかと考えていた。面接の後、彼女はどうしてあんな「とんでもないこと」を言ってしまったのだろうとあれこれ考え、次の時間にそのため私が彼女を非難したり軽蔑したりするのではないかと思っていた――いつもむら気の母親がそうしていたように。それゆえ、彼女にとって、私が彼女自身の関心事に共鳴するのを感じたり、受け入れたりすることはとても難しかった。これは夢の中のダンスと音楽のイメージにうまく表現されている。この夢の中で、「魔法を解くこと」は、自分の価値が無になることなしに自分の問題に専念し、受け入れることができることによって生じる。明るい部分と暗い部分とをもった全体的存在として自己を受け入れるようになることは、このクライエントにとっては最も難しいことであった。自らを肯定しようとする試みは、「魔女」によってつねに攻撃され、このような「魔女の一撃」（訳注8）の結果、そのつど自分には本来生きる権利がないのだという根底にある抑うつ感情が広まっていた。

魔女とのかかわりとその破壊性の克服は、およそ魔女の出てくるほとんどのメルヘンのテーマである。なるほど魔女は強力ではあるが、その力の及ぶ範囲には限界がある。魔女に負けない、ある条件においては魔女を上回る力がある。それは『ヘンゼルとグレーテル』では、魔女を倒した子どもたちの抜け目のない〈知恵〉であるが、魔女の破壊性よりも強いのは多くの場合何よりもまず〈愛〉である。魔女によって盲目にされた王子が、最愛の者の涙によって再び見えるようになった『ラプンツェル』が思い出される。『白雪姫』の王子の愛は、魔女が企てた死よりも強い。『ヨリンデとヨリンゲル』では魔女の力を封じるのは赤い花である。『美しいヴァシリッサ』の中でのババヤガは、善良な母親の祝福には勝てない。『黄金の子ども』では、もう一人の兄弟が魔女を鉄砲で遠くから脅かして、石になった兄弟を元に戻したのである。

魔女の〈火あぶり〉は多くのメルヘンで見られる。話が生き生きと展開するためには、主人公はいつも魔女と戦い、魔女を克服せねばならない。それは人間の成熟プロセスの元型的な前提である。中世の魔女の火あぶりの際に生じたように、これらの元型的な前提を周りの人間に投影し、具体的に行動に置き換えるならひどいことになる。しかし、魅惑でもあり恐怖でもある退行的な状態でいようとする強い心の傾向を克服しようとするとき、燃やすということは、この克服がしばしば多くの情動と結びついているという事実を象徴している。魔女のそばにいるとき、魔女が本当の姿を現わせば、誰にとっても気持ちは良くない。魔力に打ち勝つための力を振り絞らねばならない。すべての子どもにとって、周知のように魔女は重要な役割を果たしている。自分自身はうまく適応している実際の母親があまりにも行き届きすぎで、あまりにも強い結びつきで自立の過程を妨げているようなときはいつも、無意識的に母親は魔女として経験されている。しかしまた、子ども特有の退行的欲求もしばしば恐ろしいものであり、彼らの遊びやファンタジーの中で魔女として現われてくる。子どもが反抗したり別のやり方で母親から自由になろうと試みるとき、本当に子どもの立場になって考えることのできる母親ならば、それにあまりに驚いたり、ひどくナルシスティックに悩んだりすることはない。自由になろうとする試みに抵抗すれば、母親はやはり魔女になるからである。

したがって、呑み込むもののシンボルとしての魔女は、とても恐ろしくはあるが、心という家全体の中で重要な場所を占めている。ちょうどその脅威こそが、魔女を克服していくためのエネルギーを解き放つ。このことはメルヘンでも、たいてい大きな獲得物として描かれている。彼女によって引き起こされた心の危機は、生き生きとした進歩という意味においての、新しい意識と努力へと向かわせる。よく知られているように、成熟は苦難なしには生じてこないし、あらゆる人間的なものを引き渡すという体験によって形成された深い知なしには生じてこない。だが多くの場合、「魔法がかかった」状態は克服されず、神経症、あるいは最終的にはいわゆる精神病になってしまうということを認めざるをえない。かくしてプランにのっとった心理療法が必要になる。それがクライエントを魔女の爪から自由にできるかどうかは、多くの要因による。それは最終的には錬金術師の言うように、「神の加護」、つまり「神の許し」(deo concedente) によってのみなせることなのである。

注1　E. Neumann: Ursprungsgeschichte des Bewußtseins, S. 102 ff., Rascher, Zürich, 1949.（E・ノイマン『意識の起源史』上・下、林道義訳、紀伊國屋書店、一九八四年、一九八五年）

注2　Der große Duden（ドゥーデン独語辞典シリーズ）, Etymologie（語源）, Bibliographisches Institut, Mannheim, 1963.

注3　H. Bächtold-Stäubli: Handwörterbuch des deutschen Aberglaubens（ドイツ民間信仰事典）, unter Hexe（『魔女』の項）, de Gruyter, Berlin und Leipzig, 1930/31.

注4　J. Sprenger und H. Institoris: Der Hexenhammer（魔女の槌）, übers. v. J. W. Schmidt, H. Barsdorf Verl., Berlin, 1906.

注5　J. Sprenger und H. Institoris: Der Hexenhammer（魔女の槌）, übers. v. J. W. Schmidt, Bd. 1, S. 97 ff., H. Barsdorf Verl., Berlin, 1906.

注6　J. Sprenger und H. Institoris: Der Hexenhammer（魔女の槌）, übers. v. J. W. Schmidt, Bd. 2, S. 67, H.

Barsdorf Verl., Berlin, 1906.

注7 E. Bleuer : Lehrbuch der Psychiatrie（精神医学手引書）, Aufl. 8, von Manfred Bleuer, S. 379, Berlin, 1949.

注8 J. Sprenger und H. Institoris : Der Hexenhammer（魔女の槌）, übers. v. J. W. Schmidt, Bd. 1, S. 106, H. Barsdorf Verl., Berlin, 1906.

注9 J. Sprenger und H. Institoris : Der Hexenhammer（魔女の槌）, übers. v. J. W. Schmidt, Bd. 2, S. 86, H. Barsdorf Verl., Berlin, 1906.

訳注1 原文はHundekopfe（直訳は犬の頭）。Hunde- には、ひどい、いやなという意味がある。

訳注2 キルケ（Circe）は人間の運命を決定する星をすべて支配する女神であり、人間を生け贄の豚に変えてしまうことができたという。

訳注3 北欧神話では魔物あるいは妖怪の意。

訳注4 四月三十日から五月一日にかけての魔女の集会の夜。

訳注5 魔女と情交する中世の悪魔。

訳注6 バビロニアの「星」の意の太母神。

訳注7 エジプト神話で、弟セトは殺した兄オシリスの身体を男根を余して十三の断片（太陰暦の月数）に細分した。イシスが遺体を修復した際、男根を発見できなかったので、代わりに男根像を奉納したという。

訳注8 原文はHexenschuße（直訳は魔女の一撃）。これにはぎっくり腰の意味がある。

『悪とメルヘン』その方法論的寄与についてと、論考への若干の解説

京都大学大学院教授・医学博士　山中康裕

一、

本書『悪とメルヘン』は、マリオ・ヤコービ、ヴェレーナ・カースト、イングリット・リーデルという、三人のスイスにおける、高名なユング派分析家の手になる書であり、Mario Jacoby, Verena Kast und Ingrid Riedel : *Das Böse im Märchen*, Verlag Adolf Bonz GmbH, Fellbach-Oeffingen, 1978 ; 4te Auflage, 1985 というドイツ語原書からの翻訳である。著者らは、かつて、私がスイスのユング研究所に留学していた頃は、中堅の分析家たちであり、ユング研究所でも教鞭をとっておられ、ヤコービ氏など、私も直接そこに臨席したこともあった方であるが、彼らは今や、押しも押されもせぬ大御所となった。たまたま本書のもととなったのは、一九七五～七六年のホーフガイスマルにおける、「メルヘン研究の視座」という連続シンポジウム、および、ユング研究所でのメルヘン解釈に関わる諸講義から集めたものであるが、ちょうどこのシンポジウムが開催されていた頃が、私の二度目の留学の時期と同調し

ていて、あの頃このテーマで、さまざまな討議が行われていたのを覚えている。当時すでに大御所であった、ユング第一世代の高弟のマリー－ルイーゼ・フォン・フランツ（Marie-Luise von Franz）や、リリアン・フレイ（Lilian Frey）、それに神話学者のカール・カレニー（Karl Karenyi）といったそうそうたる人々による『悪（Das Böse）』という書物が、チューリヒのラッシャー出版社（Rascher Verlag）から一九六一年に出版されていて、私も彼らもすでにそれを読んでいたが、あれが、神話学とメルヘンとユング心理学の接点をもたらしたのであった。

さて本書の翻訳は、青木真理（第1、8、10章）、山　愛美（第2、4、7、11章）、千野美和子（第3、5、6、9章）さんの三人によるものであるが、彼女らは三人とも、かつて京都大学大学院教育学研究科臨床心理学教室での河合隼雄先生と私の教え子たちであったが、今や、彼女らは、福島、京都、福井の地で、それぞれ独立して、教授、助教授として若い臨床家や教師たちの教育に携わる中堅の心理臨床家たちなのだ。彼女らとは、私はすでに『おとぎ話にみる家族の深層』（カースト著、ユング心理学選書17、創元社、一九八九）などを翻訳出版しており、訳文は十分に読めるものとなっているため、ほとんどは彼女らによるものであるが、ほんの数箇所のみ、私の意見を入れて読みやすくした部分があるのと、また数箇所は編集者の吉田昌代さんの細かい読みによるチェックに負うところがあることを断っておこう。

二、

メルヘンに対する私たち心理臨床家の態度は、フロイト派のブルーノ・ベッテルハイムの『おとぎ話の魔力』(評論社、一九七六)や、ユング派では河合隼雄先生の、『昔話の深層』(福音館、一九七七)、同じく河合先生の『昔話と日本人の心』(岩波書店、一九八二)などを経ている今では、ごく普通に、その中に心の真実が含まれていることはよく知られていて、ここに特に書かねばならぬことはないし、そのうち、「悪」に対するものについても、先にふれたマリー=ルイーゼ・フォン・フランツ女史の『おとぎ話における影』『おとぎ話における悪』(いずれも氏原　寛訳、人文書院、一九八一)があり、もう屋上屋を架すだけのように思われるかもしれないが、本書はそれなりに、一歩をすすめている部分が随所に認められるので、若干の解説を施しておこうと思う。

本書の寄与の一つは、その方法論的な考察である。まず、メルヘン解釈の検証法の一つとして、第一章で、マリオ・ヤコービ博士が論じているのだが、そこでは、「ある一つの予測された意味が、個別のイメージのみではなく、経過全体を通して通用する」のか否か、そして、「結果として、一連のモティーフから、最終的に意味の纏まりが生ずる」場合にのみ、「メルヘンのプロセスとその意図が把握された」としてよい、という点である。つまり、単なる思いつきや一過性のものではなく、物語全体に通底する元型的なものを取り出すことができたとき、それは、そのメルヘンをただしく解釈しえた証拠とする、というのである。無論、この方法は、ユング派特有のものであるが、深く、物語をあじわうなかで見えてくる深層の意味を掬う態度なのであり、単なる元型概念の当てはめごっこでないことにこそ、注目されたいと思う。

また、もう一つの方法論的寄与は、第3章で、カーストが「メルヘン解釈のための方法論に寄せて」として書いている論文で、「集合的、個人的」の二面からと、「起承転結の四相、つまり、始まりの状況、凝縮、転回点、終わりの状況」といった心理的変容の四相から、および、「象徴的、瞑想的」の二方法から考察してみると、全体がくっきりと見えてくる、とするもので、この考察法は日常の臨床事例における夢分析や、箱庭、コラージュ、スクイッグル、スクリブル、MSSM、MSSM+C、ACD、RCMなどといった諸方法による臨床素材の治療経過においておこってきたイメージの変遷過程の検討にも応用できるはずである。

三、

さて、本書の圧巻は、第4章、やはりカースト女史の論文「三十――抑圧された『巨大な情動』とのかかわり」において扱われている、われわれの文化の中での悪であるところの、攻撃性、不安、怒りなどの巨大な情動についての論考であろう。これらは、昨年世界でおこった同時多発テロのように、宗教的、民族的な形態をとるものもあるが、一般的には、「意識から遠い情動のなかに封じ込められたままのエネルギー」を、いかにして「関係性」のそれに変容させていくか、といった根本的解決にいたる考察は、現代のこうした問題を考えていくのに、とても役に立つに違いない。それにしても、「三十」という、実に奇妙なタイトルのメルヘンは、何と、「三十」という名前をもらった三十人兄弟の末っ子息子が、三十人の娘をもつ怪物を退治する話として登場しているのだが、三十人とは、人間の兄弟の数としては通常考えられないくらい多数であって、これが、実際の兄弟の数を表象していると考えるよりも、それほどに積み重なった、巨大な情動とみる見方は、納得しえよう。しかも、「三十」の方は、男ばかり、そして怪物の方は、娘ばかり、という、およそ、正常の男と女の関係性がまったく切れてしまっている状況のなかでは、いったいどんなことが起こってくるか、という設定なのであり、こうしたところでは、往々にして、とんでもない悪が露呈してくるのだ。軍隊しかりであり、男性ばかり、あるいは女性ばかりの寄宿学校しかりであろう。

　また、本書では、いずれもカーストの「魔法をかけられた姫」および、「青髭」の二つの論文において、サド・マゾ的関係が論じられている。それも、通常この問題が論じられる常道である、フロイト的観点からではなく、ユング的観点からのそれであって、興味深い。つまり、「悪に出会うのは、人間関係が壊れたり、それが生じなかったりする行動メカニズムからである」とし、メルヘンでは、しばしば、それは「魔法をかけられている」という事態としてあらわれてくることが多い。こうした事態の背後には、しばしば、「山の精」のイメージがあり、これは、大きすぎる父親像、支配的破壊的父親像との関係性の問題である、とするのである。これが、幾多のプロセスを経てついに溶け、異性との結合が可能となるのであり、メルヘンでは、そのプロセスが実に見事に語られているのである。

また、逆に、否定的悪魔的な母親像の姿をとってあらわれてくる、「緑の乙女」におけるカーストの考察も、彼女一流の分析によってあきらかにされていくし、また、イングリット・リーデルによる、一旦は自殺しようとした父親が、母なる自然のなかのグレート・マザーにふれることにより、立ち直っていくプロセスを、個人レヴェルでみれば、父親のために傷ついた少女のコンプレックスとして、また、集合的レヴェルでは、キリスト教影響下の、現代西洋文化における全体的なコンプレックスとしても考えてみることができる、との考察は、先にふれた、二つのレヴェルからの考察であり、これまた方法論的寄与ともなろう。また、第9章の「いばら姫」に関わる論文では、通常この種の論考では、思春期やせ症の治療過程の分析からとりあげられるのは、たいてい成功例ばかりであるのだが、本章の事例は、何と失敗例なのであり、しかも、その失敗の背後に横たわっているのが、女性の個人的な生の問題において何を意味していたのか、何が布置されているのか、という視座で論じている出色の論文なのである。

他にも、いくつかとりあげるべき論点をあげることができるが、ここにほんのちょっととりあげただけでも知られるように、現代において起こっている諸問題、とくに、悪との関わりの問題において、本書は、心理臨床家はいうにおよばず、教師や、親御さんたちにとっても、また、学生諸君や一般の方々にも、全体像を見渡したり、どんづまりからの打開を考えていく際に、ある視点を与えたりするのではなかろうか。なくもがなの解説であるが、三人の訳者たちの長年にわたる労力と、これを黙々と応援してくださった新曜社の編集者吉田昌代さんのご苦労に対し、せめてものささやかなお礼の意味をこめて書いたものである。読者諸賢よご寛恕あれ。

二〇〇二年一月二十六日、寒い冬の一日、宇治の草庵にて、

著者　識

索　引

監訳者紹介

山中康裕（やまなか　やすひろ）

愛知県生まれ。名古屋市立大学大学院医学研究科卒業。医学博士。現在，京都大学大学院教育学研究科教授。専門は臨床心理学，精神医学。主な著書に『心理臨床と表現療法』（金剛出版），『臨床ユング心理学入門』（PHP 新書），『老いの魂学』（ちくま学芸文庫），『エッセンシャル・ユング』（創元社），『心に添う』（金剛出版），『〈こころ〉の定点観測』（共著，岩波新書），『山中康裕著作集』全 6 巻（岩崎学術出版社）がある。

訳者紹介

千野美和子（せんの　みわこ）

京都府生まれ。1986年京都大学大学院教育学研究科博士課程修了。現在，仁愛大学人間学部心理学科助教授。専門は臨床心理学。著書に『魂と心の知の探求』（共著，創元社），『心理臨床大事典』（共著，培風館）など，訳書に『おとぎ話にみる家族の深層』（共訳，創元社）などがある。

山　愛美（やま　めぐみ）

京都府生まれ。1982年京都大学教育学部教育心理学科卒業。1984年同大学大学院教育学研究科博士後期課程学修認定退学。博士（教育学）。臨床心理士。成安造形大学造形学部教授を経て，2002年4月より京都学園大学人間文化学部教授。専門は臨床心理学。著書に『行動と深層の心理学』（学術図書出版社），論文に「連続連想と心理療法にみる言葉とイメージ」（学位論文），訳書に『おとぎ話にみる家族の深層』（創元社）などがある。

青木真理（あおき　まり）

三重県生まれ。1991年京都大学大学院教育学研究科博士後期課程単位取得退学。現在，福島大学教育学部附属教育実践総合センター助教授。専門は臨床心理学，教育臨床学。著書に『子ども学』（共著，ナカニシヤ出版），『生徒指導と心の教育』（共著，培風館）など，訳書に『おとぎ話にみる家族の深層』（共訳，創元社），『子どもの夢』（共訳，人文書院）がある。

新曜社

悪とメルヘン

私たちを成長させる〈悪〉とは？

初版第1刷発行　2002年4月5日 ©

著　者　マリオ・ヤコービ
　　　　ヴェレーナ・カースト
　　　　イングリット・リーデル

監訳者　山中康裕

訳　者　千野美和子・山　愛美・青木真理

発行者　堀江　洪

発行所　株式会社　新曜社
〒101-0051 東京都千代田区神田神保町2-10
電話 (03)3264-4973(代)・FAX (03)3239-2958
e-mail info@shin-yo-sha.co.jp
URL http://www.shin-yo-sha.co.jp/

印刷　S・T・S　　Printed in Japan
製本　イマ井製本所
ISBN 4-7885-0793-5　C1011